全国高等院校旅游管理教材

保继刚 ◎ 主编

Event Planning and Management
节事活动策划与管理

张骁鸣　郑丹妮　林嘉怡 ◎ 编著

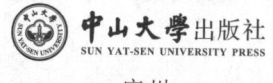

· 广州 ·

版权所有 翻印必究

图书在版编目（CIP）数据

节事活动策划与管理/张骁鸣，郑丹妮，林嘉怡编著. —广州：中山大学出版社，2014.7

（全国高等院校旅游管理教材/保继刚主编）

ISBN 978-7-306-04945-2

Ⅰ. ①节… Ⅱ. ①张… ②郑… ③林… Ⅲ. ①活动—组织管理学—高等学校—教材 Ⅳ. ①C936

中国版本图书馆 CIP 数据核字（2014）第 143496 号

出 版 人：	王天琪
策划编辑：	徐诗荣
责任编辑：	徐诗荣
封面设计：	曾 斌
责任校对：	廖泽恩
责任技编：	何雅涛
出版发行：	中山大学出版社
电 话：	编辑部 020-84110283，84113349，84111997，84110779
	发行部 020-84111998，84111981，84111160
地 址：	广州市新港西路135号
邮 编：	510275　传 真：020-84036565
网 址：	http://www.zsup.com.cn　E-mail:zdcbs@mail.sysu.edu.cn
印 刷 者：	佛山市浩文彩色印刷有限公司
规 格：	787mm×1092mm 1/16 19.75 印张 404 千字
版次印次：	2014 年 7 月第 1 版 2022 年 7 月第 7 次印刷
定 价：	39.80 元

如发现本书因印装质量影响阅读，请与出版社发行部联系调换

《全国高等院校旅游管理教材》

编 委 会

主 编：保继刚

委 员（按姓氏音序排列）：

　　罗秋菊　　彭 青　　孙九霞

　　徐红罡　　曾国军　　张朝枝

本书作者简介

张晓鸣 男，1979年生，中山大学人文地理学博士，中山大学旅游学院会展经济与管理系主任，会展经济与管理专业副教授，硕士生导师。主要研究方向为节事理论与节事旅游、旅游与乡村社会经济变迁。已主持完成国家自然科学基金青年项目1项、中山大学校级课题2项，参加多项国家级、省部级科研课题，以第一作者身份在《旅游学刊》、《地理科学》、*Tourism Geographies*等学术期刊发表旅游、节事等方面的论文20余篇，合作主编《节事旅游概论》教材1部，并参与多项旅游、会展项目的规划咨询工作。目前主讲课程包括节事理论与实践、大型活动组织与管理、文化创意产业概论等。

郑丹妮 女，1984年生，澳大利亚昆士兰大学国际事件管理商学与中山大学人文地理学双硕士，昆士兰大学旅游与会展管理方向在读博士。曾任职于中山大学旅游学院会展经济与管理系，研究方向为旅游演艺产品、国际节庆策划与管理等，主讲课程包括国际节庆案例分析、会奖策划与管理、会展英语笔译与口译、澳大利亚社会与文化等，曾参与多项大型会议与节庆文化活动组织与策划工作。

林嘉怡 女，1984年生，澳大利亚悉尼大学科学设计研究硕士，西班牙吉罗纳大学旅游管理在读博士，兼任西班牙吉罗纳省旅游局研究人员。曾任职于中山大学旅游学院会展经济与管理系，研究方向为信息通讯技术与游客体验、网络与旅游电子商务，主讲课程包括旅游业中的计算机辅助设计、展示空间设计、博物馆和商业空间设计等，曾参与多项旅游规划咨询与设计项目。

《全国高等院校旅游管理教材》

出 版 说 明

中国旅游教育三十多年来，教材从无到有，从有到多甚至泛滥，已经颇有一段时间了。客观上讲，这些教材的出版的确对中国旅游教育的发展起到了一定的推动作用，但随着旅游发展的理论与实践不断深入，这些以"借鉴西方理论"、"引入传统学科"、"介绍现实应用"为特色的旅游教材的局限性日益显现。

这种局限性主要表现在缺乏学科理性思考、缺少研究基础、缺乏编写规范。一方面，有的教材生搬硬套、堆积罗列西方理论或者现实案例，而面对中国越来越丰富的旅游现象时，却无法解释；有的教材编写者不遵循编写规范，抄袭现象严重，影响到学生的治学态度……因此，从本科教学的角度来讲，现行旅游管理相关教材应该加快改革的步伐。

另一方面，随着信息社会的到来，互联网开始与教师在课堂上争夺学生的注意力，老师在课堂上讲授"专业知识"时，学生往往更喜欢自己通过网络由点及面地很快掌握相关知识，而对老师传统的根据教材上课的方式提出挑战与质疑。因此，通过知识传播来训练学生能力变得更加重要，相应的内容与结构、作业与参考文献资料等也因此成为教材的必要部分。

中山大学旅游学院成立十年来，一直在探索如何教授学生通过学习知识来获得批判性思考能力和利用研究工具来进行问题分析的能力，不断强调通过现实案例解剖来让学生理解专业知识，但一直苦于没有合适的教材。经过学院老师多次讨论，决定趁 2014 年学院建院十周年之际，陆续推出一批旅游管理相关专业教材，包括旅游管理、酒店管理、会展经济与管理相关专业的核心课程与专业课程教材。这些教材编写的基本要求是，教材的编者或作者在该领域至少要有 5 年以上的研究经验，并有相当分量的相关成果发表；这些教材都必须有严谨的知识体系、训练内容及编写规范，能够为本科教育形成规范作出贡献。尽管各位作者已经尽了最大的努力，但这些教材也难免存在一定的缺陷，我们把它作为一种新的尝试与起步，以期能抛砖引玉，推动中国旅游教育的健康发展。

保继刚

前　言

　　这本教材将以"现代社会中的节事活动"作为第一章的标题。"现代"是一个很复杂的概念，它既指称西方世界在启蒙时期以后所普遍追求的政治上的民主与平等、社会中的自由与公正、经济生活中的秩序、科学上的理性主义，也指称20世纪30年代以来因为反思"一战"、忧心人类的命运而出现的文学创作上的价值多元化、艺术创作上的各种抽象风格、设计中的实用主义和极简潮流……总之，直到21世纪初的今天，"现代"的概念虽然历经"二战"和"冷战"的冲击，遭遇形形色色的"后现代"的挑战，却依然坚强地成为大多数国家——特别是发展中国家——还在不断为之努力的一个拥有丰富内涵的社会理想。

　　"现代社会"也同样是一个复杂的概念。简单地说，它就是我们生活于其间的世界，它每时每刻都"在那里"，始终与我们相伴随。但它却并不是我们所能完全了解和掌控的世界，它虽然"在那里"，却分分秒秒都在变化。现在已经是信息时代，世界上任何地方出现的新事物、新思想，都有可能随着无比快速的通讯网络而在极短的时间里扩散到其他地方。无论我们是否承认，每个人都真实地感受着这个"现代社会"无孔不入的影响，都必须要在变化无穷的"瞬间"中找寻自己之所需，或者说为自己找到一个合适的位置。在这个社会中，人们得学会不断与外部环境相协调、相适应，在协调与适应中认识自己、塑造自己、实现自己，或许这就是"现代社会"的基本要求。

　　因此，本教材特别想要分享的一个观念就是，"节事活动"绝不是一个可以用静止的眼光来看待的对象，"节事活动策划与管理"也就更不应成为一些可以孤立起来做纯粹记诵和机械模仿的教条。"静止的对象"往往只是严格意义上的自然科学所做的事情，在那些领域中，科学家们所热爱的就是基本的规则、普遍的规律、可信赖的法则、放之四海而皆准的真理。尽管他们也谈"科学革命"，谈"范式转换"，但是每一次革命和转换的结果不外乎是又建立起一套新的规则、规律、法则和真理。但是，在我们看来，"节事活动"不是那样的一种知识，因为它几乎从来没有什么范式，也没有什么可以被当作信仰来膜拜的规则、规律、法则、真理。恰恰相反，它所面对的是一个瞬息万变的现代社会，一个就在"身边"和"眼前"的与每个人息息相关的生活世界。如果身边的这个"现代社会"总在日新月异地发生改变，那么，我们的"节事活动策划与管理"也需要随之有更自觉和更彻底的改变。

　　基于上述考虑，这本教材的所有内容，特别是那些"范例"，应当被更合理地看作一些在某些时候、某些地方、某些目标设定、某些环境条件之下已经证明曾导向成功的特定做法，因此也不过是一些经验总结，而不可以上升为绝对正确无误的权威理论。总体来看，节事活动策划与管理的知识结构可能是松散的，知识点可能是零碎的，因为它所面对和所要处理的社会现象是变动不居的。最简单的例子，即便同是承办奥运会，不同的东道国都想拿出独一无二的"绝活儿"，把自己所承办的那一届办成"史上唯一的"、"绝无仅有的"。我们希望所有使用这本教材的同学都能够打开思维、拓宽视野，以最开放的心灵和最大胆的想象，在个人和团队的创造力与社会群体千变万化的节事活动需求之间擦出最耀眼的火花。

　　这本教材中所使用的主要材料取自我们在中山大学旅游学院所分别承担的面向本科生的三门专业课程："节事概论"、"节事理论与实践"、"国际节庆案例分析"。书中的绝大部分内容已经在课堂上作过讲授，包含着我们对节事活动领域的个人化的关注和思考。这本教材特别注重提供大量的真实案例，目的就是为了展示出节事活动的无穷多样性，夸张一点儿说，"一万个策划师有一万个点子"，"一万个管理者有一万个方子"。当然，我们会尽最大努力有条理地分析每个案例的特点，从而尽量帮助初学者去积累更多的案例，或者至少是让他们懂得如何从策划和管理的实效角度去识别"好"的节事活动与"坏"的节事活动。我们还希望每个人都可以鼓励自己大胆地判断、对比、引申、推论、联想、想象，逐渐地形成属于自己的节事活动策划风格和管理技巧。

　　为了让教材更具规律性，我们尝试采用了"体验经济—价值传递—创意实践"的框架来统领全书；为了让教材更具实用性，我们也推荐了一些多次真实使用过的课堂讨论、作业练习、实践方案。这些做法是否合理？有哪些不足？可以怎样改进？……我们非常期待各位读者特别是使用本教材的同学们提出建议与意见！

　　本教材由三位作者合作完成，其中张骁鸣撰写了前言至第四章，林嘉怡撰写了第五章和第六章，郑丹妮撰写了第七至第十三章，张骁鸣负责全书的统稿。写作过程中，我们得到了中山大学旅游学院多位同事的鼓励与帮助，华南理工大学戴光全教授审阅了全书并提出宝贵的改进意见，中山大学出版社徐诗荣编辑为本教材的最终定稿倾注了大量心血，而历年来选修了相关课程的同学们的认真和热情也促使我们打开思路、不断学习。在此一并向各位表示深深的谢意！

张骁鸣　郑丹妮　林嘉怡
2014 年 3 月

目 录

第一编 概 论

第一章 现代社会中的节事活动 (3)
　学习目标 (3)
　引导案例 (3)
　第一节 摇滚音乐节 (5)
　第二节 啤酒节 (8)
　第三节 狂欢节 (11)
　第四节 其他节事活动 (15)
　本章小结 (21)
　思考题 (22)

第二章 节事活动的概念和关键特征 (23)
　学习目标 (23)
　引导案例 (23)
　第一节 节事活动的定义 (25)
　第二节 关于节事活动的"特殊性" (30)
　第三节 节事活动的类型 (33)
　本章小结 (39)
　思考题 (39)

第三章 体验经济时代的价值传递 (41)
　学习目标 (41)
　引导案例 (41)
　第一节 体验经济 (43)
　第二节 对体验的理解 (46)
　第三节 价值传递理论 (49)
　本章小结 (56)
　思考题 (56)

第二编　策划与设计

第四章　总体策划和主题的确定 ……………………………………………… (61)
学习目标 ………………………………………………………………………… (61)
引导案例 ………………………………………………………………………… (61)
第一节　总体策划 ……………………………………………………………… (64)
第二节　主题确定的常规方式 ………………………………………………… (71)
第三节　主题确定的创意方式 ………………………………………………… (74)
第四节　主题构想的方法 ……………………………………………………… (79)
本章小结 ………………………………………………………………………… (87)
思考题 …………………………………………………………………………… (87)

第五章　体验设计与科技手段的应用 ………………………………………… (88)
学习目标 ………………………………………………………………………… (88)
引导案例 ………………………………………………………………………… (88)
第一节　体验设计概述 ………………………………………………………… (91)
第二节　空间环境营造 ………………………………………………………… (97)
第三节　新型多媒体与互动科技的应用 ……………………………………… (104)
本章小结 ………………………………………………………………………… (113)
思考题 …………………………………………………………………………… (113)

第六章　现场展示设计及其技术实现 ………………………………………… (114)
学习目标 ………………………………………………………………………… (114)
引导案例 ………………………………………………………………………… (114)
第一节　现场展示设计原理 …………………………………………………… (117)
第二节　场地空间的内外部组织 ……………………………………………… (125)
第三节　展示设计与制图技术 ………………………………………………… (131)
本章小结 ………………………………………………………………………… (134)
思考题 …………………………………………………………………………… (134)

第三编　管　理

第七章　节事活动运营管理概述 ……………………………………………… (137)
学习目标 ………………………………………………………………………… (137)
引导案例 ………………………………………………………………………… (137)
第一节　节事活动运营管理概论 ……………………………………………… (138)

第二节　节事活动运营管理的步骤 …………………………………… (144)
　　第三节　节事利益相关者 ………………………………………………… (150)
　　第四节　运营管理方案的可行性分析 …………………………………… (155)
　　本章小结 ……………………………………………………………………… (157)
　　思考题 ………………………………………………………………………… (157)

第八章　组织结构与人力资源管理 …………………………………………… (158)
　　学习目标 ……………………………………………………………………… (158)
　　引导案例 ……………………………………………………………………… (158)
　　第一节　人力资源规划 …………………………………………………… (160)
　　第二节　组织结构类型与职责 …………………………………………… (164)
　　第三节　团队建设的步骤与技巧 ………………………………………… (169)
　　第四节　志愿者管理 ……………………………………………………… (172)
　　本章小结 ……………………………………………………………………… (177)
　　思考题 ………………………………………………………………………… (177)

第九章　进度安排与时间管理 ………………………………………………… (178)
　　学习目标 ……………………………………………………………………… (178)
　　引导案例 ……………………………………………………………………… (178)
　　第一节　节事活动的进度安排 …………………………………………… (179)
　　第二节　节事活动中的时间管理 ………………………………………… (191)
　　本章小结 ……………………………………………………………………… (197)
　　思考题 ………………………………………………………………………… (197)

第十章　财务管理与节事赞助 ………………………………………………… (198)
　　学习目标 ……………………………………………………………………… (198)
　　引导案例 ……………………………………………………………………… (198)
　　第一节　节事活动财务预算 ……………………………………………… (201)
　　第二节　节事活动财务控制 ……………………………………………… (212)
　　第三节　节事活动赞助的概念与作用 …………………………………… (218)
　　第四节　如何获得节事活动赞助 ………………………………………… (221)
　　本章小结 ……………………………………………………………………… (228)
　　思考题 ………………………………………………………………………… (229)

第十一章　现场与物流管理 …………………………………………………… (230)
　　学习目标 ……………………………………………………………………… (230)
　　引导案例 ……………………………………………………………………… (230)
　　第一节　节事活动的选址 ………………………………………………… (232)
　　第二节　现场布置与人员管理 …………………………………………… (238)

第三节　物流管理 ……………………………………………………… (244)
　　第四节　绿色节事 ……………………………………………………… (248)
　　本章小结 ………………………………………………………………… (251)
　　思考题 …………………………………………………………………… (252)
第十二章　风险识别与控制 …………………………………………………… (253)
　　学习目标 ………………………………………………………………… (253)
　　引导案例 ………………………………………………………………… (253)
　　第一节　活动风险的识别与评估 ……………………………………… (255)
　　第二节　活动的风险控制 ……………………………………………… (261)
　　本章小结 ………………………………………………………………… (273)
　　思考题 …………………………………………………………………… (273)
第十三章　绩效评估与文案管理 ……………………………………………… (274)
　　学习目标 ………………………………………………………………… (274)
　　引导案例 ………………………………………………………………… (274)
　　第一节　节事活动的绩效评估 ………………………………………… (275)
　　第二节　节事活动的影响评价 ………………………………………… (287)
　　第三节　节事活动的后期文案管理 …………………………………… (294)
　　本章小结 ………………………………………………………………… (296)
　　思考题 …………………………………………………………………… (296)
参考文献 ……………………………………………………………………… (297)

概 论

第一编

第一章　现代社会中的节事活动

学习目标

1. 了解音乐节、啤酒节、狂欢节等重要节事活动的基本特征。
2. 尝试理解节事活动对于现代社会、现代人的丰富意义。

> **引导案例**
>
> 　　2013年5月17日至19日，中国目前规模最大、最有影响的摇滚音乐节——迷笛音乐节，第一次把演出现场放到了南国大都会深圳。在三天的时间里，这个音乐节吸引了超过10万人次的乐迷与游客。
>
> 　　正像下面这篇评论所要讲到的那样，摇滚音乐节让很多人"既爱又怕"。爱的是它的热闹、时尚、前卫，特别是它对一个城市而言，有着时代前沿的"文化地标"的新含义；怕的也正是由于它的热闹、时尚、前卫，可能带来一些常人所难以接受的喧嚣、叛逆、颠覆。很多摇滚歌手为乐迷们所追捧，不单是因为他们的音乐作品和现场演出具有十足的表现力和煽动性，而且因为这些歌手复杂乃至传奇的个人经历总是令人津津乐道。更让人不放心的是，在国内曾经有过的一些摇滚音乐节舞台上，还有少数歌手触碰到敏感的政治话题。相较而言，地方政府往往"怕"胜过了"爱"，"宁缺毋乱"的思维一度占据上风。
>
> 　　不过，幸好中国还有那么一些开放的大城市，像北京、深圳、贵阳、成都、西安等，敢于给这些不同于传统形式的文化活动以充分的空间。除了迷笛音乐节之外，以摇滚和流行音乐为主要内容的还包括草莓音乐节、热波音乐节、大爱音乐节等。看起来，这些城市的地方政府已经展现出社会管理者应有的开明和自信，正在积极地认识和发扬摇滚音乐节对于城市文化发展的魅力，同时努力学习如何冷静地预防和处理可能出现的"不和谐因素"。
>
> 　　解决了思想层面的压力和困惑，那么，我们就可以来作更深一层的追问：迷笛音乐节对深圳意味着什么？对深圳人意味着什么？对这些乐迷又意味着什么？或者，我们还可以把这些问题放大一些：类似的节庆活动对于举办地意味着什么？对当地人意味着什么？对专门来参加节庆的人们又意味着什么？请带着这些问题来阅读下面的材料。

评深圳迷笛音乐节：这是一个好的开始

在刚刚过去的这个周末，10万深圳人涌入寂寥了一年多的龙岗大运中心，以音乐的名义享受了三天青春的狂欢。

此次深圳迷笛音乐节，是深圳建市以来首次举办万人以上规模的大型户外音乐节。而在此之前，围绕深圳是否需要音乐节、有没有能力举办音乐节的争议不绝于耳。此次迷笛音乐节的成功举办令各种疑虑一扫而光，这对深圳大众音乐文化的开创性意义是不言而喻的。

对一座意欲走向国际化的现代城市而言，大型户外音乐节的存在并非可有可无，而是应有之义。迷笛音乐节作为一个在国内多个城市已经进行了成功实验的活动模式，在深圳同样引发了热烈反响。从笔者的亲身体验和乐迷的反响来看，本届音乐节是欢腾的、开放的、深得人心的，也是安全的、有序的、洁净的。

但在此之前，从政府、企业到公众，对音乐节这个新事物都存在着"既爱又怕"的心态。一方面希望这样的潮流活动能为城市文化注入活力，带活体育场馆的经营，取得经济效益和社会效益的双丰收。另一方面又担心场面失控，火爆过头，带来安全隐患、不安定因素和环境破坏力。这种瞻前顾后的心态，是深圳的大型户外音乐节姗姗来迟的主要阻力。

所幸得到有关方面的支持和推动，迷笛音乐节在深圳迈出了可贵的第一步。事实证明，只要组织严密、措施得力、引导有方，户外音乐节完全可以在一个积极、有序、可控的轨道内进行，足以发挥出对城市文化生态的正能量。

俗话说："学音乐的孩子不容易变坏。"音乐本身就是一种向上、向善的力量，在音乐的旗帜下，人们更倾向于呈现出和平、友爱、善良、互助的一面。那三天，在位于深圳东北一隅的空地上，其所展现的蓬勃、和谐、活力四射的氛围令身在现场的每个人深受感染。

音乐节上不只是音乐，它更是一种郁郁葱葱、向上生长的年轻态。阳光、音乐、啤酒、美食、创意市集，朋友间的聚合，陌生人之间的关爱，以及那尽情绽放的笑容，都为人们展现出这个世界美好的一面。甚至是临近闭幕时那场突如其来的暴雨，都未能浇灭人们的热情，反而让随后上演的音乐更有力量，让年轻的心靠得更近。

迷笛音乐节是一个好的开始。对深圳这座千万级人口的年轻都市来说，一个音乐节还不够，还需要形态更多元、场地更开放、更接近城市核心位置的音乐节。让我们的城市在音乐中起舞，那将是多么美好的景象。

（资料来源：http：//www.chinanews.com/yl/2013/05－22/4845248.shtml）

不同的历史渊源背景，很多时候可以反映一个节事活动在当地社会文化中的地位，反映人们对这些活动背后所传递的社会价值与文化意义的认知程度和认可程度。然而，并不是说一个活动历史越悠久，人们就越懂得珍惜它；有些时候恰恰相反，一些传统活动的人气越来越差，因为它可能与当地人的现代生活已经不存在什么联系，特别是在年轻人中失去了吸引力。而另一方面，一些刚刚兴起的活动可能会得到很多人由衷的喜爱，比如说音乐节、电影节、美食节，或者一个社区级别的非常简单的化装游行，因为它们所共同拥有的一个主要特征就是：让人们从繁忙的工作和学习中解脱出来，用完全放松的环境和气氛让他们获得愉悦。换言之，它们与人们当下的社会生活或个人生活发生了某种紧密联系。

接下来我们将介绍一些典型的现代节事活动，也将主要围绕着"是否能够与当下发生联系"或者说"怎样发生联系"的视角来展开。

第一节　摇滚音乐节

让我们从摇滚音乐节开始。显然，在摇滚乐成为一种任何人所无法忽视的独立的音乐门类之前，也不能指望有摇滚音乐节的出现。广义的摇滚乐是"二战"以后在美国出现并迅速扩散到全世界的一种现代音乐，据称它主要借鉴了节奏布鲁斯、乡村音乐、纽约叮砰巷音乐（白人流行音乐）的风格，但更乐于去反映人们的时代生活，特别是青少年们在成长过程中的种种困惑、尝试、反叛。

摇滚乐几乎就是伴随着20世纪后半叶的世界历史同步滚动。在20世纪60年代中后期，随着美国保守派总统尼克松上台，反战运动进入白热化，嬉皮士精神也到达它最辉煌的时期。在这样的氛围下，那些积极回应社会现实问题、敢于发出不满的声音的摇滚歌手或乐队，很容易被青年人认作精神领袖，成为向这个"丑恶的、虚伪的、被老年人所统治的"世界宣战的标杆。这样的社会潮流在1969年8月15日到18日达到了它的顶点：四个饱含梦想和激情的年轻人，在纽约州北部的小镇伍德斯托克，组织起一场延续三天的露天音乐节。从那时至今，这场音乐节的巨大影响已经延续了超过40年。

伍德斯托克音乐节的组织者没有太多资金拿来做宣传，但是现场竟然先后涌入了近40万观众，远远超出了当初5万到10万的预期。几乎所有60年代最著名的摇滚和民谣明星都来到了现场，包括琼·贝兹、保罗·巴特菲尔德乐队、"感恩而死"、吉米·亨德利克斯、"杰斐逊飞机"、贾尼斯·乔普林、桑塔纳、"十年后"和"谁人"等等，除了最重要的三个——披头士、滚石乐队、鲍勃·迪伦。艺人和他们的乐队轮流上台，忘我地演出，台下是不断应和、尖叫的数以万计的观众，所有人都似乎陷入一种迷醉状态中。

观众当然都是些年轻人，蓄着长发，很多人还留着胡须，多数时间光着膀子，穿着廉价的粗布衬衫、工装裤，手里攥着放不下的酒瓶，浑身上下充满叛逆味道。他们还带着睡袋、帐篷，吃喝拉撒都在这里，搞得一片污秽。未曾预料到的两场暴雨带来泥泞满地，嬉皮士们却狂喜不已地把它当成了游乐场。甚至有的人就在小河里赤身裸体地当众洗澡戏水，还有人在河边的草丛里露天做爱。整个音乐节现场看起来混乱不堪。

然而，就是在这样的混乱中，奇迹发生了：这次音乐节并未发生任何暴力事件，只有两个人意外死亡（一个是死于车祸，一个是死于吸毒过量）。这就不能不让人们想起音乐节那句宣传口号："三天的爱与和平（Three Days of Love and Peace）。"1969年的伍德斯托克音乐节已经成为摇滚史上的传奇，也恐怕是一场难以复制的最具历史价值的摇滚音乐节。必须要指出的是，它与那个特定时代的诸多话题结合得非常紧密，而在1994年，当人们为了纪念该音乐节25周年而复制了一个几乎同样的现场并吸引来25万观众时，却再也找不到那种共同信念指引之下的热情和团结。

但是，我们仍然可以从技术层面来总结一下，伍德斯托克音乐节与当前的摇滚音乐节有哪些相同或相近的特征：

1. 喧闹的、炽热的、煽动性的音乐风格

多数初次到摇滚乐现场的观众都会感觉喧嚣刺耳，但一旦适应，就会不由自主地融入到全场观众一起的呼喊、合唱、跳跃、挥舞双手之中，而这正是摇滚乐不同于其他现代音乐的一个突出特点。

2. 表演者热情澎湃的演出风格

在古典音乐的演出现场，表演者是在"演奏"，人们关注的是他们的专业技巧；而在摇滚音乐节的现场，人们关注的不单是音乐本身，还会异常关心表演者的演出风格，从他们别出心裁的发型、化妆，到惊世骇俗的服装搭配、乐器装饰，再到他们从不安分的走台站位，以至于极尽夸张的表情和肢体动作。总之，"视觉"本身已成为很重要的现场元素。

3. 表演者与观众就某些切身话题的互动

古典音乐演出或者一般的现代音乐演出，演出者与观众互动不外乎谈些个人的音乐感悟，或者表达对乐迷的感谢；而摇滚音乐的现场，观众们通常听不到也不愿意听到这些"陈词滥调"，他们所期待的往往是：自己追捧的摇滚乐手以戏剧化的腔调发出一声声对种种社会不公的抗议、对束缚心灵的教育制度的怒斥、对无聊透顶的生活的痛恨……

4. 观众的配合造势

这一点也很重要。古典音乐现场的观众们都是正襟危坐，生怕因为弄出一丁点儿声响而干扰了艺术家的发挥；但摇滚音乐现场，观众们往往都很自觉地伴随着音乐"躁起来"①，甩头、狂乱地呼喊、尖叫、挥舞漫天的旗帜（见图1-1），甚至发明了一系列独属于摇滚现场的互动行为：致"金属礼"、"开火车"、"跳水"、pogo②等。

图1-1　2013年迷笛音乐节（深圳）现场

（注：这是2013年5月17日晚上"中国摇滚教父"崔健和他的合作者作为压轴乐队登台之前的场面，人们挥舞着双手或各种旗帜，或者拿出相机和手机来拍照，以记录这个特别的瞬间。摄影：张骁鸣）

---

① 中国北方一些乐队常用的现场用语，号召乐迷完全释放情绪，一块儿闹起来、狂起来的意思。

② "金属礼"：手握拳后伸出食指和小指并不断地前后晃动或戳向大空的一种手势。"开火车"：一种现场互动的方式，即一队人都用双手搭住前面人的肩膀，用跳跃的姿势，一起在拥挤的现场观众群中穿梭。这被认为是最安全和最"斯文"的一种现场互动方式。"跳水"：指保持身体挺直的状态下，从高处背对着倒向人群的一种动作。这个时候人群中会伸出无数只手将"跳水者"托住，高举在头顶并向人群的其他方位传递。一般在重金属摇滚演出现场会出现这样的举动。pogo：原为蹦床用语，指原地的上下跳；摇滚现场指人们互相跳起来撞向对方，感受彼此肢体的力量和狂热的情绪。一般认为这是危险性较大的一种现场互动。

第二节 啤 酒 节

2010年的时候，慕尼黑人迎来了他们的"十月节（Oktoberfest）200周年"大庆。"十月节"是"啤酒节"的本名，之所以"啤酒节"这个名字更为外人所熟悉，是因为它留在所有人心目中的典型印象就是：无数的人群涌入十几个大啤酒棚子里面，挤坐在一起，从早到晚，一扎接一扎地喝着德国最富盛名的啤酒，吃着巴伐利亚州的各式美食，与同行的伙伴、邻座的陌生人开心地聊天，还不时和着舞台上颇具民间风味的乐队音乐一起哼哼唧唧、摇头晃脑。不少人还刻意穿上传统的巴伐利亚服装，例如男士的皮马甲和皮短裤——据说最为传统的是用鹿皮制作，女士的配搭有花边的紧身胸衣和长裙，还有各式各样造型别致的帽子。

啤酒节的来源与巴伐利亚州的王室有关。1810年10月，为了庆祝巴伐利亚的路德维希王子和萨克森国的希尔斯公主的婚礼周年，在慕尼黑城南门外的宽阔草地上举行了盛大的庆典。王室邀民众同乐，免费供应啤酒美食，夜以继日地开怀畅饮、欢歌乐舞，所有人都沉浸在完全放松和欢快的情绪中。

目前，啤酒节由以下几个典型环节组成：

1. 盛装大游行

大游行有两场，分别在开幕的头两天举行。路线都是从慕尼黑市中心出发，沿着马克西米利安大街，最终抵达啤酒节会场。游行的参加者以各地啤酒厂的彩车队伍和巴伐利亚州各地民众游行队伍为主。啤酒厂会用最健硕的马匹，拉上打扮得五颜六色的花车，车上要么是垒得高高的啤酒桶，要么是穿着传统服装的男男女女，他们有说有笑，不断地向街边观众挥手，或者向小孩子扔下一把把糖果。各地的民众游行队伍更是各显神通，除了最有地方色彩的传统服装外，有的队伍整齐划一地穿着啤酒技师的工作服，有的还会穿上18世纪的王室军队制服，或者编成一只吹笛打鼓的仪仗队，又或者模仿童话传说中的森林精灵，甚至会假扮巴伐利亚人最怀念的浪漫国王路德维希二世……在所有游行队伍的最前面，会有一位单独出场的年轻女士，她穿着修女的宽大袍子，侧坐在马背上，手里一直举着一只硕大的啤酒杯，这是慕尼黑人的"送酒女神"。

2. 市长宣布开幕

每年啤酒节第一天上午（通常是9月的第三个星期六），慕尼黑市长会亲自坐着马车来到会场，走进中央大帐篷里，踏上早就搭好的舞台，并在中午12点用木槌砸开一只传统的啤酒桶,然后向台下欢呼的众人高喊"O'zapft is!"①,宣告啤酒节的正式开幕。

3. 啤酒棚子

市长宣布开幕之后,真正的啤酒狂欢启动了。很多不习惯啤酒节的玩乐方式的人——估计大部分都是亚洲人——都会感觉很好奇:这些人高马大的德国人,怎么能心安理得地挤坐在一条窄窄的长凳上,而且一挤就是大半天甚至一整天,喝酒聊天,嬉笑逗乐,毫无倦意。其实"挤"这个概念在啤酒节上根本不算回事(见图1-2、图1-3)。实际上,十几个啤酒棚子,每个座位都会有编号,每年在二三月份的时候就已经通过网络、电话等方式开放预订了。老道的慕尼黑人或者其他地区的德国人都会早早地动手抢订。不明就里的游客往往到了现场才会发现,要在最久负盛名的啤酒棚子例如 Hofbräu(市长宣布开幕的地方)或者 Liönbräu、Paulner 里面找到一张桌子,甚至只是想找到一个挤得进去的空座儿,都几乎是"不可能完成的任务"。

图1-2 2010年慕尼黑啤酒节上的拥挤人群

(摄影:张骁鸣)

---

① 即"Es ist angezapft!",德语"啤酒出来了!"的意思。

图1-3 2010年慕尼黑啤酒节啤酒棚子里的热闹场景

（摄影：张骁鸣）

4．现代游乐场

早年的啤酒节一直有赛马、射箭、拔河等运动或娱乐项目，这个传统进入20世纪下半叶以后，逐渐演化成一个专门的现代游乐场。它位于整个啤酒节大草坪的南面，摆满了旋转臂、大转轮、翻滚列车等常见的现代机械游乐设施，吸引了众多小孩子和年轻人。

自诞生以来，慕尼黑啤酒节除了因为战争和疾病偶有中断外，一直是巴伐利亚人最重要的节日，现在也与科隆狂欢节相呼应，成为德国一南一北两个最重要的节庆活动，让总体上老是给人古板印象的德意志民族，充分展露出他们爱玩爱闹的一面。2010年，慕尼黑市正好在申办2016年冬奥会，市长穿着雪白的衬衣来到会场，袖子上端绣着一个申办标志，不忘为自己的城市代言，这也显示了啤酒节作为展现德国、宣传德国的标志性活动的重要地位。

啤酒节也许还是被全世界"山寨"得最多的德国节庆活动。仅仅在中国，就可以发现青岛、哈尔滨、广州、贵阳、北京、上海、乌鲁木齐等不下10个城市都办有啤酒节，很多地区还大大方方地用上了"××德国啤酒节"或"××慕尼黑啤酒节"这样的名号。也许，这跟啤酒这样一种饮料比较易于为各个地区的民众所广泛接受有着密切关系。

第三节 狂 欢 节

  如果从世界范围来看，狂欢节的影响力其实远胜于前面所介绍的同样具有"狂欢"色彩的摇滚音乐节。最重要的理由当然是，狂欢节本来就是一个在西方世界的宗教信仰和世俗生活中有着双重"根脉"的历史极其悠久的节庆活动。

  "狂欢"作为一种文化现象，在古希腊时期就有着它的神话之根。根据19世纪末德国著名哲学家尼采的看法，作为西方文明主要起源的古希腊文明，拥有两种截然不同的社会精神：由阿波罗为代表的"日神精神"，以及由狄奥尼索斯为代表的"酒神精神"。日神是纯正的神之血脉，他的父亲是天父宙斯，母亲是天后赫拉，受着最好的教育，长大以后就掌管着一切正义、公平、理性、庄严、有序的事物。而酒神狄奥尼索斯是宙斯与凡间女子塞墨勒所生，半人半神，自小便与山林水泽的神怪精灵混在一起，但是因为熟知人间生活，后来成为了掌管农牧业和丰收的神祇。他馈赠给人间最好的礼物莫过于葡萄酒，而酒恰好能够激发人粗犷和野性的一面，因此酒神的形象实际上也就是放纵、野性、叛逆、颠覆、无序的象征，或简言之——"狂欢"。

  也许在尼采看来，正是日神与酒神这两种精神的碰撞，才使得古希腊文明如此多姿多彩。而"狂欢"这个概念，像烙印一样深深镌刻在古希腊文明以及继承其血脉的欧洲文明当中，流传深远，影响广泛。直到17世纪中期法国画家普桑的作品中，我们还可以看到酒神在丰收的季节带领众人尽情歌舞、纵酒寻欢的火热场面。

  大概从中世纪晚期开始，在天主教国家中，狂欢节（Carnival）借用了已经在教会生活中很常见的举办盛大游行的形式，逐渐演化为在四旬斋①（Lent）之前几天或者几个小时中，所有人都能参与的公共性的娱乐活动。这一词语的来源暂时还没有定论，虽然它与中古时期拉丁文的 carnem levare 和 carnelevarium 有些联系，意思是"把肉取走或者拿开"。这当然也正好符合狂欢节作为严肃的四旬斋开始之前

---

  ① 在基督教中为复活节的来临而举行苦刑忏悔式的准备。在西方教会中，四旬斋从圣灰星期二开始，即复活节之前的六周半，一般要进行40天的禁食（周日除外），为的是效仿荒野里的耶稣基督。在东方教会中，四旬斋从复活节前七周的星期一开始，直到节前9天的星期五结束。复活节之前的筹备和禁食习惯已经存在了很久。禁食期间，只有晚上能够用一次餐，而肉、鱼、蛋以及黄油都是不允许食用的。东方教会还严格限制酒、油、奶制品的使用。近代以来，在西方教会中，这些禁食规则被逐渐放松了。引自《不列颠百科全书》"Lent"词条。

最后的欢宴之意①。既然与四旬斋有关,那么,可以推测狂欢节最早的出现还是应该与宗教生活密切相关的。

16世纪时期,尼德兰地区最伟大的画家彼得·勃鲁盖尔曾经用拟人化手法对"狂欢节"与"四旬斋"之间的有趣关系作了生动描绘。在他的画中,"狂欢节"是一个脑满肠肥的大胖子,坐在跟他身材一样滚圆的大酒桶上,从头到脚都挂满了各种食物,率领他奇装异服的化装队伍,从喧闹杂乱的市场方向直奔过来;"四旬斋"则是一个瘦骨嶙峋、面色惨白的修道士形象,坐在一架放着干巴巴的面包圈的小车上,身后跟着一些老实巴交的普通市民,从教堂方向赶来迎击(见图1-4、图1-5)。或者可以作一个大胆的推测,那就是,至少在勃鲁盖尔生活的时期,狂欢节的活动已经世俗化,人们开始"为狂欢而狂欢",不再受教会的控制,也几乎要遗忘了狂欢的来源。当初如果没有四旬斋,可能也就没有狂欢节,但是现在后者好像完全独立出来,成为一些人伺机寻欢作乐、胡吃海喝以满足口腹之欲的场合。

图1-4　彼得·勃鲁盖尔的《狂欢节与四旬斋之战》

---

①　引自《不列颠百科全书》"Carnival"词条。

图1-5 彼得·勃鲁盖尔的《狂欢节与四旬斋之战》(细节)

这种猜测得到了历史学家的一些佐证。16 世纪欧洲宗教改革浪潮之后,尽管新教地区逐渐放弃了狂欢节的庆祝活动,但是狂欢节却在天主教地区成为一个完全民俗性的节日,这一现象一直延续到当代。目前较为著名的狂欢节多数成形于 19 世纪初期,例如德国科隆的狂欢节虽然早自 1234 年就在史书中有记载,但是直到拿破仑军队占领时期才从法国人那里借鉴了沿用至今的狂欢节传统。① 此外,包括德国的科隆在内,诸如法国的尼斯、西班牙的马德里、巴西的里约热内卢、加拿大的魁北克地区、美国的新奥尔良等,都是普遍信仰天主教的地区。

英国当代社会史学者彼得·伯克②曾总结过历史上的传统狂欢节的三个基本特征。

(1) 第一个是游行。其中可能有彩车,载着化装成巨人、女神和恶魔等角色的人。

(2) 第二个常见的组成部分是某种类型的竞赛,其中以绕圈赛跑、赛马和竞走比较流行。罗马狂欢节的竞赛分为年轻人的赛跑、犹太人的赛跑、老年人的赛跑。有些地方的狂欢节还在陆地上或水上举行长矛比武或竞赛。

(3) 第三个常见的组成部分是上演某种类型的戏剧,通常是滑稽戏。然而,

---

① Roy C. Traditional Festivals: A Multicultural Encyclopedia. Santa Barbara, USA: ABC-CLIO, Inc., 2005: 49~50.

② (英)彼得·伯克:《欧洲近代早期的大众文化》,杨豫等译,上海人民出版社 2005 年版,第 224~225 页。

正式的戏剧与非正式的"游戏"是难以截然分开的。戏剧通常安排为狂欢节的最后一个环节。拟人化的"狂欢节"在戏中的一场模拟审判中受尽折磨，并作了模拟的坦白，立下一份模拟的遗嘱，被模拟地处以死刑（通常是火刑），最后还要举行一场模拟的葬礼。

根据伯克的归纳，"狂欢节"的形象往往是一个大腹便便、面色红润的乐呵呵的胖子，身上总是挂着一串可以吃的东西（香肠、家禽肉等），坐在酒桶上，或者还有一锅通心粉相伴。相反，拟人化的"四旬斋"形象却是一个干瘪的老妇人，身穿一袭黑衣，身上挂着鱼。这与前面我们所看过的勃鲁盖尔的画作基本吻合。伯克还发现，有证据表明"狂欢节"和"四旬斋"之间的战斗并不仅仅只是勃鲁盖尔和其他一些画家的富有想象力的虚构，而是在公众面前的一些真实表演。例如，1506年在意大利的博洛尼亚就上演过一场骑着一匹肥马的"狂欢节"和骑着一匹瘦马的"四旬斋"之间的格斗，并且各有一群追随者。

伯克所总结的这些特征，除了最后一项拟剧表演之外，基本上为所有的现代狂欢节所继承。在这些天主教国家或前殖民地区，狂欢节上除了各有特色的化装游行活动和在公共场所的歌舞狂欢和饮酒作乐之外，公选"国王"（Carnival King）或者"肥皇帝"（King Momo）也是常设的项目。不过，"国王"和"肥皇帝"在现代社会中已经不再是被揶揄、戏谑的对象，而成为了狂欢节的开幕式司仪或游行队伍的领头人。

此外，一些地区还会给狂欢节附加上时代色彩鲜明的新项目。例如，在德国北莱茵-威斯特法伦州，包括科隆、杜塞尔多夫、亚琛这些地方，逐渐形成了一个新传统，那就是在狂欢节期间有一个专属于女性的"狂欢星期四"。在这一天，女职员可以拿着大剪子，冲进办公室把男上司的领带剪断，甚至还有爱玩闹的年轻女孩儿会拿着剪刀在大街上虎视眈眈地"巡视"。这样一种具有象征性而又带有戏谑意味的行动，展现出德国社会允许和鼓励女性向"男权社会"发起挑战并积极追求平等的新观念。

当代狂欢节的日期安排，在不同国家和地方的传统中存在差异。一般地，狂欢节开始于圣灰星期三之前的那个周日，而结束于瞻礼星期二。在德国的慕尼黑和巴伐利亚地区，狂欢节或谢肉节（Fasching）实际上从主显节（1月6日）的餐会就开始了，而在科隆和莱茵河地区，狂欢节于11月11日早上11点11分准时开幕，一直要延续到第二年的四旬斋之前，当然，最热闹的庆祝活动都在最后一周。在法国，人们似乎会稍微克制一些，狂欢节活动仅限于圣灰星期三之前的瞻礼星期二，或者是在四旬斋第三周的星期四。有趣的是，法文狂欢节（Mardi Gras）直译过来也就是"肥腴的星期二"，它也反映了在四旬斋（从圣灰星期三开始算起）到来之前把家中所有的肥肉都用掉的传统。这一传统还随着18世纪法国往路易斯安那等地区殖民而带到了美洲并流传至今，其中美国新奥尔良的狂欢节已经成为与巴西里约热内卢狂欢节、德国科隆狂欢节齐名的世界三大狂欢节之一。

第四节 其他节事活动

一、大型庆典

几乎所有节事活动都离不开"庆祝"和"典礼"的成分，像音乐节、啤酒节、狂欢节，它们的开幕式往往都会做成一个程式化特征明显的"庆典"。但是，毕竟还存在那么一些可以独立拿出来说一说的"大型庆典"活动，其中最典型的包括国庆庆典、节日（联欢）晚会、重要奖项的颁奖典礼等。

国庆庆典往往是一个国家最盛大的、全民性的庆祝性活动。当然，除了固定的国庆庆典以外，我们中国人比较熟悉的庆典还包括香港或澳门回归周年纪念庆典、为某个伟人（如毛泽东）举办的诞辰周年庆典、为某个重要历史事件（如反法西斯胜利）举办的纪念庆典。

节日（联欢）晚会就更不会令人陌生了。目前在中国内地流行的联欢晚会，多半都是由各家电视台发起和承办，联合一些文艺团体或者是表演艺术家，充分利用电视这个平台，占据了节日之夜的收视"黄金时段"，因此也被冠以"电视联欢晚会"的称呼。春节、灯节、中秋节等，也包括新兴节日如中国艺术节、中国杂技节、中国电视电影节等，往往会举办一个电视联欢晚会。

谈到颁奖典礼，人们马上就会想到美国的"奥斯卡颁奖礼"。这是一个每年都会吸引亿万人收看其卫星现场直播的最负盛名的颁奖典礼，齐聚了美国乃至其他一些国家或地区的最受关注的电影明星，男影星几乎一色黑礼服，女影星则是"衣不惊人死不休"，争芳斗艳，姿容万千。奥斯卡颁奖礼不单是颁奖，也会有高水平的歌舞演出，还有模仿秀等轻松桥段，更有令人感动的纪念逝者、怀念前辈的凝重环节，有时还会有一些关心时事的艺人趁机发表尖锐的意见，例如为环保、反战、少数民族问题、女性权益等大声疾呼。显然，这个颁奖礼的影响早已经远远超出了电影界和文艺界。近年来，中国国内的金鸡奖、百花奖等几个大的电影电视类的颁奖庆典，也成为中国人关心的大型晚会活动。

二、电影节

电影节（film festival）通常是年度性的优秀电影评荐活动。电影节常得到来自国家或地方政府、实业界、服务机构、实验电影团体、个人推销商等的赞助，为制作方、发行商、影评人和其他感兴趣的人士提供了一个观摩影片、讨论电影艺术发展的机会。发行商在电影节上可以购买那些他们认为在自己的国家将获得欢迎的影片。

威尼斯于1932年举办了世界上第一个电影节。"二战"以后，电影节对很多国家的电影产业发展都作出了重要贡献。意大利影片在戛纳和威尼斯电影节上的成功，焕发了意大利电影业的第二春，并且推动了战后新现实主义运动的传播。黑泽明执导的《罗生门》在1951年荣获威尼斯电影节的金狮大奖，让日本电影受到了广泛关注。同年，第一届美洲艺术电影节在纽约的伍德斯托克举行，激发了美国的艺术电影潮流。

法国戛纳电影节也许是目前全世界数以百计的电影节中最为著名并受到最多关注的。自1947年以来，电影爱好者年年汇聚在这个度假小镇，参与官方和非官方的电影展演。柏林（德国）、卡尔洛维·瓦里（捷克）、多伦多（加拿大）、瓦加杜古（布基纳法索）、公园城（美国）、香港（中国）、贝罗哈利桑塔（巴西）和威尼斯（意大利）的电影节也非常重要。短片与记录片在爱丁堡（苏格兰）、曼海姆（德国）、奥伯豪森（德国）、图尔（法国）的电影节上受到特别关注。一些电影节专门放映某个国家的影片，而从20世纪60年代后期开始也出现了专门为影视专业学生举办的电影节。还有一些更专业化的电影节，例如水下摄影以及以登山运动等一些为特殊主题拍摄的影片备受关注。

三、艺术展或艺术节

艺术展或艺术节当然可以涵盖各种各样的艺术形式，前面已经详细介绍过的"音乐节"或"摇滚音乐节"都可以纳入其中。尽管目前艺术分类已经五花八门，但是能够被人们较为普遍接受的大概是"视觉艺术"和"表演艺术"这两大类。

（1）视觉艺术。既包括指静态的传统艺术门类例如绘画、书法、雕塑，也包括比较时尚和新潮的新造型艺术例如装置、影像，甚至是需要观众参与的"观念艺术"。一般而言，以视觉艺术为主要内容的艺术活动称作"艺术展"。

（2）表演艺术。主要以舞台为艺术表现空间的艺术门类，显然应该包括戏剧、古典音乐、流行音乐、舞蹈、舞剧、音乐剧、歌剧等。一般而言，以表演艺术为主要内容的艺术活动称作"艺术节"。

从艺术展来看，目前世界各国对"艺术"的理解已经日趋"后现代"，一些激进的评论家会特别赞赏那些敢于挑战权威、敢于挑战主流艺术观念的艺术家，支持他们在不同的领域展开"实验性"的艺术活动，并由此培育了很多颇有影响力的"当代艺术展"或"当代艺术节"，例如德国的卡塞尔文献展、意大利的威尼斯双年展，中国也已经有了广州三年展、上海双年展、北京双年展。然而，挑战终究是挑战,实验终究是实验,即便已经在艺术圈子中争得了荣誉、站稳了脚跟,并且得到了很多有远见、有胆识的现当代收藏家的青睐,但是对于普罗大众而言,过于前卫的艺术通常只能带来一时新鲜,并不能激发普通人稳定的欣赏兴趣或消费欲望。①

从艺术节来看,目前在全世界最有影响的可能是每年夏天在苏格兰爱丁堡举办的爱丁堡艺术节。爱丁堡是一个建立在岩石与峭壁上的古老城市,是一个全年充溢着各式节庆的文化之都,艺术节于每年8月在此准时揭开帷幕。爱丁堡艺术节有着光荣的历史,那是在第二次世界大战之后,大量徙居英国的欧陆艺术家和英国艺术界知名人士,都期待重新为欧洲艺术和欧洲精神找到新的舞台,以抚平战争的创伤,寻求民族之间的真正和解。经过三年筹划,他们终于在1947年创立了影响深远的爱丁堡艺术节。

目前的爱丁堡艺术节可划分为七个相对独立的部分,即国际艺术节、边缘艺术节、国际爵士和蓝调艺术节、国际电影节、国际图书节、军乐节、梅拉节。此外,还有爱丁堡美术馆协会举办的一系列展览,以及国际电视节、国际游戏节等,但规模上不如前面七部分。爱丁堡艺术节的主题定位明确,各具鲜明的特色和目标观众。实际上,每年8月正好是西方国家旅游度假的黄金季节,爱丁堡选择在这个时间举办艺术节(见表1-1),发挥的正是它的特色文化旅游之都的优势,增强了对欧洲乃至全球各地旅游者的吸引力。

表1-1 2006年爱丁堡艺术节主要活动时间表

活动名称	活动时间
爱丁堡国际爵士和蓝调艺术节	7月28日至8月26日
爱丁堡军乐队表演	8月4日至8月26日
爱丁堡国际图书节	8月12日至8月28日
爱丁堡国际艺术节	8月14日至9月4日
爱丁堡边缘艺术节	8月6日至8月28日
爱丁堡国际电影节	8月17日至8月28日

(资料来源:http://www.edinburghartfestival.org)

---

① 要注意的是,很难单一地用"商业价值"来评判传统艺术或者说前卫艺术哪一个更赚钱,因为一些前卫艺术作品在收藏家、拍卖行、艺术展、艺术家和他们的经纪人这几者之间的有意无意的"共谋"之后,也很可能被推高到一个惊人的价格,其商业价值是显易见的。只不过,其中的艺术作品增值过程,往往都是通过艺术圈子的内部互动或者媒体炒作来实现的,即便是那些颇具现场感的令人屏息凝神的拍卖会,也几乎与普通人无关。对于一个想要以艺术活动创造旅游吸引力、拉动地方消费的城市或地区而言,这样的艺术活动可能意义不大。

其中，比较另类的爱丁堡边缘艺术节的历史非常有意思。1947年举办第一届爱丁堡艺术节的时候，有6家苏格兰表演公司和2家英格兰表演公司没有被选为艺术节正式演出团体，于是它们就在舞台之外的地方自行表演，一个"边缘（fringe）艺术节"便这样顽强地诞生了。爱丁堡边缘艺术节现在几乎全部聚焦于表演艺术，尤其是戏剧和喜剧，其内容取材从莎士比亚作品到现代作品都有，特别鼓励那些有创新、实验性质的当代作品。不过，与以往不同的是，现在的边缘艺术节其实已经大量进入了正式的演出场地，其数量规模、创意活力、票房收入，都有不可小视的影响力。2005年爱丁堡边缘艺术节的一些统计数据如下：247个场地的1800场演出中上演了26995个节目；共计16190名演员参加，比2004年雅典奥运会各代表团的总人数还多。其中，167个场地的演出是完全免费的，余下的收费演出共售出超过125万张入场票，而在线门票销售达到了整个节日门票销售的44%以上。更有趣的说法是，如果有人想要一个接一个地一天24小时地观看2005年爱丁堡边缘艺术节的所有节目，需要5年3个月外加25天。

爱丁堡艺术节有着其他艺术节难以望其项背的丰富性和包容性，这种自信开放的态度让它充满了活力和创造力，这也许是它能够引领世界舞台艺术发展趋势的原因之一。在全球化的今日，在保持传统特色的同时，融合国际非主流元素，是爱丁堡艺术节在世界市场制胜的原则。爱丁堡艺术节作为世界上最大的综合性艺术类节事活动，不仅能吸引世界顶级艺术家前来，而且已被默认为表演艺术爱好者的朝圣之地，为爱丁堡和苏格兰带来非凡的文化、社会和经济效益。

四、文化节

与艺术节、音乐节、电影节给人的直观印象不同，"文化节"（cultural festival）的概念明显更加宽泛。严肃地对待优秀人类文明的保存、继承、发扬、交流、传播、借鉴的人士与团体依然很多，其努力与成就也通常能够受到人们的重视与认可。

在移民较多的欧美国家如加拿大、美国、澳大利亚、新西兰，以及向来对"他者"文化兴趣浓厚的英国、法国、德国，"多元文化"（multiculture）的存在、不同文化的异同、文化背后潜藏的各民族的协调与冲突，已经成为备受关注的舆论热点，也成为政府、非政府机构（NGO）乐于利用的节事活动主题。与此同时，以文化的展示和体验为手段，试图增进不同文化群体的相互理解、促进社会和谐为主要目的的"多元文化节"也在这些国家应运而生。在这些多元文化节中，彼此交流、消除误解、互相尊重与体验欣赏等社会文化诉求是广为关注的主题，当然也并不因此而忽略了经济利益的创造与分享。

在中国，文化节更多地以"旅游文化节"的形式出现，类似北京国际旅游文化节、广东国际旅游文化节这样的大型活动，往往由政府主导策划和组织，其主要目的除了拉动旅游市场的增长或促进旅游淡季的销售，还在于综合展示一个城市或一个地区的旅游资源特色，作为对外宣传地方形象、地方发展成就和潜力的一扇重要窗口。客观上说，这类旅游文化节首先丰富了本地居民的休闲选择，同时能够起到一定的国际旅游促销目的。虽然直接的经济利益并不是举办这类节事活动的第一目的，但是市场化手段的不足，却往往使主办方难以实现收支平衡。

五、商贸活动

这里所谓的"商贸活动"（business and trade events）专指那些旨在面向最终消费者的宣传、促销活动，这些活动一般与商品或服务的展示、销售、使用有关，而与商品的生产与流通环节无关，即与商品或服务的原料供应商、具体生产厂家、运输与物流、市场销售与广告等公司或企业无关。世界博览会实际上亦可看作这一类商贸活动的基本代表，而更古老的起源可能要追溯到历史上的城乡集市或庙会。这一类商贸活动所包含的具体形式非常多，日常生活中所见到的企业促销会或展销会、新品发布会或推介会、生活用品或奢侈品的消费展、旨在推介艺术家的艺术展（往往由营利性画廊举办）、歌友会、电影首映式等都可纳入其中。就旅游行业来说，旅游展的主要目的在于推介旅游目的地和旅游中介服务，因此针对的也是旅游者这一最终消费群体，从而亦可归入此类商贸活动。

六、社区活动

社区活动（community events）虽然在"创造收入"这一点上几乎得不到什么"分数"，但是它们却往往最能受到所在社区居民的拥护。这些活动规模小、投入低，没有市场化压力，也没有进行市场化操作的必要，但是它们能够体现社区文化和社区精神，能够按照社区居民的设想来组织和安排，它们首先满足的也是社区居民的真实需要。用社会学的语言来说，通过参与这些社区活动，居民能够体会到一种社区认同感（sense of community identity），这有利于创造更为和谐的社区氛围。

社区活动的另一方面意义，在于它是更为"安全"的一种社交形式。同住在一个社区的人，比之于来自千里之外的旅游者更加能够得到信任。这种信任也许建立在这些社区居民具有类似职业特征、社会地位、心理状态的基础上，也许建立在他们都能意识到自己与身边的所有人共处于相同社区机构（如警察、消防、环卫等公共部门）的管辖和服务的基础上。因此，在彼此通过社区活动获得交往机会时，他们会表现得更加积极主动、乐于沟通和相互理解、相互尊重。由于没有经济利益的压力，他们倾向于将满足普通人的愉悦、快乐的体验放到第一位。

有的时候,这种以社区为基础的交往活动还能将虚拟空间与现实空间更加完美地结合起来。例如,很多大城市的住宅区的网络"业主论坛"已经很常见。这种通过互联网技术建立起来的"虚拟社区"其实有它的现实基础,那就是居住在同一住宅区的居民。居民们网上交往的频繁、感情的加深,对彼此价值观的了解和尊重,对共同的社区事物的关心、讨论与问题的解决,使得他们产生了走下网络、走出家门进行面对面交往的需要。图1-6即为广州市番禺区以白领阶层为主的丽江花园"江外江"论坛的周年庆典晚会。论坛形式虽然简陋,但整个活动却得到了这些平日里忙碌于广州市各个写字楼、业余时间热衷于邻里间的网络交往和社区公共事务的年轻人的青睐。

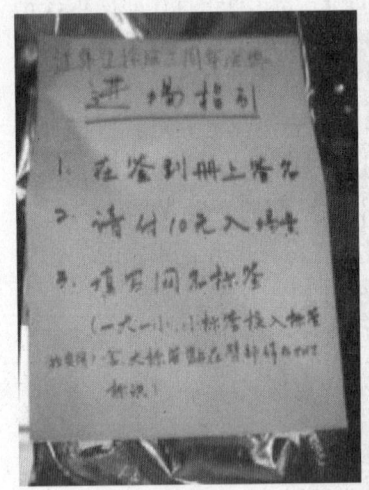

图1-6 社区级别的庆典以潜移默化的方式改变着现代人的社交习惯

(注:2005年广州市丽江花园"江外江"网络社区的三周年庆典晚会。摄影:张骁鸣)

这里体现的实际上也是节事活动的一种积极的社会影响:它将自20世纪80年代以来由高层住宅和门禁社区(gated community)所逐渐封闭了的中国城市社会的邻里交往重新激活。网络技术的使用也许只是一种契机,这样的邻里交往的需要其实一直潜藏在人们的心里。将来组织类似社区活动的义务或责任,将由更多元的机构来承担,包括政府的社区基层组织(如社区委员会)、群众性社团、学校都有可能逐渐成为类似节事活动的发起者。而社区活动的类型也将不仅限于简单的庆典,那些因社区居民的组成、偏好等特点而形成的丰富的文化素材和本地特色,可能逐步融入这些节事活动。届时,成功的、重复举办的、规模逐渐扩大的社区活动,也有可能走上市场化运作的道路,但是否扎根于本地社区、服务于本地社区,仍是评判社区活动是否成功的重要标准。

除了上面谈到的这些节事活动之外，我们在这里没有详细介绍的重要节事活动还包括世界博览会（Expo）和以奥运会为典型代表的重大体育赛事，有必要稍微交代一下原因。

世界博览会，也包括诸如世界园艺博览会这样的专题博览会，跟一般性展览的"亲缘关系"更近一些，因此本书并不把它们作为主要介绍的对象。

大型体育赛事策划与管理在近年来已经逐渐成为一门独立的学问，因此也并不是这本教材涉及的主要领域。体育类的运动赛事在全球范围内已经越来越走向双重的职业化。第一，比赛选手越发职业化。包括早期以吸引大量非职业运动员参赛的很多奥运会项目如足球、篮球，现在为了提高观赏价值和商业价值，也开始允许越来越多职业选手参赛。第二，承办机制越发职业化。从竞标开始，很多城市就会组织专门化的申办团队，从制作宣传文案、推出宣传片、遴选主题曲和吉祥物这样的创意性工作，一直到制定高度严谨、不容闪失的承办期间的餐饮配送计划，都由专门机构或者个人来承担；而在赛会期间的所有管理服务工作，如场馆、配餐、安保、医疗，也往往会交给一些很有经验的承包商来完成。

本章小结

节事活动几乎天天都在我们身边发生，但它们的来源可能有很大不同。

其中一些有着非常悠久的历史，如果愿意追溯的话，甚至可以回溯到2000多年前已经有的古希腊人的奥运会；在中国的东周时期，一些与农时有关的节庆也初见端倪。传统的力量是惊人的，这些节事活动有不少被后代继承，并且不同时代的人们都会根据自己的需要和理解对它的"原型"做一些改动。

另外一些可能出现的时间并不那么长，例如美国人的感恩节、德国人的啤酒节（十月节），都只有200年左右的历史。这些节庆也被人们看作新的"传统"，或者赋予它地方"标志"一般的意义，在现代社会中也同样占据着重要的地位。

而还有一些就更是处在"幼年期"了，例如中国内地改革开放以后才涌现出来的青岛啤酒节、哈尔滨冰雪节以及很多地方都有的旅游文化节。这些活动最早往往由政府机构来发起和推动，基本上都带有很强烈的重塑地方形象、发展商业经济的迫切需求。

我们在这里从来源的角度重新梳理不同的节事活动，其实也是在回应本章的主要内容：狂欢节历史最为悠久，啤酒节次之，而摇滚音乐节最"年轻"。不过，一个节事活动是否受欢迎，与它的"出身"并没有必然联系，因为最关键的还是要看它是否能够与现代人的生活发生紧密联系。

> **思考题**

1. 自己找一部与节事活动有关的纪录片、故事片或其他视频材料，分析它所涉及的节事活动究竟与现代人的生活是否有联系，有怎样的联系。（提示：国外BBC、Discovery、National Geographies 和中央电视台"探索·发现"频道等都有此类作品，可设法上网或通过其他渠道寻找片源。）

2. 考察自己家乡的或自己所感兴趣的任何一个节事活动（无论它是否够规模、是否有超出本地的影响力、是否有旅游吸引力），分析它与现代人的生活是否有联系，有怎样的联系。

第二章　节事活动的概念和关键特征

学习目标

1. 掌握节事活动的几个不同定义的共同点。
2. 了解节事活动的基本分类标准及其具体分类方式。
3. 重点理解节事活动的特殊性,尝试用它分析不同节事活动的主要特征。

引导案例

公元前15世纪的一幅古埃及壁画与公元16世纪的一幅文艺复兴油画会有什么联系?而这两幅画又与我们的"节事活动策划与管理"有什么联系?这是本章的引导案例所可能引起的两个看起来很"奇怪"的问题。

让我们欣赏一下这两幅绘画作品。古埃及的这幅发现于底比斯城墓穴,是古埃及壁画艺术的精品之一(见图2-1)。由于颇为讲究的画面布局、对线条造型的娴熟使用以及色彩的灵活搭配,画面人物的身份比较明确,姿态生动,场景内容也很清晰。画面上层中央端坐着法老夫妻,有人给他们献上食物,臣属或宾客们则分列左右,有些座椅下还摆着满满的果篮;下层则是演出队伍,四位乐师神情专注,两位女孩舞姿灵动,边上还搭起一个像是摆满了农作物或祭品的多层圆台。看起来,这是在丰收之后的一次欢聚,并且采用了宴会的形式。

这幅公元16世纪由意大利画家委罗内塞创作的《迦拿的婚宴》(见图2-2),现存于法国巴黎卢浮宫博物馆。这幅画描绘的是《圣经》里面的故事,耶稣在这里第一次向世人展现神迹。他受邀去迦拿参加一场婚宴,当婚宴上的酒用完的时候,他让仆人们将空石缸都装满水,然后从中舀出来递给在场的主人与宾客。大家惊奇地发现,此时水已经变成了酒。不过,画家委罗内塞的兴趣显然并不在于神迹本身。作为威尼斯画派最后一位代表人物,他的想象力汪洋恣肆,除了把事件场景搬到了某个意大利城市那气派浮华的广场,还精细地围绕着宴会本身加以刻画:丰富的食物、满桌的杯碟、喧哗的宾客、远处开始狂欢的人群,当然,还有画面近景正中的两位操着乐器伴奏助兴的乐师。后来人们发现,这两人的面容,赫然就是画家委罗内塞本人(左侧穿白袍者)和威尼斯画派最著名的画家提香（右侧穿红袍者）。

图2-1　公元前1425年底比斯的埃及墓穴壁画片段

图2-2　意大利文艺复兴时期画家委罗内塞的作品《迦拿的婚宴》

现在可以大胆归纳一下这两幅看似毫无关联的作品的内在联系了。我们发现，尽管3000年过去，但在人们遇到丰收和婚事这样值得欢度、庆祝、纪念的各种事件的时候，"宴会"还是一直占据一个十分重要的位置。埃及法老这么做，《圣经》中的婚礼这么做，而拥有充沛的艺术想象力的画家们，对待宴会这样的常见题材自然也是驾轻就熟。更进一步观察，我们还能发现，宴会的结构本身竟然也没有什么变化：

（1）都有特定的目的。就像上面说的那样，大多数时候是庆祝和纪念那些让人快乐的事情，也有些时候是为了缓和矛盾、拉近关系，或者为了寄托哀思。

（2）都有特定的空间。法老的宴会自然在他富丽堂皇的宫殿里举行，王室的威严也再次得到确认；而迦拿的婚宴选择了一个空阔的城市广场，到场的人物更是过百，显出婚礼主人一家的殷富和豪爽。

（3）都有助兴的节目。宴会当然首先得吃好、喝好，但是懂得享受或者有条件享受的人们，总会有更高层次的追求。所以，在这两场宴会中，我们看到了音乐、舞蹈成为画家一定要着力表现的必不可少的元素：要么单独占有壁画的一层，要么摆在画面的正中央。

那么，一个"出于特定目的、在特定的空间场合（有时也跟特定的时间相关）、伴以各种活动项目（如音乐、歌舞）"的宴会，又与我们这本教材所要关注的"节事活动"有些什么联系呢？本章第一节将会尝试回答这个问题。

第一节　节事活动的定义

一、"有计划的特殊活动"

"节事活动"是个翻译过来的词，"节事"是"节庆与特殊事件"（festival and special events）的简称。这是一个在英国、澳大利亚等国家普遍使用的术语。在美国、加拿大的情况有些不太一样，人们更喜欢直接用"特殊事件"（special events）或直接使用"事件"（event）。不过，在中国的传统语汇中，人们知道有"节庆"和"节日"（festival），有"事件"或者"特殊事件"，但在21世纪之前几乎还没有想过"节庆"和"事件"可以连用，并且可以简化为"节事"这样一个双音节的词来使用。

那么，这些概念之间到底有些什么差别？

我们先从最简单的词"events"开始，它所对应的常用概念显然是复数的"事件"。但是，在汉语语境中，我们用到"事件"时，一定会加上一些其他成分，以便让自己的意思表达得更准确。"事件"本来是中性词，有好有坏，但是很奇怪的是，在我们的记忆中，有了附加成分的"事件"通常都不是什么好词："水门事件"、"911事件"、桃色事件、中毒事件、突发事件、恶性事件、黑幕事件……为了避免从一开始就引起不当的联想，在这本教材中，我们特别推荐并尽量使用一种新的译法，即"活动"。

尽管"活动"本身也是中性词，然而它比"事件"更少引起贬义的联想，也不会太过于缩窄或夸大"事件"概念的外延。我们注意到，最近几年国内翻译出版的国外教材中，也已经开始有译者采用"活动"的译法。正如"事件"一样，"活动"也可能是刻意策划出来的，也可能是意料之外偶然遇上的。加拿大知名学者、国际节事管理与节事旅游研究领域的开拓者和领军人之一唐纳德·盖茨教授曾多次强调，并在他那本系统性地构建"活动研究"（event studies）知识体系的重要著作[①]中明确地指出，"有计划的活动"（planned events）才是这个领域的研究者和实践者真正应该关注的对象。

为了进一步厘清概念，可以参考一下南非学者迪米特雷·塔什普洛斯所提供的一个非常明晰的示意图（见图2-3）。他在盖茨的理论基础上搭建了一个"概念树"，只不过这棵"树"应该倒过来看：最为基础的、外延最广的概念之"根"当然是"活动"，从"活动"上分出"有计划的"和"无计划的"两大主干，而"有计划的活动"又包括"普通的"和"特殊的"这两大支系。从这个层次再往前，就与我们这些未来的专业人士相关了："特殊的有计划的活动"又可以分为"小型的"和"大型的"，而在"大型的"当中还可以细分出"专业性的"和"重大的"。

对照第一章已经介绍过的那些节事活动，我们发现没有一个是"无计划的"，也没有一个是"普通的"。无论是音乐节、啤酒节、狂欢节，还是那些大型庆典和晚会、电影节、艺术展或艺术节、文化节、商贸活动乃至社区活动，都至少具备"特殊的"和"有计划的"两大特征。当然，严谨一些说，它们的"特殊"并不是同样级别或同等重要的，而是有其针对性和适用的范围，这是在本章后面的部分还会进一步探讨的内容。而"节庆"呢？它们多半都有出于某种目的、由一群人筹备、更多人参与、场面通常很热闹但并非天天都能如此的一般特点，显然它们也就具备了"特殊的"和"有计划的"的关键特征。

---

① Getz D. Festivals, Special Events and Tourism. New York: Van Nostrand Reinhold, 1991: 4.

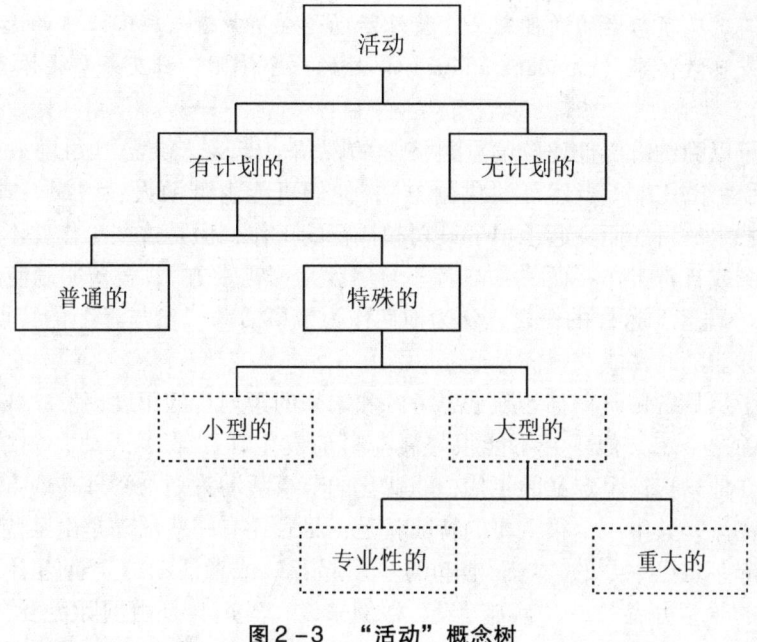

图 2-3 "活动"概念树

(资料来源:迪米特雷·塔什普洛斯,2010:7)

二、几个重要的定义

唐纳德·盖茨在1991年对"特殊活动"(special event)给出如下定义①:

特殊活动是一次休闲、社交或文化体验的机会,这些活动在通常可选择的范围之外或超越了日常的体验。

6年之后,盖茨对自己给出的定义作了一些补充,强调要从两个不同的角度来理解"特殊活动"概念②:

一是从活动组织者角度定义,特殊活动是在赞助人或组织人的例行事务、日常工作或活动以外的一种一次性或不经常发生(one-time/infrequently)的活动;

---

① Getz D. Festivals, Special Events and Tourism. New York: Van Nostrand Reinhold, 1991:4.
② Getz D. Event Management & Event Tourism. New York: Cognizant Communication Corporation, 1997:4.

二是从参与者的角度定义,特殊活动是在消费者或顾客正常的选择范围以外,或日常俗事(mundane affairs)以外的一个休闲、社交或文化体验的机会。

由此可以隐约看出他比较偏重经济学的视角,即从"供需"角度来理解节事活动。"活动组织者"当然是"供给方",他们可能由赞助人、组织人共同组成,为了某个特定的目的而一起承担了策划和执行的工作,但是这些工作并不属于他们的例行事务或日常工作;而"参与者"自然就是"需求方",盖茨明确使用了"消费者"和"顾客"这样的概念,认为他们作为节事活动"参与者"的特点就在于:这种需求并非随时都能获得满足。

不过,从具备钻研精神的独立思考者和未来的策划者的角度出发,我们必须看到,盖茨的这个定义似乎并不能很好涵盖目前发生在"节事活动"领域的一切。实际上,在他给出这个定义的年代,职业化的节事活动策划与管理在西方国家逐渐成为一股潮流,其中一个很重要的特征就是:尽管还有一些活动是由某些团体或机构自己发起、自己举办的,然而活动的"发起者"或者活动的"拥有者"可以不再是活动的"举办者"或"实施者"。举例来说,奥运会是由国际奥委会发起的,其品牌资产和主办权当然也归属于国际奥委会,但是,目前国际奥委会并不直接参与每一届奥运会的承办落实工作,这些工作是交给该届承办国来具体完成的。而我们今天所见到的很多大大小小的节事活动,也同样具备这样的特征,无论是那些重大的纪念性晚会,或者是一个婚礼现场这样的小型私人活动,它们的组织实施已经无须传统意义上的"主办机构"或者新婚夫妇自己操心。

既然那些与举办和实施有关的策划、组织、执行、控制、维护、评估等工作,已经越来越多地交由专业化的经营机构完成,那么一种新的而且更重要的供需关系也就出现了:活动的发起者或拥有者成为某项具体活动的需求方,而专业机构成为供给方,它所要提供的就恰好是这些发起者或拥有者所需要的"活动产品"。与此同时,发起者或拥有者又扮演了"参与者"的角色,活动本身在多数情况下当然也会向其他的参与者开放——而这才是传统意义上的需求方,或者盖茨所谓的"消费者或顾客"。在这里,我们所看到的是如图2-4所示的一个新的双重供需关系。

盖茨在2007年出版的研究生教材《活动研究》(Event Studies)中干脆去掉了"特殊"这个字眼,直接使用"活动"概念[①]:

活动(event)是指在特定时间和地点、特定的情形下发生的引人注目的事情(occurrence)。

---

① Getz D. Event Studies: Theory, Research and Policy for Planned Events. Amsterdam: Butterworth-Heinemann, 2007: 18.

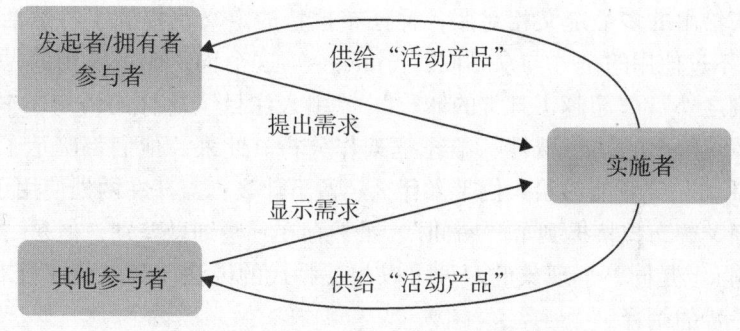

图 2-4 节事活动中的双重供需关系

我们也应该要注意到，他是在紧跟着就认真诠释"有计划的活动"这个概念的前提下，删繁就简地使用"活动"这个概念的。他集中阐述了节事活动的"计划"特征："有计划的活动"是为了实现某种经济、文化、社会与环境方面的目的而展开的。"计划"作为一个界定标准是如此重要，以至于它成为"节事活动"这个概念其他属性或阐释的基础。参照盖茨的观点，严格来看，我们经常说到的宴会、晚会、庆典、仪式、节日、节庆，如果它们无须组织规划、无须员工或志愿者、没有事先落实的时间段、没有确切的举办地点，甚或没有象征性的起始和终止，而只是完全由人们自发参与，那么它只能被看作一种习惯或者日常生活的组成部分，而很难进入具备管理意义的"节事活动"的范畴。这一点补充说明也是我们要注意的，因为这样就把端午、中秋这样更偏向家庭小型团聚的活动画上一个"存而不论"的圆圈。只有当它们具备了充分的"计划"特征的时候，才值得用上节事活动策划与管理的专业眼光。

曾经任教于美国和英国多所大学的乔·戈德布拉特，最早从培育乔治·华盛顿大学的活动管理（event management）专业开始，走上自己的活动策划师、活动管理教育家之路。他是在唐纳德·盖茨之外全球节事活动策划与管理领域的又一位重要人物，同时还是一位具备从业资格的注册特殊活动专家（CSEP）①，经常从事一些商业咨询项目并且为政府提供咨询报告，实践经验非常丰富。他对"节事活动"是这样定义的②：

> 一次特殊活动（special event）是为满足某些具体需要而确立的一个与众不同的瞬间，它通常与典礼和仪式一起进行。

---

① CSEP，即 Certified Special Event Professional，这是一个由国际特殊活动协会（International Special Events Society）推出的职业认证计划。

② Goldblatt J. Special Events: The Art and Science of Celebration. New York: Van Nostrand Reinhold, 1990.

与盖茨给出的多个定义相对照，戈德布拉特的定义也提到了特殊活动的"特殊性"，只不过他用的是"与众不同"（unique）这个词，而盖茨用的是"通常可选择的范围之外"、"超越了日常的体验"、"引人注目"这样的语句。本章第二节将专门对盖茨给出的"特殊性"概念框架作分析。此外，他们都暗示了这个所谓的"特殊活动"究竟能够给人们带来什么、留下什么：盖茨在两处使用了"体验"这个词，而戈德布拉特提到了"瞬间"。虽然存在一些细微差别，但是"体验"和"瞬间"实际上是同一个现象的两种可以相互替代的说法。第三章还会对"体验"概念作进一步的阐释。

在本节的最后，让我们来回应一下引导案例中的"宴会"。现在就比较清楚了，这个很多人都会乐于参加的"活动"，通常是一项需要精心筹备的"有计划的活动"，然而并不是天天都有的日常活动，因此又是一项"有计划的特殊活动"。有趣的是，"宴会"的英文 feast 以及"节日"的英文 festival，都源于拉丁词根"fest"，这就更加确认了宴会与节事活动的必然联系。因此，"宴会"当然应该是一个合格的节事活动策划与管理专家所应该关心和为之提供服务的领域，那么顺理成章地，引导案例中的两幅不同历史时期的与"宴会活动"相关的著名绘画作品，也就为当代人提供了鲜活的可供参考的素材。

第二节 关于节事活动的"特殊性"

我们再回到"特殊活动"这个术语本身。前面已经提到过，盖茨和戈德布拉特的定义中都用不同的语汇提到过"特殊性"（specialty）。"特殊性"这个概念值得多花些时间认真揣摩，因为它是在"有计划"之外将整个节事活动领域与其他一般活动区分开的关键。

伯恩斯和缪尔斯较早地注意到了特殊活动的四个重要特征[①]：

（1）特殊活动所产生的需求不只是针对活动本身，还会带来对相关服务部门的大量需求，例如住宿、餐饮、交通与娱乐。

（2）这些需求都被压缩在一个相对较短的时间（如一天到几个星期），而上述各种服务也无法提前生产并保存起来，这就造成了典型的"峰聚现象"（peaking）。

（3）"峰聚现象"将对收益水平及其分配情况产生重要影响。

---

① Burns J P A, Mules T J. A Framework for the Analysis of Major Special Events//Mules J P A, et al. The Adelaide Grand Prix: The Impact of a Special Event. Adelaide, Australia: The Centre for South Australian Economic Studies, 1986: 5~38.

(4) 本地对于特殊活动的再投资所带来的影响可能是比较小的,真正重要的影响来自活动自身通过商品和服务的输出吸引到的外地投资,其中,服务的输出尤其重要。

但是,很显然他俩只是主要指出了特殊活动在经济方面呈现出来的某一些特点,既没有完全刻画出"特殊活动"在其他方面的特点,也不能真正保证特殊活动的"特殊性"。幸运的是,盖茨经过长期研究和总结,从14个方面对特殊事件的特殊性进行了全面总结(见表2-1),从而拓展了伯恩斯和缪尔斯的工作,大大丰富了人们对于"特殊性"的认识,同时使得特殊活动的概念内涵更加明确,也让特殊活动的策划者和管理者有了一个启发性、基础性、综合性的框架,从而可以更好地构想、设计、规划、执行、控制、评估自己从事的特殊活动领域的工作。

表2-1 节事活动特殊性的表现及其说明

特殊性的表现	说明
目标多样化	特殊性与该活动本身追求的目标多样化有必然联系
节庆精神	特殊性与该活动创造真实的节庆精神的能力也有必然联系。节庆气氛将鼓励人们寻求喜悦(有时甚至是狂欢)、摆脱日常束缚、反叛常规的角色和功能
满足基本需要	所有基本的人类需要,以及相关的休闲和旅行动机,都可以借由该活动加以满足。能够满足的需要或者相关的动机越多,特殊性越强
独特性	重大活动依赖于"一定要看"、"一生一次"这种独特性吸引旅游者。某种意义上,所有活动都可以设法拥有一些独一无二的元素
高质量	特殊性将因为举办质量低下而丧失殆尽,而超乎人们想象的高质量活动,则将带来很高的满意度
真实性	源于本地文化传统的活动将是非常独特的,而对旅游者来说,特殊性也会因为让他们有机会参与那些真实的社区庆典活动而大大增强
传统感	很多活动都是根源于社区的传统,由于其神秘性而对旅游者产生很大的吸引力。"标志性活动"是与东道社区自身传统最紧密相关的,活动和目的地形象也将同时得以强化
灵活性	活动的举办可以凭借最基本的基础设施,可以在时空上进行切换,也要照顾到市场的变化以及组织机构的各种要求

续表 2-1

特殊性的表现	说明
友好	友好的本质在于使所有的活动参与者都感觉自己是尊贵的客人。一些活动和社区因为对旅游者特别友好而被长久铭记
具体化	参加者可以通过该活动体会到某个旅游目的地的特色及其整体氛围,文化展示、友好和自然资源都是具体化的手段
主题化	活动的所有元素都可以辅助节庆精神、原真性、传统感、互相交流、对客服务的实现最大化。主题化能够加强人们对特殊性的感知
象征性	对仪式和象征的使用将增强节庆氛围,并且使活动具有一种超乎其直接目的和主题之上的特殊重要性
能够负担的	活动提供的是普通大众负担得起的休闲、教育、社会和文化体验
便利性	活动可以提供一些自发的、并非事先规划好的休闲和社交机会。对于忙乱的、工作至上的现代人,尤其是城市居民,这些活动越来越重要

(资料来源:Getz,1997:4~5。有改动)

在应用盖茨的这张简表时,必须特别强调三个"并不是":

(1)并不是任何一项特殊活动都必须具备所有的特殊性的表现。有些活动很可能仅仅因为在其中几个方面的"超级"表现,就能获得初步的成功。例如一个摇滚音乐节,即便它在原真性、传统感等很多方面可能毫无表现,却可能因为其节庆精神、独特性、高质量而获得很多乐迷乃至一般观众的追捧。当然,一项活动如果所有特殊性方面都表现得很糟糕,那是根本不可能获得成功的。

(2)对于所有节事活动来说,同一项特殊性的表现并不都具有相同的含义。比如,不同的节事活动可能对于不同空间范围的人群意义是不一样的,某个活动可能在当地很有吸引力,也很有市场价值,但是从国家层次来看就是不起眼的普通活动了。

(3)并不是每一项特殊活动的"特殊性的表现"从其成形那一天开始就被彻底固定。实际上,所有活动都会伴随自身形式的变化、内容的丰富、文化内涵的积淀、市场口味的更新等诸多因素而不断发生改变。因此,一个有经验的节事活动策划者,不会轻易否定一个特殊活动的潜力,而会积极地保持对于活动及其成长环境的敏锐关注。

第三节 节事活动的类型

对一种社会现象进行类型划分的根本目的在于更好地认识其本质，区分出不同类型之间的差异，从而有针对性地应用于管理与服务工作。对节事活动的类型划分同样如此。当然，我们还需要略微思考一下，这种类型划分是为谁服务的？从政府的行政管理角度的划分与从企业的经营管理角度的划分显然是有所差别的。在实践中，不同主题、不同内容、不同运作方式、不同规模的节事活动名目繁多，种类丰富，甚至令人眼花缭乱。[①] 为了从不同角度进行分析，采用一些不同的分类标准进行多角度的分类是很有必要的。

一、按照影响分类

规模和影响力是最常见的一种分类标准，这一标准通常是根据节事活动的组织方的地位和能力来界定的，例如全球性的、国际性的、全国的、区域的和地方的节事活动。全球性的如奥运会、（男足）世界杯、慕尼黑啤酒节、世界博览会等，国际性的如东亚四国运动会、亚洲青年艺术节等，全国性的如中国艺术节、全国运动会、中国国内旅游交易会等，区域性、地方性的就更多了。

更为常见的是国外学者莫里斯·罗彻根据节事的规模、目标观众及市场、媒体类型覆盖面等标准完成的分类。在他看来，"公共活动"或"公众事件"（public events）可以分为重大活动（mega-events）、特殊活动（special events）、标志性活动（hallmark events）、社区活动（community events）四个级别（见表2-2）。

表2-2 公众活动的类型和规模

活动类型	实例	目标观众/市场	媒体类型覆盖面
重大活动	世界博览会 奥运会 （男足）世界杯	全球	全球电视
特殊活动	F1大奖赛 泛美运动会	世界/国内	国际/国内电视

[①] 戴光全、马聪玲主编：《节事活动策划与组织管理》，中国劳动社会保障出版社2007年版，第5页。

续表 2-2

活动类型	实例	目标观众/市场	媒体类型覆盖面
标志性活动	澳大利亚运动会	国内	国家电视台
	大城市体育赛事/节日	区域	本地电视
社区活动	乡镇地方活动	区域/地方	本地电视/报刊
	本地社区活动	地方	本地报刊

（资料来源：Roche，2000）

盖茨在不同的时期曾给出过两个有关"重大活动"的界定标准。早年他认为重大活动的规模应超过 100 万观众，耗费成本至少为 5 亿元，并且从其声誉来看应是一个"必看的"活动。[①] 后来他放弃了对具体规模指标的限定，转而认为重大活动是指能为东道主创造高层次的旅游产品，具有广泛的媒体覆盖率、崇高的声望或能带来巨大经济效益等综合功能的活动。[②] 也许，鉴于其重要的社会经济效益和深远的影响，任何在推动城市和地方发展过程中能显示其独特价值的活动，都可以称之为"重大活动"。

还要注意的是，在罗彻定义中的"特殊活动"概念显然是在这个特定语境下的一个偏狭义的术语，为了避免与上一节所讨论的一般意义上的特殊活动相混淆，用"首要活动"（premier events）或"名牌活动"（prestige events）来代替它似乎更为合理。这类活动只对某些特殊类型有意义，例如世界杯是足球赛事里面的"首要赛事"（premier soccer league），而"名牌节事"则是与名牌商品（prestige goods）相对应的一个概念，它们的重要性、权威性、独占性、唯一性是不容置疑的。所有运动和特殊的兴趣活动都很可能产生自己的首要活动或名牌活动。这些活动有的固定在某些地方或场馆举行，但大多是由不同地方轮流举办的。因此，首要活动或名牌活动跟下面要介绍的标志性活动、图标性活动有着明显差别：后两者都是针对同一个城市或地区而言的。作为在不同地方（尤其是在不同国家和地区）轮流举办的、对于某一运动或特殊兴趣来说具有标志性意义的节事活动，与仅仅在同一个地方重复举办的标志性活动或图标性活动相比较，首要活动或名牌活动的影响力无疑更为显著。[③]

布伦特·里奇曾给出了标志性活动的一个标准定义：在一定时段内举行的一次

[①] Getz D. Event Management & Event Tourism. New York：Cognizant Communication Corporation，1997：6.

[②] Getz D. Event Studies：Theory, Research and Policy for Planned Events. Amsterdam：Butterworth-Heinemann，2007：25.

[③] Getz D. Event Studies：Theory, Research and Policy for Planned Events. Amsterdam：Butterworth-Heinemann，2007：25.

性重要事件或重复举行的重要活动，其目的在于迅速地或长期地提高某个旅游目的地的知名度、号召力和经济效益；这类活动的成功有赖于其独特性、发展状况以及在恰当的时机展示其吸引力。① 标志性活动具有传统、吸引力、形象或名声等方面的重要性，使得举办这项节事活动的社区和目的地能够赢得市场竞争优势和独特卖点（unique selling point，USP）。② 随着时间的推移，标志性活动将与目的地融为一体。虽然一般城镇所常见的各种大大小小的节事活动不能都被看作"标志性的"，但是那些对于本区域、本地以及地方文化有着重要意义的盛大的社区节庆和地方庆典一般都被看作标志性活动。③ 标志性活动的典型例子有很多，如德国科隆的狂欢节、西班牙潘普洛纳（Pamplona）的奔牛节、享有"东方狂欢节"美誉的中国云南省西双版纳傣族自治州的泼水节。

盖茨提出的"图标性活动"（iconic events）④ 在定义上比标志性活动更加严格，其提升节事活动地位的目的也更加明显。一个地方可能有很多标志性的事物，但作为象征性的"城市图标"只能有一个，例如巴黎的艾菲尔铁塔，它从巴黎无数的标志性建筑和种种历史人文载体中脱颖而出，成为辨识度极高的唯一性的城市图标。节事活动要成为"城市图标"的难度比建筑要大得多，毕竟建筑都是外形固定的、可不断定点重复的、特别容易识别的，而节事活动则往往不具备类似的属性特征。不过，里约热内卢的狂欢节、慕尼黑的啤酒节、戛纳电影节在一定程度上已经成为这样的"城市图标"。

二、按照内容属性分类

节事活动的内容往往与其组织形式有一定关系，表达不同内容的节事活动有可能采用不同的形式。从具体组织形式来说，一些大型的节事活动经常根据活动具体内容的实施需要，划分庆典（如开幕式、闭幕式）、招待酒会或餐会、主题展览、演出、比赛等不同组成部分。

如果完全按照内容属性划分，吴必虎曾建议将中国城市节事活动分为自然景观型、历史文化型、民俗风情型、物产餐饮型、博览会展型、运动休闲型、娱乐游憩

---

① Ritchie B. Assessing the Impacts of Hallmark Events: Conceptual and Research Issues. Journal of Travel Research，1984，23（1）：2～11.

② Getz D. Event Management & Event Tourism. New York：Cognizant Communication Corporation，1997：5～6.

③ Hall C M. Hallmark Tourist Events：Impacts, Management and Planning. London：Belhaven Press，1992：4.

④ Getz D. Event Studies：Theory, Research and Policy for Planned Events. Amsterdam：Butterworth-Heinemann，2007：24.

型、综合型八大类。① 而马聪玲以她收集的国内306个节事活动案例为基础，将节事活动分为历史民俗类、衣食物产类、文化艺术类、自然生态类、体育休闲类、其他综合类六大类。② 按举办的频次从高到低排列如下：

（1）历史民俗类节事活动，包括民族、民俗、历史文化节事，例如天津妈祖文化旅游节、南岳衡山寿文化节等。

（2）衣食物产类节事活动，包括美食节、服装节、特产和花卉节日等，例如河南洛阳牡丹花会、大连服装节等。

（3）文化艺术类节事活动，包括各种文化节、艺术节、摄影节、戏剧节等，例如吴桥杂技节、上海艺术节等。

（4）自然生态类节事活动，包括自然风光、生态现象等，例如中国南海开渔节、桂林山水旅游节等。

（5）体育休闲类节事活动包括群众体育赛事、登山探险、狂欢节等，例如中国海南岛欢乐节、中国银川国际摩托车旅游节等。

（6）其他综合类节事活动，例如上海国际旅游节、重庆都市旅游节、广东国际旅游文化节等。

较之于中国学者的归纳和概括，西方学者似乎更习惯以不厌其烦的精神按照内容属性对节事活动加以列举，如同样具有CSEP认证资格的业界专家茱莉亚·希尔维斯就在她的个人网站上，从"不同内容应该有不同的管理模式"这一考虑出发，编制了一张内容详尽的、易于理解的、有操作性的节事活动类型表（见表2-3）。该表的一个非常突出的特点就是，希尔维斯在"特征"一栏所对应的每一行末尾，都加上一句"独自举行或与其他活动安排在一起"。她应该是再明确不过地在提醒读者，当前的节事策划与管理领域，不同类型的活动之间的界限并不像在教科书里分析的那么重要；要想成为合格的策划人和管理者，必须学会在不同类型节事活动之间融会贯通，具备强大的、综合的适应能力。

表2-3　面向节事管理的活动类型

活动类型	特征
商业和公司活动	支持商业目标的任何节事活动，包括管理职能、公司信息沟通、培训、市场营销、奖励活动、员工关系以及顾客关系，独自举行或与其他活动安排在一起

---

① 吴必虎：《节事活动的运作原则及模式》，载《中国会展》2005年第3期，第48～51页。
② 马聪玲：《中国节事旅游研究：理论分析与案例解读》，中国旅游出版社2009年版，第42～43页。

续表2-3

活动类型	特征
慈善和募捐活动	这类活动是为了慈善目的而举办，目的是吸取善款、支持和（或）引起人们注意，独自举行或与其他活动安排在一起
展览、博览、娱乐竞争性展会	把买主、卖主及感兴趣的人聚集到一起，向某个具体产业或普通大众呈现和（或）出售产品、服务以及其他资源的一项活动，独自举行或与其他活动安排在一起
娱乐和休闲活动	一种一次性或时段性的、免费或售票的表演或展示活动，为了娱乐的目的而创造，独自举行或与其他活动安排在一起
节日活动	是一种宗教的或非宗教的文化庆典，由群众创造（或为了群众而创造），独自举行或与其他活动安排在一起（许多节庆活动把买家和卖家一起带入节日氛围）
政府及市民活动	活动的发起者是政党组织、社会团体、市政府或国家政府实体，或是为了实现发起者的目标而举行的活动，独自举行或与其他活动安排在一起
市场营销活动	以商业目的为导向的活动，能快速把买主和卖主聚集到一起，或为了创造某个商业产品、服务的知名度而进行的活动，独自举行或与其他活动安排在一起
会议及大会	以交换信息、辩论或讨论、达成共识或决策、教育以及建立关系为目的，把人们聚集在一起的一个活动，独自举行或与其他活动安排在一起
社交/生命周期的活动	一次私人活动，只有通过邀请才能参加庆祝或纪念一种文化的、宗教的、公共的、社会的或生命周期事件的活动，独自举行或与其他活动安排在一起
体育赛事	一项被观赏或参与的活动，包括娱乐的或竞技体育活动，独自举行或与其他活动安排在一起

（资料来源：http://www.juliasilvers.com/embok.htm#The_Proposed_Knowledge_Domain_Structure）

我们还可以再看看盖茨在1997年给出的一种分类（见图2-5），这几乎是在节事活动管理领域被引用得最多的分类方法。盖茨按照内容属性，先分出文化庆典、艺术/娱乐、政治/国家、运动赛事、休闲、私人活动、教育与科学、商业/贸易八大类，然后往下再细分一些更细的类别。我们对他的原图作了一些调整，将教育与科学、商业/贸易两大类放到了最右侧，因为这里所给出的类别，恰好可以被看作中国国内目前所流行的"会展"概念，即各种类型的会议和展览。这个概念也基本上与国外的"MICE"（meetings, incentive tourism, conferences, exhibitions）相对应，不过缺少了一个"I"（奖励旅游）。需要补充说明的是，为了与一般的会展教材相区别，本教材基本上以图中左侧两部分的节事活动为案例选材，很少涉及教育与科学、商业/贸易等类别。

文化庆典 cultural celebration - 节日 festivals - 狂欢节 carnivals - 宗教活动 religious events - 游行 parades - 遗产纪念活动 heritage commemorations	运动赛事 sport competitions - 职业赛事 professional - 业余赛事 amateur	教育与科学 education and science - 讨论会、工作会、专题会 seminars, workshops, clinics - 学术大会 congress - 指导活动 interpretive events
艺术/娱乐 art/entertainment - 音乐会 concerts - 其他表演 other - 展览 exhibits - 颁奖典礼 award ceremonies	休闲 recreational - 趣味竞赛和运动 games and sports for fun - 娱乐活动 amusement events	商业/贸易 - 展览、集市、展销 fairs, markets, sales - 消费展与贸易展 consumer and trade shows - 博览会 expositions - 会议 meetings and conventions - 促销活动 publicity events - 筹款活动 fundraiser events
政治/国家 politics/state - 就职典礼 inaugurations - 颁授典礼 investitures - 贵宾到访 VIP visits - 集会 rallies	私人活动 private events 个人庆典 personal celebrations - 周年纪念 anniversaries - 家庭聚会 family holidays - 过渡仪式 rites de passage 社会活动 social events - 聚会、盛会 parties, galas - 团聚 reunions	

图 2-5　节事活动类型的多样性

（资料来源：Getz, 1997: 7。有改动）

当然，希尔维斯和盖茨的类型表和清单都不能被简单地看作按照内容属性所进行的节事活动分类，它们更重要的意义还在于展现了节事活动异常丰富的多样性。其中每一个单列出来的节事活动类型，其实都有其漫长的历史发展过程、长期保持的传统特色，有的还走向比较成熟的市场化开发，在一些地方的休闲产业和旅游产业中扮演着重要角色。

三、其他一些分类方式

根据主办者身份的不同，节事活动一般可以被分为政府部门举办的活动、协会活动、社团活动和企业活动。在国内，目前节事活动的主办者主要有两类，一是政府部门，二是企业机构。协会活动和社团活动，由于经常需要与政府部门或企业合作，很少得到较为独立的发展，这与西方国家有很大的差别。

根据节事活动的举办目标，还可以划分出非营利性（公益性）活动、营利性活动等。主办者的身份跟节事活动的举办目标有一定关系，但是，并不能简单地认为公共部门（public sector，如政府和非营利性质的协会、社团）所举办的就一定是或只能是公益性活动，也不能简单地认为私人部门（private sector，主要是指企业）所举办的就一定是营利性活动。政府出于增加公共财政的目的，也可以在合法的前提下通过举办一些富有吸引力的节事活动来筹集建设与发展资金，而一些企业也会出于回馈社会、提高企业知名度或美誉度的目的举办一些公益性活动。

本章小结

"节事活动"或称"节事"，虽然是已经流行于中国大陆的旅游管理专业或者会展经济与管理专业的专门术语，但是它本身就是一个严重的"同义反复"，或者至少其所涉及的几个关键概念之间存在着高度重叠。

"节庆"、"事件"、"特殊事件"，其实质都是"有计划的特殊活动"（planned special events）。因此，只要把握了这样一个核心概念，我们就不用特别在意不同国家或地区、不同学者、不同教材或参考文献中究竟出现的是哪一个具体术语。

本教材沿用"节事活动"这个术语，只是为了适应目前国内大部分人的使用习惯，避免大家今后在查找文献和材料时遇到困难。后面的章节会把"节事活动"、"节事"、"活动"、"特殊事件"、"特殊活动"等都视作没有本质差别的概念，在不同的地方可能会迁就参考文献或习惯用法而采用不同的术语，但希望大家记住，它们都属于"有计划的特殊活动"。

在"特殊性"的不同表现中，有几个希望大家特别予以重视，因为它们往往具有这样一种能力，那就是即便某个节事活动不具有其他方面的任何表现，但仅凭这几项也都能够获得很大程度上的成功：节庆精神、独特性（甚至是垄断性）、真实性、传统感、主题化、象征性。

思考题

1. 从你喜欢的某种文学或艺术作品（如小说、诗歌、戏剧、歌剧、舞剧、电影、绘画、动漫等）中，挑选出一个包含节庆活动的让你印象深刻的场景或片段，分析一下文学家或艺术家主要展现了这个节庆活动的哪一（些）特征，能够让你如此印象深刻。

2. 打开国内外某个比较出名的旅游目的地城市的政府网站，找到与节庆、会展、旅游、体育赛事等领域相关的机构的主页，对它所举办的各种节事活动按照影响进行分类。思考一下，你的判断标准是什么？

3. 对"特殊性"的理解是很重要又是很困难的事情。建议大家将第2题中找到的节事活动列个清单，然后完成如下练习：

（1）按照表2-3中对特殊性的不同表现的分类，尝试判断这个清单中的节事活动在哪些方面有所表现？哪些方面又缺乏表现？

（2）如果想要增强某个特定节事活动在某一方面的表现，可以有怎样的策略？

第三章　体验经济时代的价值传递

学习目标

1. 理解"体验"成为当代消费社会的核心元素的原因。
2. 理解"价值传递"理论及其适用于体验经济时代的原因。
3. 熟悉常见的"价值"并学会将其应用于分析各类节事活动的特点。

> **引导案例**
>
> 　　一场在任何城市的音乐厅都能看到的民族音乐演出，与一场在丽江大研古城的纳西古乐演出，到底有什么区别？这个问题的答案很明显：首先，普通的民乐演出哪里都能看得到，而纳西古乐基本上只有到丽江才能听得到；其次，普通的民乐听到的多半是汉族地区的近现代音乐，而纳西古乐据称是从唐宋时期流传下来的"古代音乐"；最后，普通的民乐穿着的都是现代服装，最多会试一下唐装或者旗袍，而纳西古乐的演出者穿着的都是纳西族民族服装。
>
> 　　如果我们去过丽江，听过一场"大研纳西古乐会"，也看过在任何一座城市都能看到的民乐演出，那么对上面的回答应该不会有什么反对意见。或者有人会说，纳西古乐演出的舞台乐器组的布局方位有些特别（见图3-1），因为很多现代民乐团已经开始模仿西方音乐的舞台布局了；还有人会说，纳西古乐的演出者本身也很有意思，一半以上都是六七十岁甚至八十岁以上的老年人，他们须发皆白，淡定儒雅，让人肃然起敬，而现代民乐的专业演出团体里，估计找不到这样的人物，上点儿年纪可能就转岗从事管理或教学工作去了。
>
> 　　还有别的说法吗？我们还可以再作些补充：
>
> 　　第一，纳西古乐会的"主场"是远在中国西南一隅的丽江大研古城里，除非遇到他们专门受邀外出表演的机会，否则要想听纳西古乐就只能到丽江来。
>
> 　　第二，他们的演出场地内部装饰装修完全按照传统的建筑风格。特别是在舞台正中的楣板上，挂满了一整排老艺人的照片，这些都是曾经为古乐会作出过贡献但已经离世的人。

图 3-1　丽江大研纳西古乐会演出现场

（摄影：张骁鸣）

第三，他们的民乐演出不但有"曲"（器乐），还有"唱"，还有"吟"①，但是一般的现代民乐团演出的时候，多半"器乐"是"器乐"，"民歌"是"民歌"，除非是综艺晚会，否则很少会放到一起来。

第四，他们还有一个不可替代的古乐会会长——宣科。宣科老先生身上有一半的纳西族血液，年轻的时候学外语、学音乐，从20世纪70年代以后就着手系统地搜集、整理纳西族地区民间音乐，组织还在世的老艺人成立了古乐团。在很多人眼中，他的绝活儿倒不是演奏器乐本身，而是有很强的语言天赋，汉语和英语都非常流利，更有幽默诙谐的性格、奇特的个人经历，这让他在丽江这个深得国内外旅游者喜爱的地方如鱼得水。每天晚上看过演出的观众，可能很快忘掉那些不免脱离现代人欣赏口味的"古乐"，但是对宣科作为主持人的口才却印象深刻、口口相传。

现在再来看看一开始提出的那个问题："一场在任何城市的音乐厅都能看到的民族音乐演出，与一场在丽江大研古城的纳西古乐演出，到底有什么区

---

① 纳西古乐演出者所呈现的一种朗读古代史书的方式，语调抑扬顿挫，介于"说"与"唱"之间。据演出者称，"吟"的方式本是从中原地区由南迁汉人流传到丽江，纳西古乐里面的很多曲目均有这种方式，只不过后来中原地区王朝更迭、时世嬗变，很多文化遗产都消失了，反倒是在丽江这里得到了一些保留。

别?"经过上面不断的发散联想和讨论,答案也许就不那么简单了。

一场普通的民乐演出,重点只是音乐本身,台上台下的人们都是围绕着"音乐"而临时结成了一种"演出者"与"观众"的关系。而且,这种关系是单向的——演出者演什么,观众就听什么,后者除了奉献掌声或者在演出结尾争取一两首类似西方音乐演出的"安可曲",其所有的收获也就不过如此了。

然而,一场"大研纳西古乐会",除了器乐、歌唱、吟诵之外,观众们还可以有很多别的收获:他们可以细细打量老艺人们的服装和面容,可以参观整个演出厅老建筑的里里外外,可以听宣科的"脱口秀",可以想象纳西古乐被抢救和重放光芒的曲折历史,还可以在演出结束之后把音乐之外的所有这些有趣记忆与朋友们分享,使这段经历成为一个可以不断被重复提起和回味的对象,还很可能激发自己重游丽江的想法,或者刺激着他人出游的愿望。

可以看到,在"纳西古乐会"的演出与观众之间,出现了一种更为丰富的联系。这场演出不仅仅是通过"演出者"的音乐演奏本身向观众传递古乐之美,也通过"演出者"所使用的古乐器、所重现的"吟"唱艺术,以及他们的身份特点(长者)、服装配饰、神情举止、内容丰富的音乐解说和背景故事,乃至整个古色古香的演出环境,向观众传递了可以刺激多个感官和引发多种感触、记忆、想象的独特信息;而至于观众,他们不再像在一般音乐会那样正襟危坐地接受"高雅音乐的教育"或"优秀艺术的熏陶",而是有了更为自由、更为主动的认识古乐的机会,例如亲身感受演出场地内部别致的装饰和氛围,或者联想起场地外部以整个大研古城为烘托的恰切背景,甚至还能了解乐师们的个人经历,理解他们的心灵世界。

这种更为丰富的联系,我们似曾相识,这就是在第一章的摇滚音乐节案例时已经简单提及的那样一种在现代节事活动中常有的现象。在这里,可以用一个读者们并不陌生甚至是很熟悉的语词来更准确地刻画它——体验(experience)。

第一节 体验经济

美国人 B. 约瑟夫·派恩和詹姆斯·H. 吉尔摩是《体验经济》一书的作者,他们的"体验经济"理论也成为这个时代影响最广的经济与管理领域的理论之一。派恩和吉尔摩从市场经济"产品"(products)的层次差异角度作了认真的观察和分析，发现了这样一个规律：产品的市场定价能力，与竞争地位的高低和对顾客需求满足的相关度有着正相关关系。早期的产品可能是传统的初级产品和一般产品，当它们能够因顾客需求而推出定制化"服务"时，就会比其他产品占据更好的竞争位置，也就更有定价优势。

但到了"服务经济"这一步还没算完，派恩和吉尔摩发现，如图3-2所示，经济价值的这种递进规律在我们这个时代还有新的上升空间，那就是：如果企业创造的产品越来越符合个体消费者的愿望和需求，可以更好地在高度同质化的竞争产品和服务中建立自己的差异性，那么它就可以提升其产品的价值，进而提高对企业和个人用户的收费价格。

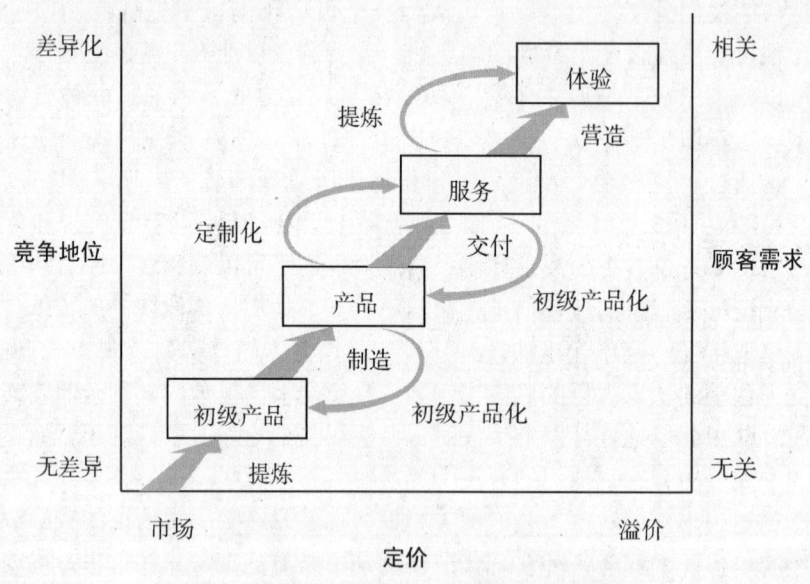

图3-2 经济价值递进系统中的转型规律

（资料来源：B. 约瑟夫·派恩，詹姆斯·H. 吉尔摩，2012：86）

体验经济是在激烈而残酷的创新竞争环境、不断变化的消费偏好和消费习惯下应运而生的。"当企业有意识地利用服务为舞台、产品为道具来吸引消费者个体时，体验便产生了。和初级产品的可互换性、产品的有形性、服务的无形性相比，体验的独特之处在于它是可回忆的。"[①] 这种总结，适用于当下的很多消费项目。

体验经济已经无处不在，我们可以举一个最为日常而朴素的例子，那就是购

[①] （美）B. 约瑟夫·派恩、詹姆斯·H. 吉尔摩著：《体验经济》（更新版），毕崇毅译，机械工业出版社2012年版，第13页。

物。谁没有过购物经历呢？童年时，我们要买些什么日常用品，一般就只用抬抬脚，去到街口的小商店就可以完成；如果是买衣服，那就跟着父母去服装店。那个时候，购物是很纯粹的事情。

但是，当我们逐渐成年，当我们有了更多的钱和时间，购物这件事情好像就没有那么简单了。我们会先琢磨，是通过网络在线购物①呢，还是去实体店；还会琢磨，是去专卖店买呢，还是去购物中心（shopping mall），在不同品牌间挑选挑选。如果确定了是去购物中心，我们还会想一想要不要叫上朋友一起，例如挑一个大家都有空的星期六下午，找一家大型购物中心，中午的时候在那里碰头，先一起吃个午饭聊聊天，然后再轻轻松松逛店。有时在购物中心里逛着逛着，发现某件商品打折了，想起上次跟另外一个朋友来的时候，对方当时很喜欢但又嫌定价过高，于是马上打个电话过去，报告"好消息"。最令人惊喜的是，这个朋友竟然正好也在附近，于是赶紧约过来，大家一起开心地试用、下单、付款，然后为了表示庆祝，干脆一起去购物中心顶楼的影院看场电影……

很多购物中心现在都有类似的布局结构：从最底层的停车场开始，地下层通常是名品打折店或者大型超市，接着是地面层的钟表、珠宝、化妆品，到楼上几层的女装、男装、运动休闲装，然后是电子产品和礼品层，还可能是家居日用品层，再往上就是快餐店、咖啡屋，最后在顶层往往会有游戏厅和电影院。近年来新建的购物中心，其配置甚至会更加齐全，例如2013年刚刚开业的成都环球中心，这个据说是目前全世界最大的单体建筑，竟然在无比宽阔的一楼大厅里放下了一个海洋公园。

购物中心所提供的这一切，彻底改变了我们曾经习惯的购物方式。这个时候，"购物"本来的含义——"买东西"——当然还在，也很重要，但是一种新的含义——"买东西的过程"——却更加重要、更加突出了。而这所谓的"买东西的过程"，恰恰就是由购物中心的设计者和经营者处心积虑营造出来的购物环境所提供的，它充满了各种组合的可能性，除了各式各样的可以购物的商店，还有让我们一时兴起想去尝试和消费的各种餐饮、休闲、娱乐等项目，购物的过程由此充满了可以自由组合的无穷的多样性和无边的自在感。回到家之后，我们不仅带着买到的东西所给予的"使用价值"，还带着对这次购物过程的愉快记忆。

我们还可以回到大研纳西古乐会这个演出类产品的例子。一般的古典音乐会或者民乐音乐会已经算是具有服务性质了，因为它们并不生产实体化的物质产品，而

---

① "在线购物"其实也是一种新型的体验，它所能制造的购物"过程"和"记忆"有着自己的特点。例如，很多商家现在经常会指定一些时点来启动"低价抢购"，或者反过来规定在某个时点之前的"倒计时抢拍"，这些手法都吸引了不少顾客。这种购物体验是比较独特的，而且可以拿来跟朋友分享，例如某次运气有多么好，点击了很少几次就"抢"到了什么东西，或者又附带获得了怎样的赠送。我们会发现，"买到的东西"固然重要，但是"购买的过程"也成为人们越来越乐于分享的经历。

只是给人们营造一个享受无形音乐的时空。稍微好一些的音乐厅,也许会想些点子来强化这种服务本身的品质,以增强它的吸引力,例如采用非常便利的销售方式、提供免费的衣帽间以便存储随身物品,设立一个代为照看小孩子的场所,在中场休息的时候供应品种繁多的酒水零食等。但是,跟纳西古乐会比起来,这些都还不够。古乐会提供了什么?前面我们已经有了比较细致的介绍和分析,它的确如派恩和吉尔摩两人在图3-2中所描绘的那样,在"服务"的层次之上,纳西古乐会实际上"营造"出一个可以让人沉浸其中的"体验环境",顾客(听众)在这里会感觉到自己不仅仅是来听音乐,而是通过参加音乐会的全过程,获得一些充满历史韵味的、值得回到家里之后细细回味和跟亲朋好友分享的"记忆"。

第二节 对体验的理解

提供体验的企业,可以被称作体验制造商,因为他们提供的不只是产品或服务,而是一种可以与每个消费者内心产生共鸣的丰富感受,这种感受还能形成比较长久的记忆。综观在此之前出现的各种类型的产品,它们都和购买者保持着一定的距离,但体验却是在消费者个人内心生成的,很强烈地带有积极的、自由的、可参与的特征。消费者在整个体验消费的过程中将有机会表现得更为主动。

结合本章已经陆续出现的几个关键词——过程、参与、感受、记忆——我们可以把"体验"定义为:

> 在产品或服务的提供者对购买和消费的过程加以具体化和多样化处理的基础上,消费者通过自己主动、积极、自由的参与和使用行为而获得的一种专属于个人的现场感受和事后记忆。

但必须注意:即便是对同一个过程的具体化和多样化处理,也可能带给不同的消费者以不同的感受和记忆,或者说不同的体验。很明显,在体验经济时代,产品和服务与消费者的消费行为之间不再是单纯的"供给与需求"的直线过程。由于供给方的观念转变与措施创新,消费者这个时候也被赋予了一种参与"供给"的能力。换言之,他们能够在体验制造商提供的产品和服务基础上,通过自主的"再加工",获得专属于自己的体验。这个时候,每个人之间的个体差异也就显示了它们的意义,因为这些差异的存在将直接导致最终形成各种千差万别的体验。这也正是派恩和吉尔摩的看法①：

> 体验是在一个人的心理、生理、智力和精神水平处于高度刺激状态时形成的，结果必然导致任何人都不会产生和他人相同的体验。……每一种体验都源自于被制造的活动和体验者前期的精神、存在状态之间的互动。

体验本身虽然无影无形，但是人们之所以对之有所期待，是因为它的价值可以长久地存在于每个人的内心。"体验是有价值的"，对于休闲管理和休闲服务来说，它还具有更为深刻的含意：人们的体验比产品、地点、价格之类的东西更重要。用营销领域的带着一些煽动色彩的口吻来说，"人们要买的是梦想"②。

以往的休闲研究或者认为体验是无关紧要的，或者把体验看作一个独立的结果，而我们现在能够更加敏锐地意识到，在一个选择范围日益扩大的多样化年代里，人们愿意根据详尽的信息自主决定选择何种休闲方式，并以此为基础去追求它。例如，人们可以从形形色色的市场营销渠道获得关于节事的花样繁多的信息，并以各不相同的生活背景和个人习惯对其加以感知，然后将其作为他们选择和追求休闲方式的根据。

能够带来快乐的元素，通常都会转化成值得记忆的体验，哪怕体验者很难想起或是已经完全忘记了当时的任何细节。由此，我们便谈到了这个问题的另一个方面，即体验的回忆和体验发生时的快乐（尽管有时候它可证明该体验非常难忘），这二者之间是有区别的。当某种体验发生过后，即使人们已经想不起来具体的过程，也无法说清到底为什么，但他们还是能在另一个时间和地点至少记得当时很喜欢那种体验。并不是每一次体验都需要有强烈的记忆，但如果它制造的正面记忆越多，持续时间越久，那它创造的价值也就越大。③

派恩和吉尔摩还认为，人们参与体验的维度是多重的，如图3-3所示。他们分析了其中两种最重要的维度：

（1）图中坐标横轴对应的维度是"参与者的参与水平"，左端表示"被动参与"，指的是参与者无法直接对体验项目施加影响。例如，交响乐观众就属于被动参与者，他们在体验时就只能作为观察者或聆听者。右端表示"主动参与"，指的是参与者可以对体验项目施加个人影响。例如，滑雪者就属于主动参与者，他们能够亲自参与整体体验过程的创造。不过，这两种参与水平之间的界限有时候并不是

---

① （美）B. 约瑟夫·派恩、詹姆斯·H. 吉尔摩著：《体验经济》（更新版），毕崇毅译，机械工业出版社2012年版，第13～14页。

② Torkildsen G. Leisure and Recreation Management. London: Routledge, 2005: 105.

③ （美）B. 约瑟夫·派恩、詹姆斯·H. 吉尔摩著：《体验经济》（更新版），毕崇毅译，机械工业出版社2012年版，第XIX页。

很明显，对那些在旁边观看滑雪比赛的人来说，他们并不是静静地待在那里只看不动，并不是完全地被动参与，他们也为整个体验过程提供了视觉和听觉活动。

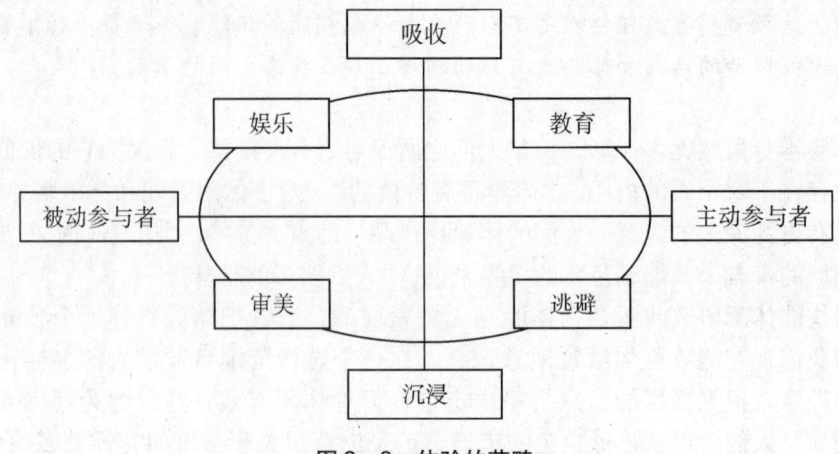

图3-3 体验的范畴

（资料来源：B. 约瑟夫·派恩，詹姆斯·H. 吉尔摩，2012：36）

（2）图中坐标纵轴对应的维度是"参与者和背景环境的关联"，这种关联可以把参与者和体验活动结合在一起。上端表示的是"吸引式"，指的是体验活动远距离吸引参与者的注意力；下端表示的是"浸入式"，指的是顾客全身投入到体验活动中成为其一部分。换句话说，如果是体验"走向"参与者，如看电视或者坐在看台上观赏里约热内卢狂欢节的桑巴舞学校大游行，那么对参与者来说它们就是吸引式体验；与此相反，如果是参与者"走向"体验，比如玩电子游戏等活动，或者进入游行队伍之中充分感受身边的喧闹和狂欢，那么他们就是在享受浸入式体验。

这两种维度的结合将产生出体验的四种范畴，即娱乐性（Entertainment）、教育性（Education）、逃避性（Escape）和审美性（aEsthetics）。这四个"E"综合起来，就构成"双向兼容的领域范畴，经常混合形成独特的个人体验"。

有必要说明的是，在体验经济时代，产品和服务的提供者并非不再重要，只不过他们的角色需要发生一些转变，即从单向的供给方转变为愿意更多从消费者的主动性、自由度去考虑的开放的供给方。特别是在旅游、休闲、娱乐以及我们特别关心的节事活动领域，由于各种组织机构都开发不同的产品、以不同的方式来提供产品和服务，所以他们必须穷尽想象力，力求超越地点、服务和产品，把各种元素都融入进来，这样才能真正吸引那些寻找"梦想"的消费者。因此，这一时期的"体验"，显然也是需要有所"计划"、有所"设计"的。那么，究竟为谁计划、为谁设计呢？计划什么、设计什么呢？怎样计划、怎样设计呢？这些都是我们在下一节以及后续章节中将要逐步展开的内容。

第三节 价值传递理论

一、传统观念：判断动机

没有人愿意做出盲目的计划或设计，因此在具体动手之前花时间了解我们为之"计划"和为之"设计"的潜在使用者，显然很有必要。传统上，这样的"了解"任务是交给一个叫作"动机（motive）研究"的工作去完成的。

国内外有关节事活动参加者[①]的动机研究，基本上都是采用聚类分析方法。这也是一般旅游动机研究的经典方法：在搜集旅游者陈述记录的基础上，抽出频繁出现的关键词并做成问卷，然后采用量表（例如里克特量表，Likert Scale）并按照一定的抽样计划，测量更多旅游者的看法，最后进行统计分析并归纳主要的影响动机的因素。表3–1对十余项国外有关节事活动动机研究的情况进行了总结。

表3–1 有关节事活动动机的主要研究结论

研究者	主要因素	案例来源	研究方法
Ralston & Compton (1988)	寻求刺激，家庭团聚，社会联系，接触和观察陌生人，学习与发现，逃离个人和社会的压力，怀旧	1987年海滩狄更斯节（美国德克萨斯州加尔维斯顿）	48条陈述，5分制里克特量表
Uysal, et al. (1999); Backman, et al. (1995)	兴奋，外来的，家庭，社交，放松	1985年欢乐旅行市场调查（美国）	12项动机
Uysal, et al. (1993)	逃避，兴奋/激动，节事新鲜感，社交，家庭团聚	谷物节（美国南卡罗莱纳州）	4条陈述，5分制里克特量表
Mohr, et al. (1993)	社交，逃避，家庭团聚，兴奋/独特感，节事新鲜感	自由周末狂欢（美国南卡罗莱纳州）	3项动机，5分制里克特量表

---

① 这里对应的是英文文献中偶尔可见的用词"event-goer"。

续表 3-1

研究者	主要因素	案例来源	研究方法
Scott（1996）	自然游赏，节事兴奋感，爱好交际，家庭团聚，好奇心，逃避	虫子节，假日点灯节，枫糖节（美国俄亥俄州）	25项动机，5分制里克特量表
Formica & Uysal（1996）	兴奋/激动，社交，娱乐，节事新鲜感，家庭团聚	翁布里亚爵士音乐节（意大利）	3项动机，5分制里克特量表
Schneider & Backman（1996）	家庭团聚/社交，社会休闲，节庆活动，逃离，节事兴奋感	古城杰拉什阿拉伯文化节（约旦）	23项动机，5分制里克特量表
Crompton & McKay（1997）	文化猎奇，新鲜感/归属感，偏好群体活动，恢复平衡，熟人交往，对外交往/社交	圣安东尼奥节（美国德克萨斯斯）	31项动机，5分制里克特量表
Formica & Uysal（1998）；Formica & Murmann（1998）	社交/娱乐，节事吸引力/兴奋，团聚，文化/历史，家庭团聚，场所新鲜感	斯波莱托节（意大利）	23项动机，5分制里克特量表
Nicholson & Pearce（2000, 2001）	对外交往/社交，新鲜感/独特感，逃避，家庭	马尔堡葡萄酒、食品与音乐节（新西兰）	开放式问题，20项动机，5分制里克特量表
	社交，新鲜感/独特感，娱乐/兴奋，逃避，家庭	霍基蒂卡野食节（新西兰）	
	新鲜感/独特感，社交，特殊兴趣，逃避，家庭	瓦纳卡军用飞机节（新西兰）	
	特殊兴趣/娱乐，逃避，多样化，新鲜感/独特感，家庭，社交	新西兰金吉他奖（新西兰）	
Lee（2000）	文化猎奇，逃避，新鲜感，节事吸引力，家庭团聚，与外部团体交往，熟人交往	1998年庆州世界文化博览会（韩国）	34项动机，5分制里克特量表
Dewar, et al.（2001）	节事新鲜感，逃避，社交，家庭团聚，兴奋/激动	哈尔滨冰雕节（中国）	23项动机，5分制里克特量表
Lee, et al.（2004）	文化猎奇，家庭团聚，新鲜感，逃避（恢复平衡），节事吸引力，社交	2000年庆州世界文化博览会（韩国）	34项动机，5分制里克特量表

（资料来源：Li & Petrick, 2006）

由这些总结可以看到，作为一种相对成熟的研究手段，聚类分析方法大略为我们指出了目前国内外节事活动参与者的主要动机①：

（1）一般社交活动。
（2）亲友间的往来。
（3）新奇/兴奋/激动。
（4）艺术家/文艺活动（如演出）。
（5）娱乐。
（6）聚会。
（7）文化猎奇/地方文化。
（8）逃避/恢复平衡。
（9）其他活动。
（10）地方吸引力。
（11）偏好群体活动。
（12）偏好多样化。

从这些研究所涉及的节事活动类型来看，一个最大的特点在于：案例都不是那些具有国际吸引力的重大节事。这从一个侧面反映，在这些国家和地区，中小型（或社区型）节事活动在数量上占有一定优势，在亲和力方面也具有一定优势。这些活动不但对当地居民具有吸引力，而且对研究者而言相对开放，便于把握和分析。不过，这也暴露了聚类分析方法的一些弊病：

（1）重大节事活动的一些特征元素是中小型（或社区型）节事活动所不具备的（例如我们中国内地公民特别熟悉的民族自豪感、国家凝聚力等），参与者不会对这些中小型（或社区型）节事活动抱有超越其功能范围的动机。

（2）聚类分析往往按照前人已经搭好的陈述框架进行工作，甚至有时直接用相同或类似的开放性问题来搜集、补充陈述，然后留意并提取那些已经出现在前人研究中的关键词并用于新的问卷。这样的工作可能会导致其忽视某些节庆活动本身所具有的独特吸引力，从而无法充分反映参与者的真实动机。

在国内学者对不同类型节事活动的具体研究中，采用聚类分析法的比较少见，而进行动机定性分析的较多。以都市节事参与者为例，这一群体是在目前的城市旅游休闲市场上逐渐活跃起来的一批消费者，其行为特征在于：规模往往较大，受活动举办时间因素的影响较强，重复参加的可能性较大，消费水平可能较高，活动的即兴性和即时性特点明显、缺少规律性，对活动质量、服务质量、组织形式等比较

---

① Bowen H E, Daniels M J. Does the Music Matter? Motivations for Attending a Music Festival. Event Management, 2005, 9 (3): 155～164.

挑剔。这个群体的动机主要有以下几个方面①：

（1）对新颖、独特的节事活动场面的渴望。追新猎奇本来就是多数人的心理，不过都市节事参与者在这一点上表现得更为突出。固定的物化景观如山岳、建筑等难以常变常新，能够做出较多创新的只能是节事活动。它通过为参与者提供暂时的狂欢、刺激、另类等大大不同于日常生活的体验，可以充分满足其求新求异的动机。

（2）对动感、活力、激情等体验的追求。这个群体要求参与，要求生动，要求刺激，在参与各类活动时展现生命活力，"狂欢"活动尤其受他们欢迎。

（3）对特殊氛围、有特殊感染力的体验环境的追求。

前面已经说过，动机研究的基本目的是很明确的：只有掌握了这些人的动机，才能设计出"对路"的产品和服务，从而促进销售，或者提升节事活动的参与规模。但值得注意的是，促进销售或者提升参与规模的关键在于使自己的产品和服务能够满足潜在市场的真正需要，因为这是让潜在市场转化为实际客源的关键因素。在这方面，光有动机研究可能就不够了。

从需求方的"动机"表达出的某种需求，到供给方的"产品"和"服务"所蕴含的内容之间，必须要有一个衔接环节。这个衔接环节的核心问题就是将相对抽象的"动机"转化为那些可以由供给方通过利用自身和外部各种资源来提供的节事活动的具体对象、具体环境、具体过程。然而，大量的动机研究却只是用一种"事中"或"事后"调查的方式，去总结人们参与的原因，而不是去发现、去引导、去开发人们的参与行为，这样做无法适应体验经济时代人们进行产品和服务的消费或使用的必然趋势，无法满足人们迫切需要而且越来越珍视的那种能够体现出主动性、个人化的多样性和自由度。

二、新观念：价值传递

既然"动机"是一个在实践中不太好用的概念，那我们还能怎样去掌握节事参与者的需求呢？我们作为节事活动的策划者还能依靠什么去证明自己走在正确的道路上呢？为了回答这两个问题，我们还要关注另外一个领域的重要工作，它可以帮助我们摆脱迷惑，那就是菲利普·科特勒的"价值链"理论。

我们当然已经非常熟悉科特勒，营销领域的"4P"或者"8P"理论，就是随着这位营销领域大师级人物的系统总结和不遗余力的推广而风靡业界的。但是，也许很多人都忽略了，科特勒后期的理论有一个非常关键的内核。先来看他在2002年发表的一篇重要论文《构建一个市场复兴战略》，在这篇论文中他和合作者提出

---

① 李萌：《都市节事型旅游者的行为特征》，载《企业改革与管理》2007年第1期，第50～51页。

了一个叫作"全面营销"的概念与框架。"全面营销"框架的基础是什么？或者说划分其层次的标准是什么？图3-4最左侧这一行的三个箭头框明白无误地给出了答案——价值，从价值探索到价值创造再到价值传递。这个框架后来收入他的经典教材《营销管理》第13版和第14版，并且用"价值链"（value chain）这个术语加以统领。

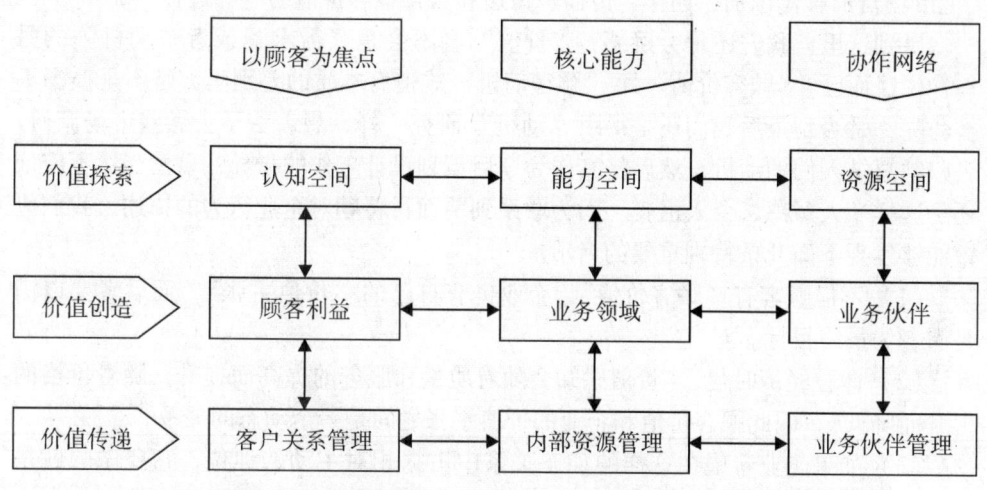

图3-4 "全面营销"框架以及"价值传递"的地位

（资料来源：Kotler, et al., 2002：29）

实际上，"价值链"的概念最早并不是由科特勒提出来的，但是他很敏锐地把握住了这个注定要在经管领域引起观念变革的重要思想，并且自觉地将它融入自己的新的营销理论框架中。① 为什么"价值链"概念如此重要？或者说为什么"价值"（value）如此重要？科特勒和凯勒在他们经典的《营销管理》第14版中指出，在当前的市场竞争中②：

> 企业往往需要通过提出某种价值主张（value proposition）满足顾客的需要，即用来满足顾客所需要的一组利益。虽然上述价值主张是无形的，但它最终却可以通过实际的供应物来具体体现。这里所说的供应物可以是产品、服务、信息和体验的最终组合。

---

① （美）菲利普·科特勒、凯文·莱恩·凯勒著：《营销管理》（第13版），王永贵等译，格致出版社、上海人民出版社2009年版，第39页。
② （美）菲利普·科特勒、凯文·莱恩·凯勒著：《营销管理》（第14版），王永贵等译，格致出版社、上海人民出版社2013年版，第11页。

从营销的角度看，顾客是在不同的供应物之间作出选择的，而选择的基础就是看哪一种可以给他们带来最大的价值。价值是下列要素的综合反映：顾客所感知到的有形利益、无形利益与成本。这三者往往可以看作质量、服务和价格的某种组合，因此又被称为"顾客价值三角形"（customer value triad）。一般来说，价值感知会随着质量和服务的提高而提升，随着价格的上升而降低。因此，我们可以"把市场营销看作识别、创作、传播、传递和监督顾客价值的一种过程"[①]。

讲到这里，我们还是会疑惑："价值"会不会是"需求"或者"动机"的另一种说法而已？"顾客价值"跟"顾客动机"难道有本质的差别吗，是不是换汤不换药呢？是否到最后我们还是得跟"动机"研究一样，想着法子去做些市场调研，去归纳总结人们的动机，然后将其作为今后策划设计工作的指导？事情当然不应该还是这样令人疑惑、令人沮丧。因为联系到前面科特勒对企业行为的描述，我们应该能够发现下面几条特别重要的启示：

（1）不但顾客有"顾客价值"，企业也有自己的"价值主张"，而后者要以满足前者为最终目标。

（2）体验经济时代，"价值感知会随着质量和服务的提高而提升，随着价格的上升而降低"，因此顾客价值和企业的价值主张之间是一个动态的关系。

（3）如果企业希望在这样的动态关系中占据相对主动的地位，它要做的就是不断去识别、创作、传播、传递、监督顾客价值的实现过程。

在这里，我们认为"传递"是核心环节，"识别、创作、传播"是"传递"之前的准备与启动，"监督"是"传递"之后的跟踪与总结，因此整个过程就可以统称作"价值传递"（value delivery）[②]。显然，"价值传递"的思路与"判断动机"的思路存在本质差别。尽管"价值传递"概念中也强调可能类似于"动机"的"（顾客）价值"，强调对顾客购买或参与行为的全面了解，甚至也可以采用同样的手段来完成这种了解，然而，与"动机"研究旨在发现那些可清晰描述的、便于操控的"影响因素"不同，"价值传递"的思路转换突出地表现为它坦率承认这种了解的片面性和动态性，从而愿意自觉地改变提供产品、服务、信息的方式，并顺理成章地迈入为顾客的体验创造更丰富、更多元的过程和环境的正确道路上。

接下来的一个有趣话题就是，到底有多少价值是我们可以应用于不同类型的节事活动策划当中的？这个问题当然不可能有一个完整和全面的答案，但是已经有研

---

① （美）菲利普·科特勒、凯文·莱恩·凯勒著：《营销管理》（第14版），王永贵等译，格致出版社、上海人民出版社2013年版，第11页。

② 在王永贵等翻译的科特勒、凯勒的《营销管理》（第14版）中，将"value delivery"译为"价值交付"，这也是很合理的译法。但是相对而言，"交付"有着从一个到另一个的"单向"意味，而"传递"不但需要从一个到另一个，还有另一个是否接手、如何接手的问题，"互动"的意味更加明显。因此，考虑到我们特别强调节事活动体验中参与者（顾客、消费者）的主动性、积极性，所以用"传递"略优。

究者做过这方面的努力,找到一些出现于不同的产品和服务消费领域中的常见价值。这些价值都曾被证明能够导向活动参与者体验的最终形成,因而是有启发意义的。其中,迪勒等人的工作特别值得介绍。他们在调查分析了近10万人次的基础上,确认了15种最为常见的"意义"类型——也就是我们这里所说的价值[①]:

(1) 成就(accomplishment):达到目标并取得成功,一种满足感。

(2) 美丽(beauty):有欣赏的价值,给人以感官上或精神上的享受。

(3) 社团(community):对我们周围其他人有一种归属的感觉,而且与其他人有一种普遍性的联系。

(4) 创意(creation):创造新作品或原创作品的一种感觉,而且这样做时,已经作出了一个永久的贡献。

(5) 义务(duty):自己履行一种责任的意愿。

(6) 启迪(enlightenment):通过逻辑或启发,清楚地懂得或理解。

(7) 自由(freedom):切实的没有任何不想要的限制或制约的感觉。

(8) 和谐(harmony):无论是在自然中、社会中或对于一个个体来说,整体与各个部分之间平衡和愉悦的关系。

(9) 公正(justice):平等的保证和没有偏见的对待。

(10) 唯一(oneness):一种觉得我们周围所有事情都是独特的感觉。

(11) 补偿(redemption):弥补或从过去的失败或损失中解脱出来。

(12) 安全(security):免于担心失败和损失的自由。

(13) 真实(truth):诚实和完整的。

(14) 证实(validation):对自我作为一个有价值的、值得尊重的个体的认同。

(15) 奇迹(wonder):对所展示的、超过一个人理解范围的创作的尊崇和敬畏。

不过要提醒读者的是,我们最好不要把这些价值作为一个个具体的、现实的对象来考虑,因为有一些"可塑性"也许比较差,或者操作起来非常有难度。其实,在一般的节事活动中,往往突出地实现其中一两项价值的"成功传递",就能够带给参与者丰富的体验了。而且,这些价值往往是满足"动机"的基础。

举例来说,一场竞技体育赛事,它的突出价值是"成就"和"公正"。一方面,人们希望看到运动员场内场外精彩的表现,也希望见证自己所支持的运动员或者运动团队能够获得好成绩;另一方面,要强调比赛过程的公平性,不允许出现弄虚作假。因此,我们可以看到这些赛事在举办的时候特别注重两个方面:

第一,对运动员、运动队进行不遗余力的宣传造势,无论是对他们的队内关

[①] Diller S, Shedroff N, Rhea D. Making Meaning: How Successful Businesses Deliver Meaningful Customer Experiences. Thousand Oaks, CA: New Riders Publishing, 2005.

系、教练能力、优势环节、参赛目标，还是对一些明星运动员的训练行踪、近期状态、对手情况甚至是"八卦"消息。

第二，在比赛过程安排的所有细节上体现出一丝不苟的精神。例如，在速度项目中使用越来越精密的计时器，或者在签表排位上利用近期积分排名来交错安排以避免优秀运动员过早相遇，或者使用以往与比赛双方都无恩怨纠葛的第三方裁判，或者在赛后强制对重点运动员进行兴奋剂检测……

如果没有"成就"和"公正"这两项奠基性的价值的存在，那么人们就根本不会把它看作一场能够吸引人的竞技体育赛事，也就更不会因为想去观战而携带家人同往，或者邀约友人同行，换言之，也就很难甚至不可能去实现那些传统"动机"研究中的所谓新鲜感、节事活动吸引力、家庭团聚、外部团体交往、逃避、熟人交往……也自然不能获得超越日常生活的丰富体验。

本章小结

体验经济并不是最近这几年才发生的事情，而是在现代商业社会中存在了很久，只不过它越来越显出其重要性和普遍性，从而在研究者那里得到了总结，在实践者那里得到了自觉的应用。

本章中对体验概念的介绍是在与动机研究相对照的过程中完成的。对于动机研究我们要有一个比较客观的态度：它的出发点或者说目标虽然并不是那么直接，但它的实际结果可能并不是完全没有意义，因为它的确也会发现人们的某些需要、某些属于个体的意义——我们现在开始用"价值"称呼这些需要、这些意义。而且，现在我们更加强调：企业或机构可以创造价值和提出某种"价值主张"，并且可以去引导顾客和活动参与者，使得这些价值主张获得认同。

对照来看，"动机"研究代表了一种传统的对消费心理偏好的认知，而"价值"研究作为近年来出现的新思维，虽然没有断然否定"动机"的存在，但强调了企业和商家要在互动和理解的基础上去引导消费者认同其所提供的产品。从把动机当作一种现成对象去加以"认知"，到主动地引导消费者反过来通过接受产品所传递的价值而"认同"他们所面对的产品，这一新策略在当代服务业经济中已经得到广泛应用。

思考题

1. LP（Lonely Planet）或 RG（Rough Guide）是这个世界上被自助旅游者使用得最多的两种旅游指南，它们都会专门推荐某个国家或地区的节事活动。请完成如下题目：

（1）找到针对同一个国家的 LP 和 RG，看看它们所推荐的节事活动有哪些是相同的，而哪些又是不同的。

（2）挑出那些共同推荐的几个节事活动，比较一下 LP 和 RG 所推荐的理由有什么相同和有什么不同。

（3）请从中解读出 LP 和 RG 对于同一个节事活动所提供的体验特征和所传递的价值认知的差异。

2. 从你所在城市的某家旅行社的门市部或者游客信息中心（如果有的话）获取与某个旅游目的地的节事活动有关的宣传促销材料，看看你是否能感受到它们所传递出的某种价值。如果感受不到，那这份材料可以如何改进？

3. 访问一下慕尼黑啤酒节、诺丁山狂欢节、爱丁堡国际艺术节的官方主页，充分浏览一下它们的主要内容，看看你是否能感受到它们所传递出的某种价值。

策划与设计

第四章 总体策划和主题的确定

学习目标

1. 了解节事活动总体策划的主要内容及其要点。
2. 了解并掌握一些节事活动主题创意的基本方法。
3. 培养将"体验—价值创意"结合起来进行综合思考的能力。

引导案例

从 2011 年开始,在中山大学旅游学院的节事活动策划与管理课堂上,总会有这样一道让同学们跃跃欲试而又纠结不已的题目:分小组做一次模拟活动策划。所有同学分成 4～5 人的小组,每个组要独立提出一个活动总体策划方案,写出初步的策划书,然后拿到课堂上,用 10～15 分钟的时间作展示。每组都完成展示后,老师会把各组的活动主题写在黑板上,然后所有同学都有两次投票机会,投给自己最感兴趣的两个主题。当所有的投票结束,而黑板上的"正"字也画完的时候,该年度的"最佳策划"也就诞生了。

作为专业教师,我们最感兴趣的是同学们确定选题的过程。是提神带劲的头脑风暴,还是激烈纷呈的理念碰撞,或者是瞄准一点就合力猛挖?……令人惊喜的是,在 2012 年收到的一份小组策划作业文案中,我们看到其中一个小组的组长专门写了一篇策划札记。经过这位同学的允许,下面将引用这份策划札记的重要内容。

策划的来源

Brain storm(头脑风暴)+热点词联想+微博启发=城市暴走行动

在写出这份策划前,我们宿舍经过了无数次废寝忘食的争吵和讨论,经过了无数次精神不振的晨课,但也经过了无数次思想的碰撞与博弈、赞同与交融。不能说我们最后想出来的就是最好的,但一定是我们最爱的、最珍惜的,不管结果如何,我们都约定好了:就算这次不能通过评选,我们也不会就此放弃。要在将来有能力之时,彻彻底底地实现它一次!

12 月 1 日:面对空空如也的"计划书.doc",小组四人完全拿不出办法。

"触摸黑暗"①是不想再搞了，毕竟这个活动已经搞了两届，实在难以再搅出点节事实践的价值来。那么搞什么呢？大家先分头想吧。

12月2日：聚在一起的小组众人面面相觑——查了好多类型的节事活动，总觉得干啥都行，干啥又都不行。演唱会、达人秀、音乐会，暂且划归到歌舞类吧，这些东西搞大了要找明星，难；搞小了吧，又难有吸引力。再说了，谁去看？大学生忙着看自己学校的各类表演，市民们可能路过会瞧上一眼，除此之外呢，我们还能收获什么？这条被fire（否定）了。现场游戏、游园类活动倒是好搞，但还是那个老问题：相较于高校社团活动、商家活动，你有什么优势？你的创意很"厉害"吗？你吸引得到谁？于是秉承着活动要有"延伸性、推进性、且能体现节事策划人员的价值的特殊性"的我们，也无情地fire了提出的这类活动。最后想到的就是亲子类、公益类活动。倒不是不好，但是由于我们组员普遍爱闹的性格，觉得操持一些涉及社会伦理、道德的活动，"压力山大"，所以就对这一类活动持有保留意见：可以有，但尽可能作为大活动的子活动而非主体活动。一条条意见被提出、推翻，组员们的心情愈发沉重。但是好在大家还算皮糙肉厚、结实抗打，一个个又默默回去继续想了。

12月3日：小组讨论时间里，我们一改先前的"先找活动形式，再灌内容"的方式，试着从活动的理念或者说活动的主题开始想活动。这次，我们取得了很大的进展，可以说是一个"turning point"（转折点）！近日新闻里常有报道大学（毕业）生因连续高压工作猝死的事情，于是我们想，要不发起一个"大学生防猝死"运动吧？但是怎么防呢，这是一个关键。大家开始brain storm，中心词就设为"防猝死"，有人想到了发动大家一起早睡早起，但是这不符合节事活动的特点；又有人想到了大家一起到珠海骑行，倡导健康生活，宣扬一种理念，但马上有人说，这不好，一是不知道骑去哪，二是骑行需要体力、耐力，最重要是要有车，这阻拦了很多人的参与。但是，这种户外运动的形式被我们保留了，大家开始顺着"户外健康运动"做brain storm。经过千转百结的思维运动，我们终于想出了一个兼具趣味性和健康理念的活动：暴走＋城市定向越野。这也就是我们策划的来源了。

市场调查：南京暴走团经验借鉴＋珠海本地市场调查

12月4日：大家开始着手调查这方面的信息，我们发现珠海没有成型的暴走团（至少我们查不到），豆瓣小组也就只有稀稀拉拉17位成员。而且从珠海过往的新闻看来，也没有这方面的消息，这对我们来说既是好事也是坏事：

---

① "触摸黑暗"是中山大学旅游学院会展经济与管理系学生连续两年举办的公益活动。可详见相关报道如http：//www.zhnews.net/html/20110725/072806？310979.html，或http：//zh.yc38.com/2012/0625/8869.html。

"坏"在没人可以依托，我们相当于零经验策划者；"好"在如果这事做成了，那我们就是先锋、是珠海城市暴走运动的发起人！这听起来多帅啊！然后我们接着搜索信息，正巧发现南京暴走团在今年 11 月 26 日发起过一个同城活动。①

我们一看，这个活动有 2200 人报名！其中大部分都是高校学生，而且有八成以上的参赛成员完成了整个比赛！这对我们来说是天大的喜讯：这种活动对高校学生甚至市民是具有很大吸引力的，而且对我们来说是可操作、有价值的！我们马不停蹄地开始做起了策划，就决定是它了！

12 月 5—6 日：小组成员还是过着每天凌晨 3 点才睡的生活，但是一切都不一样了。我们有目标、有激情，像是一群满腔热血的爱国青年得知前线正在征兵！大家分头写策划：策划的"假大空"部分、策划的人员安排、时间流程表、策划的风险管理与资金预算，最主要的是制作一张独一无二的珠海城市定向越野地图，小组成员每天对着电子地图"踩点"，制定相关任务与活动。虽然不是珠海人，但经过了两天没日没夜的琢磨，我们小组敢说，在识图认路上，我们比很多本地人还要强！除此之外，活动的日期定在哪一天也是我们考虑了很久的事情。

……

(作者：欧孟)

我们作为老师，十分庆幸能够见证学生们完成作业的真实过程。他们的思维是活跃的，视野是开阔的，协调兴趣与身份、搜寻和处理信息的能力也很强。当然，他们作为学生也是幸运的，因为这个最后叫作"珠海城市鲁滨逊"的活动在全班票选中战胜了"你并不孤单（面向自闭症儿童的公益活动）"、"你好，陌生人（让人们走出社会网络、回归真实世界的交流活动）"等好几个强劲对手，成为这一次的"最佳策划"。不仅如此，他们还获得了院系和全班同学的支持，通过共同努力，在第二年的春季学期，让这个"模拟"变成了"现实"：2013 年 4 月 21 日这天，第一届"珠海城市鲁滨逊"活动正式举行（见图 4-1），吸引了超过 1000 名正式参加者，他们穿行在珠海市的大街小巷、公园广场，整个过程一直很顺利，更没有出现人身安全问题。多家当地媒体还对这个活动进行了报道。②

---

① 《城市鲁滨逊——快乐南京暴走行动》，http://www.douban.com/event/17616826/discussion/50400570/。
② 相关报道可见 http://www.zhuhai.gov.cn/xxgk/xwzx/zhyw/201304/t20130423_598493.html，或 http://zh.cnr.cn/2100zhfw/gdxw/201304/t20130416_512367705.shtml。

图4-1 第一届"珠海城市鲁滨逊"活动图标

我们看到，一个完全新生的活动项目要想完成选题有多难。不过，未来的策划者不会总是面临这样的挑战，因为，并不是所有的活动项目都需要"白手起家"。很多时候当我们介入一些活动时，会发现它已经是有历史、有经验、有积累的项目了，我们要做的不过是在以往的基础上做得更好，挖掘出一些新意，不要让参加者感觉重复、乏味。事实上，也有些时候，我们要面对的最大困难恰恰不是创新，而是如何承受以往的巨大成功所带来的压力，因为如果人们已经对一个活动项目有了先入之见并且形成根深蒂固的参与习惯时，任何突兀的创新都可能隐藏着可怕的失败。

本章将先从常规的总体策划讲起，介绍一下节事活动总体策划的相关内容，然后选择其中的几个要点加以补充说明，接着围绕着"主题创意"这个完成于总体策划阶段但其影响将覆盖活动筹备和执行全程的关键环节，推出更多的介绍和讨论，最后尝试让"创意"与前一章的"体验"和"价值"两个概念相结合，共同构成一个相对完整的思考框架。

第一节 总体策划

一、策划的意义

简单来说，策划就是为了解决问题而出谋划策，是一种为实现特定的目标提出新颖的思路对策,并制定出具体实施方案的思维活动。① 从管理学角度来看,策划也就是科学的分析和决策。国内外学者认为,策划应该至少具备如下一些特点②:

(1) 策划是"事前"的设计,强调策划的预见性、计划性。

(2) 策划要考虑到管理的需要,甚至有些时候,它就是一种管理。一方面,管理如果没有策划参与其间,就没有真实的效率可言;另一方面,策划应当付诸实施,无法实施的策划,充其量仅仅是一种虚幻的蓝图而不能成为实际行动的指南。

(3) 策划一定要有结果,要作出某种明确的决定和选择。策划者需要从各种方案中,选择目标、政策、程序和实施的方案。

把策划的概念应用到节事活动领域中来,"活动策划"(event planning)③ 是与活动的"计划性"和"有计划的活动"这些概念一脉相承的,是"为了唤起、促进或激发、实现参与者、客人、观众和其他利益相关者的节事活动体验需求(demand of event experience),而在对活动的主题、环境、商品、服务、程序和过程等方面进行设计并使之付诸实施的工作"④。

成功的策划能够吸引人们参与各式各样的节事活动,获得丰富多彩的体验,得到精神的愉悦,获得快乐和心理满足,并成为自己生活中的美好记忆和向人炫耀的资本。因此,策划者应该认真考虑节事活动项目开发所依赖的那些文化资源特性。

文化资源具有潜在的特性。节事活动往往是一个地方的精神和文脉的最具象和最集中的体现,是一种依据文化资源而来的特殊产品,而这种文化资源在平时可能并不为人们所重视,处于一种潜在状态,必须经过节事策划者的识别和再创造,才能够转变为提供给节事活动参与者的产品状态。

"特殊性"是节事活动的灵魂,这在第二章中已经有过相关说明。策划者往往需要在看似平淡无奇的潜在资源中,通过敏锐的分析和大胆的创新,提炼出节事活动的独特卖点(unique selling point,USP),或者是新颖高效的组织运作模式,让"特殊性"的某些环节有最突出的表现;

节事活动作为一种社会文化的仪式化再现(ritualistic representation),在现代商业社会,可能带来丰厚的经济、环境、社会回报。但是,很多具体的文化要素背

---

① 肖星主编:《旅游策划教程》,华南理工大学出版社2005年版,第1~2页。

② (美)苏珊著:《现代策划学》,中共中央党校出版社2002年版。

③ 在英语中,planning 有计划、规划、策划、谋划等多种意思,根据节事、节事管理和节事旅游的内涵有所不同的情况,一般把 event planning 译为"节事策划",而把 event tourism planning 译为"节事旅游规划"。

④ Getz D. Event Studies: Theory, Research and Policy for Planned Events. Amsterdam: Butterworth-Heinemann, 2007: 21.

后都有大量的利益相关者，假如策划运用不当，刺激到敏感的文化神经，也可能引起迅速而广泛的负面效应。因此，风险管理的意识和行动必不可少。

二、流程和内容

"总体策划"有两个基本含义：

其一，它是指"节事活动策划与管理"这项系统工程的一个关键环节。在这个环节，人们主要应该从活动发起者的目标、活动的主题创意、活动潜在参与者的范围和规模等角度进行宏观思考，创意在这里是一个非常关键的要素，因为它直接决定着活动的吸引力和实施的可能性。

其二，它是指上述思考所形成的一个文案，通常以策划创意书、活动创意书等形式呈现。这份文案当中除了上面提到的那些内容（why 和 what）以外，通常还需要确定活动举办的日期（when）、地点（where）、相关者（who）——合起来也就是通常所谓的"5W"，也许还要加上一个方式和办法（how），然后再估算一下总体经费，统筹活动可调用的资源，评估可能遇到的风险问题，设定一个预期想要达到的效果。换言之，这份总体策划的文案不但要体现出活动的创意，还得作初步的可行性分析。

策划者往往会遇到两类典型的策划任务：一种是为完全新生的节事活动进行策划，另一种是为那些重复举办的节事活动进行策划。所谓"重复"，既包括那些周期性举办的项目，例如一年一届的项目，或者是四年一届的项目，也包括那些轮流举办的项目，例如需要在不同的申办城市或地区之间通过竞标方式获得主办权的项目，或者一个协会下面按一定顺序由不同会员机构依次举办的项目。这些项目任务在调动智力资源从事策划的层面，尤其是在真正需要发挥创意的层面，其工作量有着很大差别。何况，不同项目的涉及范围和潜在参与规模本身也有很大差别。那么，我们就不能指望所有项目都可以按照完全整体划一的"总体策划"来起步。

基于这样的考虑，我们在这里将介绍多种适用于"总体策划"的基本思路或者说"流程"，它们可能各自适合于不同类型的节事活动项目，这有赖于策划者在面对具体案例时通过自己的判断加以选用或借鉴。

（一）戈德布拉特的"5W + How"体系

戈德布拉特提供了一个传统的"5W + How"体系（见表 4-1）。他认为，凡成功的活动通常要经过五个重要的阶段：调研、设计、策划、协调和评价。而在调

研到策划这三个阶段,要始终把握住五个关键问题①:

(1) 为什么(why)必须要举办这次活动?

(2) 利益相关者中有谁(who)赞成举办这次活动?

(3) 确定这项活动举办的时间(when)。策划者必须问自己,这个调研过程——评价的时间框架是否与活动的规模相称。

(4) 确定举办的地点(where)。一旦选好举办的场地,工作会变得更轻松和更有针对性,但也许会面对更多的挑战。

(5) 确定根据以上几步采集的信息来判断正在开发和提供的是什么样(what)的形式(patter)和活动项目(activities)。在满足内部组织要求的同时还要满足顾客和参与者对活动的需求、想法、期望和追求,这绝非一件轻松的任务。只有对"what"进行认真和严肃的分析之后,才能保证 why、who、when 和 where 在这个答案中同时得到体现。

表 4-1　活动组织管理需求评估

why（为什么）？	+who（谁）？	+when（何时）？	+where（何地）？	+what（什么）？
创作和组织这项活动最具诱惑力的理由是什么？这项活动为什么非要举办？	谁会从这项活动中受益？希望出席的都是什么样的人？	这项活动将在何时举办？举办的日期和时间是确定的,还是要视变化而定？	最佳结束终点、举办地点和街道是哪儿？	需要什么样的元素和资源才能满足上述各项要求？
=how（怎样）？				
请对这"五W"作出回答,你如何对这项活动进行有效的调研、设计、策划和评估？				

(资料来源:乔·戈德布拉特,2003:51)

(二) 塔什普洛斯的系统规划

塔什普洛斯等人从"系统"出发来理解活动的总体策划工作。在图 4-2 中,他们将"系统规划"与"活动策划"的步骤进行了对照。所谓系统规划,其实就是人们思考问题、分析问题、解决问题的常规逻辑,即以了解情况和定义目标为基础,然后作一些针对性的展开,如调查和搜集新的信息、阐明可选择的办法和具体

---

① (美)乔·戈德布拉特著:《国际性大型活动管理》(第3版),陈加丰、王新译,机械工业出版社 2003 年版,第 46~51 页。

建议,然后再交付执行并且注意事后的回顾和总结。如果活动策划照此模式进行,那么"定义目标"这一步被认为是最重要的,在这个环节策划者应该提出明确的活动概念及目的。接下来的工作,与一般的规划工作就比较相似了。

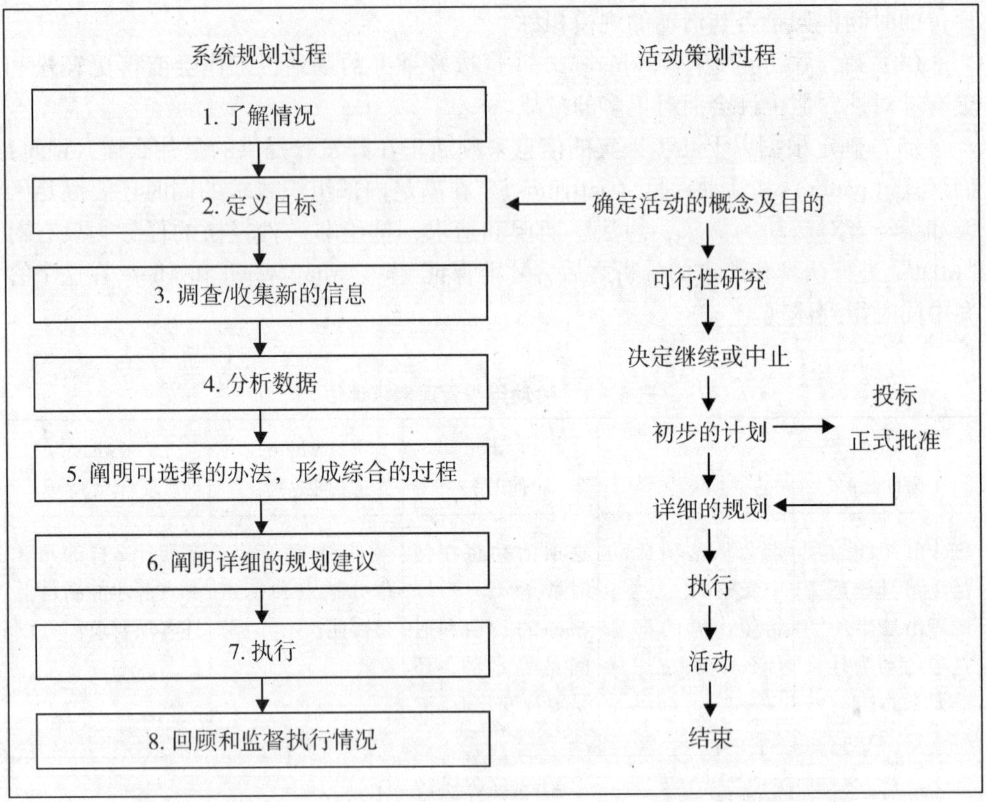

图4-2 系统规划过程以及活动策划过程对照

(资料来源:迪米特雷·塔什普洛斯,2010:75)

(三) 盖茨的节事旅游规划

盖茨认为,节事活动策划和决策的基本框架包括对其要素和相应问题的综合考虑,因此他所给出的节事策划的内容和流程则包括规划任务、形势分析、蓝图和目标、市场研究、战略阐述、管理系统、战略优化七个方面(见图4-3)。盖茨这个框架的优点在于,作为一个旅游管理专家兼节事活动管理专家,他将"节事活动"视作"目的地旅游规划"体系的一个组成部分,即成为"节事旅游规划",这样能够充分适应目的地的背景条件,也便于调用目的地旅游体系中的各种资源,从而避免了孤立地分析和策划节事活动的弊端。

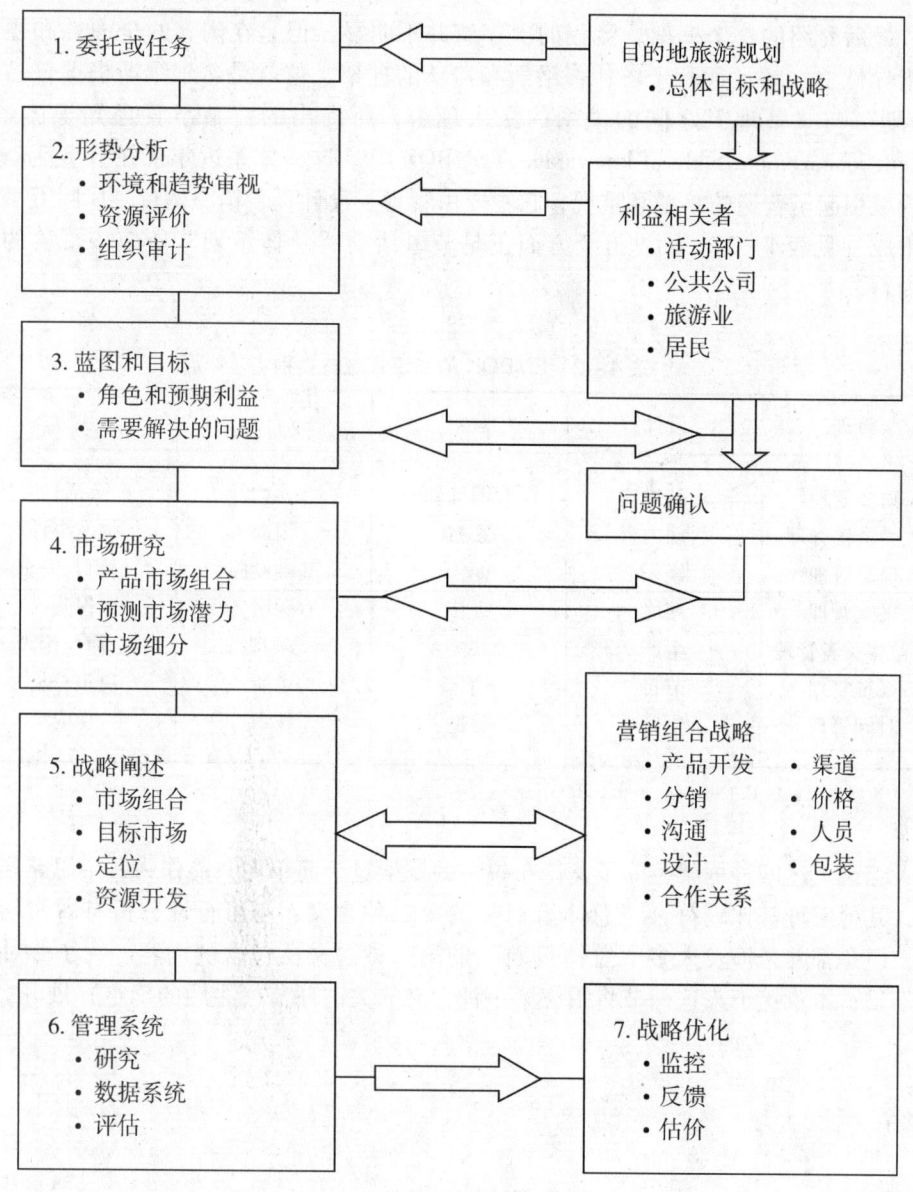

图4-3 节事旅游规划的过程

（资料来源：Getz, 1997: 94）

(四) 希尔维斯的节事管理知识体系

最后介绍的这个框架,流程的次序感并不明显,但是在内容的全面性和操作的指导性上,却远远胜于塔什普洛斯和盖茨的框架。这就是希尔维斯根据自己对"策划"与"管理"之间的关系的深入理解,所提出的"节事管理知识体系"(event management body of knowledge,EMBOK)[①]。这一体系近年来在节事活动管理领域引起了普遍的兴趣和重视,它主要由管理、设计、营销、运行、风险五个方面组成(见表4-2),而这五个方面正是节事活动"总体策划"所应该覆盖的主要内容。

表4-2 EMBOK的知识领域与类别

管理	设计	营销	运行	风险
财务管理	食品供应	营销计划	出席者	灵活性
人力资源管理	活动内容	素材	沟通	突发事件
信息管理	娱乐	促销	基础设施	健康与安全
采购管理	环境	宣传	后勤服务	保险
利益相关者管理	生产	公共关系	参与者	法律与伦理
系统管理	节目	销售	场所	决策分析
时间管理	主题	赞助	技术	保安

(资料来源:J. R. Silvers, et al., 2006)

综观上述四种框架,除了戈德布拉特的框架过于简单而只能作为一个思路指引外,其他三种都比较符合"总体策划"的第二种含义,与可行性分析有着密切关联,但是都并未涉及太多"总体策划"的第一种含义所包含的内容。为了弥补这个不足,本章接下来这两节将围绕第一种含义的关键环节(主题的确定)展开。

[①] 节事管理知识体系(EMBOK)很容易让人想起项目管理的知识体系(project management body of knowledge,简称为PMBOK),事实上,节事管理的要旨之一正是应用项目管理的理论和方法对每个节事活动项目进行管理。

第二节 主题确定的常规方式

一、基本技巧

1953 年，沃尔特·迪士尼在写给潜在投资人的建议书中提到一个非常简单而吸引人的主题，然后用朴实的语言对这个主题进行了说明。他说：

> 迪士尼乐园的想法很简单，它是一个可以让人们找到快乐和知识的地方；是一个能让父母和孩子相互陪伴、分享快乐时光的地方；是一个能让老师和学生发现快乐教育的地方。在这里老年人可以回忆甜蜜的往昔，年轻人可以体验挑战未来的感受。[①]

"一个可以让人们找到快乐和知识的地方"，正是这句话引发了投资者的共鸣，迪士尼很快就得到了所需的建设资金。不到两年，这座主题公园就建成开放了，吸引的游客数量之多远远超过人们一开始的预期。[②]

人们的体验会受到主题的激发，无论这些主题是专门指定还是偶然得之，无论主题设计是优秀还是拙劣，无论主题实施是偏窄还是偏宽，它们终究会在体验中慢慢浮现出来。因此，寻找一个合适的主题可以说是体验设计的中心环节。不管我们采用哪种分类方法，寻找主题的关键都在于，必须确定哪些是能够经得起考验的、富有吸引力的主题。派恩和吉尔摩为这样的主题开发提出了五条基本要求。[③] 我们在这一工作基础上展开一些讨论。

第一，吸引人的主题必须能够改变顾客或参与者的现实感。建立不同于日常活动的供人们投入、学习、娱乐和感受的现实，是所有成功主题的基础，也是建立地点感的核心要求。

第二，通过对空间、时间、物质等感知要素的干预，感受最丰富的地点往往拥有可以改变人们现实感的主题。举例来说，在迪士尼乐园的"明日世界"，孩子们

---

① Thomas B. Walter Disney: An American Original. New York: Hyperion Press, 1994: 246.
② （美）B. 约瑟夫·派恩、詹姆斯·H. 吉尔摩著：《体验经济》（更新版），毕崇毅译，机械工业出版社 2012 年版，第 55 页。
③ （美）B. 约瑟夫·派恩、詹姆斯·H. 吉尔摩著：《体验经济》（更新版），毕崇毅译，机械工业出版社 2012 年版，第 57～60 页。

对时间的感觉会发生变化（其实不少父母也会这样），因为这里改变了人们的未来感。空间对主题的确定也会产生影响，像我们多次指出的那样，庄严典雅的音乐厅和露天的公园草地上的演出台，将产生迥异的现场感受。同样，在构思吸引人的主题时，对物质方面的考虑也丝毫不能忽视。不同的主题会暗示事物不同的尺寸、形状和质地。

第三，吸引人的主题应当结合空间、时间和物质，制造出综合性的现实体验。对空间、时间、物质的干预最好都能以一条线索串联起来，形成一个整体感，这样传递出来的信息将会相互增强。"讲故事"就是一个很不错的串联线索，我们在下一节还会对此作进一步说明。

第四，在一个场所内营建多种地点感可以强化主题。最简单的例子是多元文化节，不可想象一个文化节的场地里都是些完全雷同的舞台和摊位，所有的布置都千篇一律而缺乏民族特色或地区特色会造成怎样的失败。同样的，慕尼黑啤酒节的啤酒大棚也是这样，将大棚按照啤酒品牌分给一家家的著名厂商，每个大棚里面的布置风格都不一样，这样说不定可以培养出一些"死忠"的游客。

第五，主题还必须符合体验营造企业或机构的特征，符合一般的社会规则和社会认知。这一点其实应该是一个基本要求。

然而，要为企业或机构想要营造的体验环境设计出一个或几个合适的主题并不是容易的事情，它需要策划多方面的知识积累和经验准备，在现代策划活动中通常要以团队的形式展开。

我们不妨从最基本的主题分类来寻找灵感。美国两位营销学专家本特·施密特和阿历克斯·西蒙森在其著作《营销美学》（*Marketing Aesthetics*）中又增加了九种相当于主题的"领域"[①]：

（1）历史。
（2）宗教。
（3）时尚。
（4）政治。
（5）心理。
（6）哲学。
（7）现实世界。
（8）流行文化。
（9）艺术。

而另一位社会学家马克·格特狄纳出版过一本书，叫作《美国的主题化》（*The*

---

① Schmitt B, Simonson A. Marketing Aesthetics: The Strategic Management fo Brand, Identity, and Image. New York: Free Press, 1997.

Theming of America），他指出了十种经常在"人造环境"（他称其为"营造式体验"）中被具体化的主题，这些主题是：

（1）地位。
（2）热带天堂。
（3）狂野西部。
（4）古典文明。
（5）怀旧之情。
（6）阿拉伯幻想。
（7）城市风。
（8）堡垒建筑和监视。
（9）现代主义和进步。
（10）不可呈现之物的表现。[①]

格特狄纳给出的主题似乎比前面两位的建议要更具体一些，更有操作性一些。但是，作为初学者，我们最好还是把学者们的这些工作都看作比较粗略的选题方向。事实也是这样，在我们为任何现实的节事活动项目拟定主题的时候，这里的各种主题或主题领域只能给我们一些很常规的启发。所以，找到一个合适的"主题培育"或"主题提炼"的方法很有必要。

二、诱导式信息沟通法

这里要介绍的是英国营销专家 E. 奥沙利文等人所提出的一种方法——诱导式信息沟通（PerInfoCom，即 persuading-information-communication）[②]。这原本是一种体验营销的手段，它主要通过主动地与某一特定群体进行反复的沟通交流，从其中反映的个人偏好信息中提炼出在未来产品与服务中可以投入的体验要素，然后形成特定的营销主题，反过来对这一特定群体进行针对性的宣传促销。显然，这种做法完全符合我们上一章已经详细讨论过的基本思想：在体验经济的时代，要充分重视节事活动举办者与参与者之间的双向互动，为参与者的主动创造提供各种便利和自由。

实现诱导式信息沟通的主要途径是定位（positioning），即准确而具体地满足某一特定人群的需求。[③] 以这种方式创造主题，是对直接锁定的目标人群的体验需求

[①] Gottdiener M. The Theming of America: Dreams, Media Fantasies, and Themed Environments. Boulder, USA: Westview Press, 1997: 115.
[②] 参见 http://www.ellenosullivan.com/marketing.html#Success_Strategies.
[③] Ries A, Trout J. Positioning: The battle for your mind. New York: Warner, 1982: 138.

的一种积极肯定。这一方法的落脚点是，节事策划者和管理者最后应该把创作和投射出的主题，以人们所喜欢的体验过程和体验环境呈现给他们。

诱导式信息沟通的步骤被归纳为"6D"定位法，实际上最后两步已经不再是纯粹意义上的"策划工作"而是执行和管理的事情了：

（1）细节（detail）。详细描述在类似活动中所期待的体验需求的具体内容或需求范围。

（2）展示（depict）。某特定人群正在寻求某种可以带来满足的体验需求。

（3）描绘（delineate）。目标市场受众群体所寻找的确切受益点。在这个时候我们几乎可以用"顾客价值"概念来诠释这种"受益点"了。

（4）决策（decide）。试图在活动参与者心中创建的、相关的主题形象或定位。

（5）设计（design）。关键在于找到能够精确地实现价值传递的那些将主题具体化的可靠方式。

（6）传递（deliver）。最终呈现出主题具体化之后的体验过程和体验环境，并使目标群体获得丰富体验的过程。①

当然，我们也留意到，这个方法特别强调"特定人群"或"锁定的目标人群"，相当于坦承了这种提炼主题方法的适用性，其实也就是它所受的限制：它应该用于那些基本上框定了未来参与者范围和规模的活动。这一点看起来很死板，也不好操作。那我们还能有什么方法呢？

到了这个阶段，是不是必须要"无中生有"，跳出常规思维了？自然而然地，我们会想到最善于"无中生有"的一种人类思维方式——"创意"。

第三节　主题确定的创意方式

一、对"创意"的理解

"创意"在汉语中大致是指新意、新想法，而在英文中，对应于中文的"创意"，最常见的是下面两个单词：第一个是"creative"——创造性的、有创造力的、创新的、创作的、产生的、引起的；第二个是"idea"——思想、概念、意见、主义、念头、打算、计划、想象、模糊的想法、理想、观念。②

---

① O'Sullivan E L, Spangler K J. Experience Marketing Strategies for the New Millennium. London: Spon Press, 1999: 133.

② 罗玲玲主编：《创意思维训练》，首都经贸大学出版社2008年版，第6页。

第四章　总体策划和主题的确定

在本教材里,我们想推荐克里斯·比尔顿的见解,那就是:"创意=创新+价值。"在比尔顿看来,创意的定义依赖于两个标准:第一,创意中必须包含"创新",得要产生出新的事物;第二,创意必须产生出有"价值"或有用的事物。在实践中,这两个标准经常是被人们对立看待的,也有可能因此导致相互矛盾的评价或冲突。[①]

将"创意"和"价值"这两个标准同时引入创意的过程进行分析,其适用的背景就显得非常重要了:在什么条件下才是真正的创新,而在另外一个条件下它可能就不是创新。通过融合不同的思维方式,创意中的两个标准才可能被满足。同理,只有在特定的边界范围内,创意工作才更可能与我们的适用标准相吻合。如果"跳出窠臼"太远,创意思维只是新颖而无价值,也就不再和价值评估有什么关系了。如果离社会的一些核心观念或所谓"权威"太近,创意思维则会随大流并迁就其意图,就会停止求新的脚步。因此,比尔顿说:

> 只有定位在概念空间的边缘,创意才能被建构在已知及被理解的内容之上,并同时拓展了原有的边界范围。
>
> 创意往往更容易发生在无序和有序的边缘,思维湿地的岸边。在内心深处,在栖息或建构的艺术世界中,创意者会成功超越或无视确定与不确定、理性与非理性的边界。[②]

因为总是在"边缘"上行走,在"岸边"飘忽,容易错失,容易散落,所以"创意"总是一个复杂的、异常艰巨的过程,而不是简单地凭灵光感乍现或沉浸于片刻凝思就能偶发得来的聪明点子。创意需要我们兼具非理性与理性的思维,跨越不同思维方式的边界,不仅要有新点子,还要拥有与之相关的资源和偏好。创意个体应该具备权衡这些不同的且经常存在矛盾冲突的能力,也就是不要人云亦云地把一般认为可以导向创新的"发散思维"与只能导向限制的"聚合思维"截然对立起来(见表4-3)。

在比尔顿看来,两种思维一定要融合,但是这种融合往往不容易发生在同一个个体身上,而更可能被发现于成员之间才能与个性互补的团队中,发现于这种团队的协商、网络与系统中,因此,"创意"生来就应该是一个团队工作。

[①] (英)克里斯·比尔顿著:《创意与管理:从创意产业到创意管理》,向勇译,新世界出版社 2010 年版,第 28 页。

[②] (英)克里斯·比尔顿著:《创意与管理:从创意产业到创意管理》,向勇译,新世界出版社 2010 年版,第 5~7 页。

表4-3 两种创意思维理论

发散思维	聚合思维
围绕问题或背离问题思考	深入问题思考
中断/打断	持续
另辟蹊径	深度思考
自发的、非正式的、随意的	系统的、正式的、集中的
移出限制	在限制内工作
下意识过程	有意识过程

（资料来源：克里斯·比尔顿，2010：7）

比尔顿协调创意与管理的正确观点，在一些节事活动专家那里已经得到了自觉反映。有经验的节事活动策划师或管理者，不会忽略在节事活动管理和节事活动设计之间的协调。一般人们往往会认为是设计主导支配了节事活动，而忽略了设计的根本意图必须通过节事活动管理实现。其实从本质上来说，节事设计的起点应该是节事管理的实际需要：我们首先应该想到的是举办一个节事活动，然后才开始我们的设计构思。澳大利亚专家范·德·瓦根用一张图来表达她对"设计"与"管理"二元关系的理解，这一结构明确指出，有些活动可能会比较突出"创意—设计"倾向，而另有一些活动则会比较突出"组织技巧—项目管理"倾向，但没有哪一个活动可以走向极端（见图4-4）。

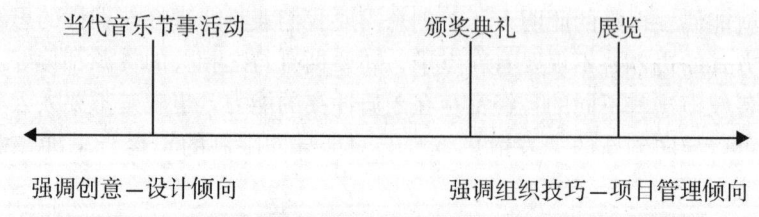

图4-4 不同类型节事活动"创意—组织"的二元结构倾向

（资料来源：Lynn Van der Wagen，2004：10）

二、"体验—价值—创意"框架

在比尔顿的启发下，现在我们可以重新回顾一下曾在上一章讨论过的"体验"和"价值"框架。比尔顿很明确地认为，创意不单是创新，还要考虑到价值，考虑到具有发散思维的策划者所提出的创新是否也满足具有聚合思维的管理者所认同的价值。可能他在这里谈的主要还是经济价值，也就是说一项创新如果无法具体化、产品化，那么它就只是留在人们头脑中和笔头上的美好想象而已。

其实，在比尔顿的工作基础上，我们可以再进一步，那就是让"价值"这个概念具有更丰富的内涵和外延，从一般意义上用货币来衡量的"经济价值"维度中突破出来，从而更符合在前面已经说过的"价值主张"和"顾客价值"当中对"价值"的多元化理解。简单来说，"价值"可以重新定义为一项事物所具有的本质意义，它既包括企业或机构想要在一项产品和服务当中所传递的观念或提供的效用，也包括顾客或参与者出于自身个性和需要所希望获得的感受或者能够实现的状态。这些观念、效用、感受、状态看起来都是很抽象的词，但是它们的碰撞与融合，最终却共同孕育出我们所有节事活动所能奉献的核心成就——体验。

既然对比尔顿的"价值"概念作了新的诠释，那么也有必要对他的"创新"概念作一些新的诠释。我们看到"创新"这个词的时候，总会不由自主地产生一种冲动、一种责任感和使命感，似乎不拿出一些前所未有、绝无仅有的东西来，就对不起"创新"这两个字的深刻含义一样，从而让自己陷入追求极致的折磨中。但是，事情恰恰不是那样绝对。美国心理学家 I. A. 泰勒曾经提出过"创新五层次"的观点，包括：

（1）崭露性的（expressive）创新。意指即兴而发，但却具有某种新意的行为表现。

（2）技术性的（technical）创新。意指运用一定科技原理和思维技巧，以解决某些实际问题。例如，把素材按新的形态组合产生新事物，或某种旧的结合解体，新的结合产生。

（3）发明式的（inventive）创新。意指在已有事物的基础上，产生与以往曾有过的事物全然不同的新事物。例如爱迪生发明的电灯、贝尔发明的电话。

（4）革新式的（innovative）创新。意指在否定旧事物或旧观念的前提下，创造新事物或提出新观念，有"革旧出新"和"更新换代"的意思。例如，技术史上各种新工具的出现以代替旧工具，科学史上发现新定律以替代旧定律，等等。

（5）突现式的（emergentive）创新。意指那种与原有事物无直接联系，看似"从无到有"地突然产生新观念。那些荣获诺贝尔奖的重大科学发现，均应属于这一层次。[①]

显然，最严格的"前所未有、绝无仅有"，也就是那些发明式、革新式、突现式的创新，往往能挑起一场人类科学和技术或者生活方式的革命。而最常见的创新，不过是崭露性、技术性的，面对的是不那么伟大的、全局性的或者永恒的问

[①] Taylor I A. An Emerging View of Creative Actions//Taylor I A, Getzels J W. Perspectives in Creativity. Chicago: Aldine Publishing Co., 1975: 297～325.

题，而是针对眼前已经看到的问题或迫切的需要，马上能够付诸实施的一些有所不同的想法、视角、手段、方式。从这个意义上说，崭露性、技术性的创新，更加合乎目前国际上流行的"创意产业"（creative industry）中对于"创意"的定义。这些创意并不一定都能指向"革命性"的成功，而是在跨界的领域，特别是通过电子、传媒、设计、艺术等领域的产业融合，一点点地丰富着人们的生活细节，增加人们的生活乐趣。它当然也不排斥那些后来被证明是伟大的成就，例如苹果公司的一系列产品所带来的生活方式变革，但是并非要求所有的创意都能如此。

出于这种考虑，为了避免"创新"这个概念容易强加给我们的错误暗示和沉重压力，有必要参照创意产业中的"创意"概念去重新理解它。我们认为，"创意"当然也鼓励一般意义上的"创新"，但是要求这种创新能够具备操作性。同时，它并不反对在以往经典的同类案例主题基础上进行改造，也不反对将在某个地方成功使用过的主题借鉴到另一个地方，更不会反对运用已经被证明获得成功的其他领域的产品主题。当我们具备这样更为开放、更为灵活、更为实用的基本观念之后，确定节事活动的主题、完成总体策划的工作就不会那样举步维艰了。

总而言之，节事活动领域的"创意"，可以看作主要是从现实性、针对性出发而提出来的一些想法、角度、手段、技巧、方式、路径等，其目的在于提升节事活动的吸引力，同时降低节事活动的实施难度，从而让我们构想出合理的主题，顺利地实现价值传递，并制造更为丰富的节事活动体验。至此我们也发现，在"体验"、"价值"、"创意"三个概念之间已经可以搭建起一个框架（见图4-5），用一句话来概括就是：节事活动中，策划者可以通过创意性的主题构想，提高价值传递的效率，并最终提升节事活动的体验质量。其中：

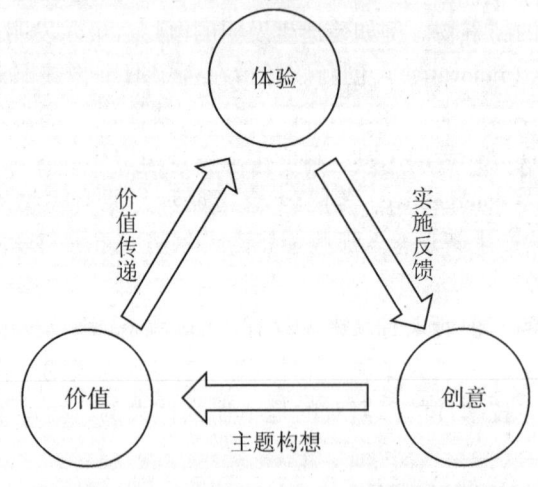

图4-5 "体验—价值—创意"概念框架

（1）从创意到价值是一个"主题构想"的环节，从价值到体验是一个"价值传递"的环节，而从体验到创意是一个经过实施来检验和总结的"实施与反馈"环节。

（2）"主题构想"的目标是要确认所要传递的那些价值，也就是在企业或机构的"价值主张"和顾客或参与者的"顾客价值"之间寻找到契合点。这一章的第二节、第三节已经介绍了主题构想的基本方式，而接下来的第四节将会对"主题构想"的具体方法作展开介绍。

（3）"价值传递"的目标是要落实价值传递的方式和方法，最终形成丰富的体验环境。换言之，体验环境实际上也可以理解为那些所传递的价值的承载物。本书第三章第三节中已经介绍了价值传递理论的主要思想，而具体的传递过程则是通过体验设计与展示设计来完成的，这些内容会在第五章、第六章讲述。

（4）"实施与反馈"的目标是为未来的创意提供正确的判断和建议，但实际上不仅限于"这一次"的节事活动，正如上面所说，当我们解除对"创意"狭义理解的束缚之后，各类成功的活动经验乃至其他相关领域的体验创意都可以为我所用。有关内容将通过本书第三编的各章来作详细介绍。

第四节　主题构想的方法

一、"讲故事"

"讲故事"（storytelling）的目的是让价值有一个整体性、连贯化的呈现。

在故事的讲述中去潜移默化地丰富主题，是人们最不容易拒绝的价值传递方式之一。况且故事本身在具象化上面就有很多文章可做，因为每个故事一定会有一些角色、一些场景，既可以提高观赏性，也可以增强活动性，可安排更多的参与性活动项目。派恩和吉尔摩甚至认为，故事才是主题的核心，其他要素只发挥辅助作用。[1] 在舞台艺术领域，学者们也采用"讲故事"的手法，他们把它叫作演出的"结构"，例如采用时序性结构（故事的正叙）、戏剧性结构（强调故事中的冲突）、板块型结构（同一主题下的几个小故事）等。[2]

我们来看一个故事讲得特别好的活动，也许是有史以来在大规模演唱会中把故

---

[1]（美）B. 约瑟夫·派恩、詹姆斯·H. 吉尔摩著：《体验经济》（更新版），毕崇毅译，机械工业出版社2012年版，第61页。

[2] 吕艺生著：《大型晚会编导艺术》，上海音乐出版社2004年版，第47页。

事讲得最好的一个活动,这就是英国平克·弗洛伊德（Pink Floyd）乐队1990年在柏林举办的主题为"墙"的演唱会。

在这场演唱会之前,该乐队早在1979年就出版过一张叫作《墙》的概念专辑,这也许是现代音乐史上的第一张概念专辑。专辑把第一首歌到最后一首歌组合起来,讲述了一个不幸的故事：一个小男孩的父亲在战争中死去了,他的母亲独自将他抚养长大,他像战后要挑起重建社会的重任的很多小孩一样,承受阴郁的家庭气氛,接受严苛的学校教育,进入残酷的职场竞争,遭遇曲折的爱情经历……在他与母亲、与学校、与社会、与他人之间,总是有着这样那样的隔阂、不解、误会、冷漠,就像是一堵堵无形的墙,使他成为一个躲入个人世界的自闭者。

这张专辑一出,迅速将平克·弗洛伊德推上了摇滚乐世界的巅峰。而在1990年,乐队受邀来到柏林,举办了一场同名、同主题的演唱会。此时,"墙"这个主题已经被大大拓展,并且结合现场的绝妙布景和视觉设计,完美地传递出与暴露丑恶、谴责隔阂、呼吁相互理解和和平反战等密切相关的一系列"价值主张"：

(1)《墙》专辑中的歌曲当然还是主要的线索,那个自闭者的不幸故事在这里再次上演,而且伴随着更丰富的舞台效果,例如用一个长着防毒面具一样脑袋、穿着像模像样的西装的怪物形象象征刻板的教育制度下恶毒的老师,或是采用巨大的幕墙来放映投影动画,或是让汽车、摩托车等道具直接搭载着摇滚歌手们开上舞台。

(2)"墙"也有"隔绝"的含义,没错,这就是整个演唱会选择柏林的原因。1989年开始的"东欧剧变",直接促成了德国的统一,曾经的"柏林墙"被推倒,隔绝20多年的墙两侧的德国人终于可以团聚。但是,柏林墙倒了,人类群体相互"隔绝"、相互敌视、相互争斗的现象却还比比皆是。如果说"墙"在专辑中主要体现的是社会问题,那么在这场演唱会中就大胆地指向了更加敏感、更加能够引人注意、更加让年轻人热血沸腾的政治问题。

(3) 演唱会还让20万观众亲眼见证了一座实体的墙的搭建与垮掉（见图4-6、图4-7）。就在长达80米的舞台上,乐队在前面表演,背后就有工人不断地用白色构件开始搭建一座硕大无比的墙。墙越垒越高,乐队的表现也越来越精彩,观众的情绪也越来越高涨。当墙终于搭建完成,在无数刺眼白光照耀之下,明晃晃地出现在所有人面前,观众终于开始疯狂地叫喊"Break down the Wall! Break down the Wall!"突然间,众人开始从顶部推墙,只听见"隆隆"作响,墙体眨眼间就已散落一地。此时所有的音乐都停下来了,灯光也不再摇晃,人们只能看到舞台上因"墙砖"砸落而激起的烟雾,只能听到自己和身边人发出的欢呼。

第四章　总体策划和主题的确定

图 4-6　Pink Floyd 乐队的柏林"墙"演唱会（1）

（注：左图为后来出版的 DVD 封面；右图为现场舞台效果，一个象征监管者的怪物凌驾墙的上空。资料来源：视频截图）

图 4-7　Pink Floyd 乐队的柏林"墙"演唱会（2）

（注：现场舞台效果。随着白色的墙不断加宽、加厚、增高，歌者逐渐地被切割、分离、包围起来。资料来源：视频截图）

81

二、参与性

强调参与性（participation）的目的是使得价值传递可以以多样化的方式实现。"参与"的核心是考虑"谁"在参与，这就可能要用上一些利益相关者分析的思路。一般常见的商业性节事活动中，参与的群体可能是非常广泛的。不同相关者的介入，其实不单体现了活动本身在价值传递上的多样化，还能增强某些方面的价值意蕴。

迷笛音乐节又是一个很好的例子。这些年来，它的主办者越来越重视在"摇滚音乐"主题之外对音乐节展开更多的包装，多次的环保类公益主题在历届音乐节主题中非常显眼（见表4-4、图4-8）。主动将环保支持者纳入音乐节当中的这种开放做法，在一定意义上恢复了摇滚音乐本身关心世界、关心弱者、关心时政的西方传统——这些也是迷笛音乐节所传递的价值内涵，也没有触犯政府所警惕的话题底线。当然，这些主题也会为那些本来就年轻热情、易受正面引导、乐于参加社会公益的年轻人提供更丰富的体验机会，让自然、生态、环保等价值得到充分展现。

表4-4　2002年以来迷笛音乐节的历届主题

年份	主题
2002	向劳动者致敬
2003	摇滚支持动物保护
2004	永远年轻，永远热泪盈眶
2005	拯救中国河流
2006	中国摇滚20年
2007	绿色与和平
2008	宽容
2009	十年
2010	低碳生活
2011	爱熊行动
2012	PM 2.5
2013	迷笛学校20年

（资料来源：根据公开资料整理）

图4-8 北京2010年迷笛音乐节上的多元化参与

（注：这是其中的一些公益活动，内容分别为帮扶贫困儿童以及自然保护。摄影：张骁鸣）

我们再来分析一类具体的参与者，这就是可以看作音乐节"铁粉"的乐迷群体。2010年，迷笛音乐节举办方允许他们白天在现场搭帐篷，但按照夜间场地管理方（海淀公园）的规定必须撤出去。这时候，当地城市管理部门给了乐迷们一个惊喜，后者被默许在音乐节附近的城市绿化带里继续摆上帐篷露营（见图4-9）。作为音乐节"铁粉"的身份得到了如此的优待，参与者体验自然会非常深刻。

图4-9 北京2010年迷笛音乐节上的"帐篷大军"

（注：不但在舞台前可以搭帐篷，在场地外还被允许搭帐篷过夜。摄影：张骁鸣）

三、角色化

各种"角色化"（characterization）使得价值传递的过程更直接、更容易被接受。

如果说"参与性"主要指向那些以顾客和参与者为主的利益相关者的话,那么"角色化"则主要指向节事活动管理和服务的团队。团队做好常规意义上的管理和服务,只是中规中矩地完成了他们的本职工作,而真正的"价值传递"还有很大的施展空间,甚至才刚刚开始。其实"角色化"在国内外的主题公园早已经是一个让人司空见惯的手段了,例如迪斯尼的各种卡通人物,以及如图4-10左侧所示的杭州宋城主题公园里穿着对襟裤子的面铺伙计。在一些成功的节事活动中,我们也能看到很多扮演着某种角色的普通服务人员,例如图4-10右侧的这位大妈,她穿着巴伐利亚女性的传统服装,一次可以端起12扎沉甸甸的啤酒,风风火火地穿行在啤酒大棚中,其坚定的表情和忙碌的身影透射出巴伐利亚女性的朴素与勤劳,一种"传统感"彰显无遗。

不过得补充说明的是,"角色化"手段不能只是在服装和道具上做文章,还得把更多功夫花在对员工的培训上,让他们从内到外都担得起这个角色。上面提到的那位面铺伙计有如此丰富的表情和自如的动作,还能与前来用餐的游客聊天打趣,显然受过很有效的岗前培训。而很遗憾的是,在国内更多的地方,无论是在主题公园还是在节事活动的现场,我们都很少能见到这样高素质的角色化员工。

图4-10 能够进入角色的员工

(注:左图是杭州宋城主题公园里与游客愉快交谈的卖面伙计;右图是慕尼黑啤酒节上捧着12扎啤酒还能步履如风的巴伐利亚大姊。摄影:张骁鸣)

四、视觉化

视觉化（visualization）是所有人都会喜欢的东西，因为它能够大大强化价值内涵的表现力，丰富和巩固人们的记忆。

在人类所有的感觉里面，视觉具有先天的、直观的优势。随着科学技术的进步，近些年人们对此更是达成了共识，类似"读图时代"、"眼球经济"这样强调视觉优先的术语也频频出现。人们相信视觉，甚至迷信视觉，有时即便错认了一项事物，也宁可沉浸在事物本身光怪陆离得令人欲罢不能的幻象中。显而易见，节事活动当中的"视觉盛宴"比比皆是：巴西里约热内卢狂欢节那全球最盛大、最豪华、最火热的万人桑巴狂舞，德国慕尼黑啤酒节大游行中的盛装马车和奇装异服（见图4－11），西班牙布尼奥尔西红柿节那满街满墙的鲜红，美国布莱克罗克沙漠"火人节"中各种异想天开的装置和行为，当然也不能忽略在很多大城市（悉尼、里昂、北京、广州）流行的专门提供视觉盛宴的"灯光节"。

图4－11 慕尼黑啤酒节上的几支化装游行队伍

（摄影：张骁鸣）

五、真实性

"真实性"（authenticity）的目的在于瞄准那些价值取向比较明确的群体，尽量让他们不会因为活动的真实性方面处理欠妥而影响到对活动价值本身的认知与认同。与这一节提到的其他几项不太一样的是，真实性更多意义上需要我们引起警惕，而不是一个能够辅助我们提升价值传递效果的方面。

在此稍微作一些说明。一些时候，尽管真实性属于"特殊性"当中的一种常见表现，然而并不是所有人都会留意到它。例如，当我们费尽心力并且大量投入资金而让一个地方性活动保持其"传统特色"时，却沮丧地发现连当地人都只是把这个活动当作例行公事，我们自己只是一厢情愿罢了。还有一些时候，一些人对真实性极其敏感，特别在某个参考其他成功主题活动举办起来的节事活动中，人们会不由自主地进行比较，一旦发现无数蹩脚的模仿，就会对活动本身感到失望，如图4-12所反映出的情况。

图4-12　某国内啤酒节现场缺乏体验设计的烧烤摊

（摄影：张骁鸣）

不过无论怎样，我们作为未来的节事活动策划师，几乎没有机会可以"发明"全新的项目，所以在绝大多数场合都要不可避免地进行学习、模仿、借鉴甚至直接地大胆搬用。这时就得十分小心地对待有关"真实性"的问题。

── 本章小结 ─────────────────────────────

本章其实在很大程度上起着承前启后的作用。一方面，它把前面几章涉及的有关体验、价值的内容与主题、创意的内容结合起来，让初看起来有些深奥的概念框架有了一个落脚点，那就是走向活动的主题确立与构想；另一方面，总体策划这个部分是要为后面各章的展开奠定一个提纲性的基础。

我们在构想这一章时颇费脑筋，因为本章在逻辑顺序上与时间顺序上与其他章节有些矛盾。从我们今天能接触到的绝大多数活动的举办过程来说，按照时间顺序往往要把"总体策划"工作放在最前面，然后在总体策划的大框架下启动创意设计和具体活动设计；但是逻辑顺序上，一个活动要与众不同，要超越过往，总是需要我们在主题创意上有突破，假如早早地把"总体"都已经策划好了、规定死了，那么无论个人还是团队的创意思维都可能受到很大限制。这样的矛盾冲突，考验着活动举办各方的能力与耐心，考验着他们的决策智慧。

── 思考题 ─────────────────────────────

1. 找3～4位同学组成一个策划小团队，为你们所在的城市设计一个公开的、非营利性质的、以娱乐休闲内容为主的节庆活动。可以采取如下步骤：

（1）每个人先自行用常规方式拟定一个主题。

（2）团队成员坐在一起，用"体验—价值—创意"的创意方式，对你们各自带来的主题进行分析和筛选。

（3）确定一个优胜主题，然后尝试用主题构想的方法对它进行演绎。

（注意：上述步骤只是一个理想化的建议，实际的具体操作过程由同学们自己掌控。过程中有可能出现的情况是，到了主题构想阶段才发现确定下来的主题不具有足够的"内容深度"，于是只好返工重来。不要把这些情况的出现当作失败，因为这往往就是节事活动策划师的工作常态。）

2. 当完成第1题之后，想一想你们是否有足够的信心向这个城市的某些机构推销你们的活动。例如，向政府、某些企业、一些非营利机构去争取合作或拉取赞助。

3. 除了本章第四节所介绍的集中主题构想的方法，你还能从本教材已经涉及的所有节事活动案例中发现哪些其他方法？或者，你是否还有其他更为精彩的案例可以提炼出一些给人以启发的方法？

第五章　体验设计与科技手段的应用

学习目标

1. 理解观众体验的重要性。
2. 了解体验设计的维度与策略。
3. 了解高新科技与多媒体在体验设计中的应用。

> **引导案例**
>
> 　　美国独立之后，发明或巩固了一些欧陆传统所不曾有或不那么重要的节庆活动，其中影响深远、流传至今的包括著名的感恩节和万圣节。美国小说家莉莲·罗斯所著短篇小说《万圣夜会》中就描绘了这一兴起于新大陆、历史不长但影响广泛的现代节庆活动的一些细节：
>
> 　　我的十三岁儿子要与他一伙友人举行万圣节前夕晚会。他要扮演的是德雷坎拉伯爵①，我则自然成为他的赞助者。这十年来，德雷坎拉伯爵似乎成了万圣节前夕晚会中最时髦的扮相。下面是其花费：一件黑色缎面的伯爵斗篷（18.95元），一副德雷坎拉伯爵长牙（1.25元），扑面用的白粉（2元），制造效果的假血（2元），晚会菜单上有炸鸡、细面条、可口可乐、沙拉、橘子或巧克力的杯状蛋糕（每人需7元）。招待登门取闹的孩子和客人的糖果包括橘黑二色胶质软糖、糖南瓜、糖玉米、开心卷、葡萄干、香仁糖、巧克力花生糖、水果糖、花生糖等（共88.65元）。我儿子还弄了八块饰有黑猫、直径六英寸的小甜饼（每块1.25元）；八个装满硬糖果的小塑料南瓜，每个上面都有一只颤抖的塑料蜘蛛（每个2.50元）；八个橘色猫形状的气球（每个0.85元）；八个刻成人面的橘色棒糖（每个0.70元）；一张巨大的纸台布，上面画着一个站在一口大黑锅上的黑衣女巫；许多从锅里伸出脑袋的蜘蛛（2.25元）；相配套的餐巾（1.10元）；

---

① 即Dracula伯爵，原为英国作家布拉姆·斯托克（Bram Stoker，1847—1912）恐怖小说中的吸血鬼的称呼，小说原型来源于中世纪时期罗马尼亚的民间传说。

相配套的纸杯（2元）、纸盘（1.75元）；一条"万圣节前夕快乐"的条幅（1.25元）；一具跳舞的骷髅（3.99元）；一只名叫"快乐蜘蛛"的东西（4元）；一个用真南瓜刻成的传统南瓜人面（4元加人工费）。总道具投资是181.59元。总人工，包括刻南瓜、清扫厨房、洗涤共35元。总情感及脑力投资无法计算。

我观看着一个个客人光临，A扮成《星球大战》中的达斯·瓦拉；B扮成《星球大战》中的路加·斯盖沃卡；C扮成强人虎克；D扮成流浪汉；E扮成鬼；F扮成芭蕾舞演员；G身披一件她母亲的旧晚袍，扮成贝蒂·米德拉。每个人都有点早起歇斯底里症的味道，A上去猛扯C的化装服，G立刻开始将糖南瓜向E摔去，他们这样整整折腾了1小时才准备去外面按门铃。

……

D喷了一点可口可乐在A身上，那些未来的律师们都站起来向大门走去。他们将所有胶糖、糖米花、饼干、颤抖的蜘蛛、气球、人面棒糖等统统塞进自己包里，并郑重地大声谢了我，两位姑娘轻盈地跑了出去，互相会心地微笑着，E和我儿子跑去追赶她们。他俩也连声向我道谢。

（资料来源：莉莲·罗斯，1993）

实际上，万圣节已经不止流行于美国。到每年10月31日这天，在很多西方国家或者一些受西方文化影响比较长久的国家和地区，人们都已经把万圣节当作一个有趣的、可以得到彻底放松的节日来对待。街上四处可见以万圣节为主题的南瓜灯、现场表演、幻觉魔术、游尸和鬼魂装扮的人群，小孩们会穿上万圣节的服装，戴上面具挨家挨户地收集各种糖果。

万圣节虽然也有它的历史文化背景，据说源自古代凯尔特人的一种祭祀节日，但是在现代社会中已经几乎不包含任何宗教和信仰的负担。因此，万圣节也成为家庭聚会的好时机。某家节事策划公司抓住了万圣节最典型的颜色之一——金色来展开节日家庭聚会的主题，并充分容纳了万圣节的各种元素（见图5-1），具体包括：

（1）统一颜色。活动现场所有物品与场景布置均统一采用万圣节南瓜灯的颜色——金色进行装饰。

（2）食物造型设计。活动现场的食物有以南瓜灯为造型的南瓜饼、蜘蛛造型的金黄色蛋糕、女巫扫帚造型的小吃等。

（3）鲜花布置。现场所有的花卉均以金黄色系的马蹄莲、鸢尾、银杏叶等进行装饰。

(4）服装要求。所有参加的嘉宾都被要求统一着万圣节服装（黑色、金黄色）参加活动。

(5）现场其他装饰。包括活动邀请函、纸巾、餐具、水杯、灯具、装饰气球、活动横幅等均以南瓜、蜘蛛、女巫等为元素进行设置。

(6）活动内容。包括观看恐怖电影、电影主题角色扮演、猜词游戏等。

图5-1　万圣节家庭聚会设计范例

（图片来源：http://www.partyblog.mygrafico.com/）

显然，在这样自由、放松的氛围下，万圣节的独有节日元素得以充分显现，同时又烘托出温馨、热烈的家庭聚会氛围，体现了专业策划人士的水平。用节事活动策划的术语来说，所有的这些工作都是为了将主题构想具体化，在主题创意与人们的体验之间搭设最合理的"桥梁"，这也正是本章将具体介绍的内容。

第一节　体验设计概述

一、体验设计的对象

每个人的体验都是个人化的、独特的。[①] 体验涉及参与者的感官、情感、思维、智力、知识等因素。正如前面章节已经提到过的,传统经济活动——特别是在营销领域,注重的是传播功能的特点与收效,而体验营销的关注点已经落在消费者的参与上,追求多元化的具有协同作用的产品和市场。消费者感性与理性的抉择同时被关注,这已经超出了传统营销所秉持的对消费者的理性与逻辑性的理解和掌握。因此在进行体验设计时,需要特别注重消费者体验行为展开的方式,包括体验展开的维度、传递的要素以及具体化的对象。

施密特(B. Schmitt)创建了一个适用于体验营销的体验矩阵(experiential gird)[②](见表5-1)。体验矩阵结合消费者的心理与生理的反应与策略工具对不同的体验策划给出了相应的思考维度。其中消费者的感官(sense)、情感(feel)、思考(think)、行动(act)、关联(relate)成为战略体验模块(strategic experiential modules,SEMs)的五个体验维度。

表 5-1　体验矩阵

体验供给要素	战略体验模块的五个体验维度				
	感官	情感	思考	行动	关联
■ 沟通					
■ 视觉(标识)与语言传达					
■ 产品呈现					
■ 品牌合作					
■ 空间环境					
■ 电子媒体与网络					
□ 参考者					

(资料来源:Schmitt,2000:75)

[①] Schmitt B. Experiential Marketing. New York:Free Press,2000.
[②] Schmitt B. Experiential Marketing. New York:Free Press,2000.

施密特认为有三个显著的商业趋势使体验营销得以繁荣发展,包括信息科技的进步、所有事物都被品牌化、全球化的双向沟通交流。在这样的趋势下,体验传递应该融入如下一些要素:沟通、视觉(标识)与语言传达、产品呈现、品牌合作、空间环境、电子媒体与网络、参与者。

参照施密特的理论分析,一般对于节事活动领域来说,体验设计就必须涉及场地、餐饮、活动项目(表演、娱乐、演讲等)、现场装饰、道具和场景、音效与灯光以及特殊效果等多种具体化对象(见图5-2)。

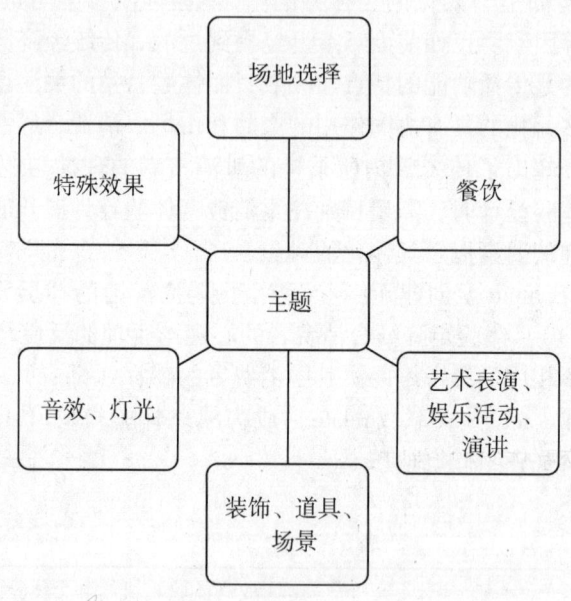

图5-2 节事活动主题体验设计的常见具体化对象

(资料来源:Allen, et al., 2004)

从世界范围来看,目前"交互设计"已成为最流行、最有效的品牌体验设计理念之一。史密兰斯基(S. Smilansky)作为经验丰富的营销经理,针对品牌互动体验总结了BETTER模型(The BETTER Model)[①],包含如表5-2所示的六个部分,即品牌性格、情感联结、目标观众、双向交互、指数要素、达成。这个模型实际上强调的是联合人的多感知性(multisensory)进行品牌体验设计,使消费者在品牌中实现情感上的联接,获得更好的品牌体验。其最终目的是增加消费者对其品牌的信任度,让消费者正向地与品牌相联系,深化品牌对消费者个人体验的意义。

[①] Smilansky S. Experiential Marketing: A Practical Guide to Interactive Brand Experiences. London: Kogan Page, 2009.

表5-2 体验营销 BETTER 模型

品牌性格（brand personality）	需要三个核心价值形成品牌性格特点
情感联结（emotional connection）	多感知性与消费者的信任度、正向联结、个人理解
目标观众（target audience）	消费者的喜好、生活方式、渴望、空闲时间
双向交互（two-way interaction）	现场品牌体验（面对面或远程连接），并且联合前面三个要素
指数要素（exponential element）	启动鼓励机制激励消费者参与体验
达成（reach）	双向交互、语言表达与扩充沟通渠道

（资料来源：Smilansky, 2009：52）

史密兰斯基讨论到的人的多感知性包括视觉、听觉、触觉、味觉、嗅觉、触觉，这也让我们进一步理解了图5-2所指出的节事活动领域一般主题体验设计的具体化对象，因为这些"对象"都可以被人的多感知性涵盖。在下面的"体验设计的维度"部分我们还将对此进一步加以介绍。

二、体验设计的维度

节事体验与交互体验的设计在思考维度上是有共同点的。全球最成功的设计公司之一 IDEO 公司的创办人比尔·莫格里奇（B. Moggridge）认为交互设计应利用多媒体的优势，着重与人的多感知特点相结合[①]。交互设计通常指人与数字化人工制品之间的联系。莫格里奇谈到的多感知包含了基本的五种感官（视觉、听觉、嗅觉、味觉与触觉）、力学感知、动态感知、温度感知、时间感知，甚至涉及神经系统。交互设计先锋比尔·加沃尔（Bill Gaver）建议突破屏幕、鼠标、键盘等数字化的元件对使用者感官与身体的限制，参考心理学中的能供性（affordance）概念，打破人们根据物体的外形得知物品的功能的常规认知，从而提升用户体验。

节事活动与交互技术相比所蕴含的体验内容更加广泛，节事体验并不单源于有形的实物，而且需要考虑到对象、环境与过程，因此，节事活动策划人员需要综合项目管理与创意设计，呈现丰富的节事体验。如今许多成功的节事活动都融入了新型的数字科技，以"惊叹效应"（wow effect）营造新奇体验。以下将就创意设计体验的部分结合人的多感知性展开讨论。

---

① Moggridge B. Designing Interactions. Cambridge, MA: MIT Press, 2006.

(一) 视觉与听觉

人的视觉从静态文字与图片，物体的材质、体量、颜色、图案，动态影像以及环境空间关系等获取信息。多数的节事活动中，标识、商品、人物形象等都可以通过不同的视觉媒介进行展示与传递，营造主题环境，陈述故事。节事策划团队需要较高的艺术鉴赏能力，对合作的艺术设计作品进行鉴定，以保证信息展示与环境营造的质量。在大型的节事活动中，比较容易忽视的方面有指路信息缺失（导视寻路系统）、所展示商品及信息高度不符合人的视线范围（人体工学）、过度强烈及快速的灯光刺激观众视线（生理学）。值得注意的细节是照明对眼睛的影响，人眼与大脑并不能在短时间内接受光线的强烈变化，舒适的照明可以为观众提供愉悦的体验。[①]

图文影像信息数据可以用不同的介质进行展示。传统上，视觉与听觉通常联系起影音媒体，其播放的介质通常为电视、电脑屏幕、电影巨幕、小屏移动通信设备（如智能手机、平板电脑）等。这些播放媒介深受观众喜爱，成为许多设计师吸引观众的主要手段。新兴的数字建筑外墙、室外巨型三维投影、三维全息成像等技术也已经在人们的视线内出现。

目前还出现了一种更新的展示手段，即实体数据视觉化，它所利用的介质包括水滴、火、云雾、泡沫等。例如，水滴字幕（bit fall）[②] 以水滴为像素经过电子处理形成低像素屏幕。其原理是利用电脑计算水滴降落的速度，使水泵、压力阀等机械装置按程序生成水滴，水滴根据设定速度落下（水滴坠落有高度落差要求，观众读取文字图形信息有视觉距离的要求），连续与间断的水滴帘幕呈现文字与图形。这个在2001年发明的以水滴为介质的先锋屏幕如今被应用到商业用途中：2008年西班牙萨拉戈萨世博会游客中心以水滴字幕作为外墙，转换了墙壁的形式与新功能，在公共空间中赢得大众的喜爱；2009年日本舞台剧"新春泷泽革命"（Shinshun Takizawa Kakumei）以水滴字幕显示对白并作为主要舞台道具；2010年上海世博会中国馆、2012年澳门金沙城中心酒店也将水滴字幕融入景观设计中，用于宣传其主题理念或推广活动。这些较为先锋的展示形式通常出现在世界博览会、电讯科技大会、汽车展览、世界性的艺术展当中。崭新的形式意味着对硬件的需求较高、预算投入巨大，同时也会带来吸引眼球的效应。

声音与影像已经成为多数展示活动重要的组成部分。当代的观众已经对动态的画面与背景音效有一定的适应性。但是，这些元素需要结合场地空间与设计理念、规划等内容一并进行考量。在听觉方面，声音在空间的变化会受到许多物理因素的

---

① Hughes P. Exhibition Design. London: Laurence King, 2010.
② bit fall 最早由 Julius Popp 于 2001 年 6 月创制。

影响，需要专业音效设计人员、音乐家、建筑结构工程师、设备供应商提供专业意见。一些室内商业性展会或人流量较高的室外大型节庆很多时候都忽视了声音处理的细节问题。

（二）触感体验

触感体验在于人身体与外界的接触。交互设计领域中，在过去的30年里人们使用图像用户界面（graphic user interface）通过鼠标和键盘的输入方式操控电脑，电脑经过运算查找以图像的形式输出信息。触感被集中在人手的触觉体验上。20世纪90年代初期，实体用户界面（tangible user interface）（见图5-3）将物体作为输入方式代替鼠标键盘，这些实体物品被加装传感器或者在外界通过摄像、红外线、超声波等技术将用户触碰的数据传输到电脑。电脑读取用户输入的动态信息并付诸运算，之后便将所得到的结果反馈到多样化的介质上进行输出。利用实体物品作为操作输入界面，丰富了数字化的能力，使用户能够用更加多元化的控制模式来操控信息。

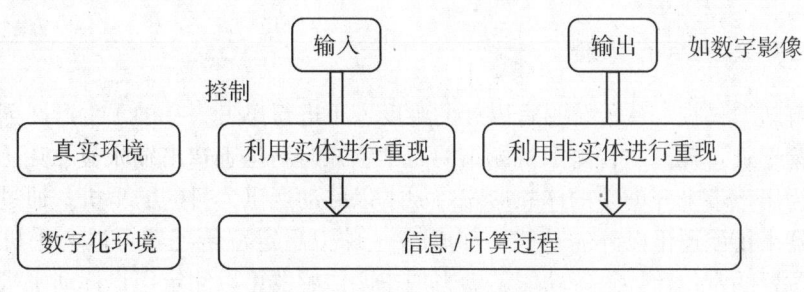

图5-3 实体用户界面系统运作方式

（资料来源：Moggridge，2006）

实体用户界面所输出的可以是实体，不过需要经过复杂的机械运动才得以呈现，因为一般物体的形状、颜色或运动等状态在真实环境中难以在短时间内被改变。这样可以针对其他的感官进行输出，可以是视觉、听觉上的影音呈现，也可以是嗅觉上的味道变化等。

这些技术已经被大量地设计并应用到了展示的场所，例如体验物理现象的科学馆、展现现代装置艺术的美术馆、推广新型汽车技术的车展。实体用户界面应用在节事体验中可以有效提升观众的参与性，制造惊喜效应。在2010年的上海世博会上，许多国家的展馆大量地使用了这个技术来吸引观众。例如，加拿大馆的数字化自行车体验（见图5-4），固定的自行车被放置到巨型的三维弧形屏幕前，随着观众踩动自行车踏板，屏幕中所播放加拿大的自然风光、人文景观影像就会根据观众骑行的速度作出相应变化,逼真的视觉效果与真实的骑行动态感应使观众犹如亲身在加拿大旅行。

图5-4 实体用户界面案例——加拿大馆的数字化自行车体验

(摄影:林嘉怡)

(三)其他感官体验

了解新型科技,从传统感官以外的维度入手进行思考,有助于生产新创意、创造新体验形式。现代的智能手机由人的力学感知与动态感知出发联合触觉、视觉与听觉,为用户带来开创性的体验形式。原本以移动通讯为目的的手机,通过添加各类传感器来扩展通讯以外的功能,如 GPS 全球卫星定位传感器可以为手机增添基于地理位置的定位、寻路等功能,动力加速度传感器可以测定用户挥动手机的方向与速度使人手的动态成为新型输入模式。在现代节事活动策划中,智能手机应用系统将成为重要组成部分,并可利用其多功能性与可扩展特性,较为完整地对应体验的五个关键阶段[1]——预期、前往现场、现场活动、回程、回忆,从而提升参与者在节事活动不同阶段的体验。

多数情况下都需要综合多种感官体验综合思考,一些类型的感知体验无法单独为参与者营造特殊的体验。例如,人对温度的感知如果没有结合视觉,温度对人可能只有冷与热的意义。人们可以通过从红至蓝至白的渐变色温度表,了解每个颜色所对应的温度以及天气状况。建筑师、室内设计师、景观设计师可以通过颜色的设计改变空间尺量、温度等维度。黑色可以将室内空间感觉压缩,白色可以将空间感觉扩大,绿色植物可以从人的视觉与心理上降低温度。节事活动的策划可以聘用灯光设计师根据色温(灯光的冷暖色调)、显色性(灯光照射在不同材质上的效果)、

---

[1] Clawson M. Land and Water for Recreation. Chicago: Rand McNally and Company, 1963.

滤光板（改变灯光颜色）等手段加强观众的空间、美学体验。

"冰熊项目"① 是 2011 年第三届"活力悉尼"节庆当中的一个单元活动（见本章第三节案例 5-1）。英国雕塑家 Mark Coreth 以北极熊冰雕的形式传达可持续发展的理念，现场还利用白色冷光低能耗 LED 进行夜晚装饰照明。北极熊冰雕逐渐自然消融，提示人们气候对环境的影响。利用人视觉上与温度上的感知，这座以冰为材质的雕塑更具说服力，传达了受到全球暖化北极冰原融化驱使北极熊濒临灭绝的情形，将环保概念直观地传递到观众脑中。

根据不同的节事活动主题，利用不同的感官进行体验设计，有时候更容易凸显细节，使观众获得新颖愉悦的感受。

第二节　空间环境营造

一、主题化的环境

在主题构想中应用"故事"元素是很常见的做法。但是在节事活动策划领域，"讲故事"显然并不局限于使用文字或语言这样的简单方式，还有更多种方式供选择，例如充分使用模拟的、刺激性的、形象化的、视觉化的有形载体来进行表达。"讲故事"也不必局限于在现场才"开讲"，还可以通过事先的宣传造势、奠定基调来完成，并且对现在的商业性节事活动来说，这样的做法往往是更为重要的营销手段之一。此外，通常使人印象深刻的主题都会讲出一个完整的故事，但是一些娱乐性或装饰性的主题却非如此。节事活动中"讲故事"的形式可以由空间环境、环境里的参与者、多媒体工具等将故事内容传递给观众，通过营造意境和气氛、呈现一连串的故事"情节"来加强对活动宗旨或者说"价值"的理解。

环境是节事活动体验设计中的关键要素之一。如何运用场地进行主题气氛营造，生成惊喜元素，使观众参与沉浸到活动中，创造丰富的、令人信服的、有吸引力的体验，这些都是策划设计团队需要全面思考的问题。策划者需要将故事的背景、角色、情节、气氛、脉络投射到空间环境，吸引观众的注意力以使之沉浸其间，犹如走进一部电影或一本书的场景布置（Mise-en-scène）中。

例如，墨西哥裔群众在巴塞罗那街区举办巡游庆祝自己故乡的传统新年，穿着自己民族的传统服装代入角色，使参与者与观众投入故事的情境（见图 5-5）。而

---

① 冰熊项目官方网站：http://www.icebearproject.org。

西班牙格拉纳达科学城展览馆展示了巨型木偶道具、制作工艺，进行现场表演，一系列的展示元素将Etcetera巨型木偶剧团台前幕后的故事串联起来，述说其长达30年的历史发展历程（见图5-6）。而在西班牙瓦伦西亚科学城的"超级英雄科学展"则结合漫画与电影元素，现场以影音及互动形式营造气氛，以趣味的形式解说科学知识，观众可以化身超级英雄人物来体验"超能力"（见图5-7）。另一个西班牙城市吉罗纳古城的居民可以参与"蓝精灵主题的周末市场"活动，每家店铺都用卡通手法进行铺面布景，销售人员扮演卡通人物角色，让顾客走进漫画世界（见图5-8）。这些元素均紧扣主题，提升了故事呈现的质量，丰富了展示内容，有效地吸引了观众的注意。以上都是故事叙述十分成功的例子，观众将体验转变成回忆的同时，自身也成为故事的一部分。

图5-5　西班牙巴塞罗那的"2013墨西哥新年巡游"

（摄影：林嘉怡）

图5-6　西班牙格拉纳达科学城内的巨型木偶剧团Etcetera 30周年展

（摄影：林嘉怡）

图5-7 西班牙瓦伦西亚科学城的"超级英雄科学展"

(摄影:林嘉怡)

图5-8 西班牙吉罗纳古城的"蓝精灵主题周末市场"

(摄影:林嘉怡)

二、品牌景观化

在节事活动中,品牌体验的目的一方面可以是展示品牌概念、商品或服务,另一方面是将某个节庆活动本身打造成为一个品牌。品牌是商品适应市场的方法,并在一个特定的名称下提供服务。一个品牌可以是一个产品、一个人、一个事件或一个标志。几乎所有的物体都可以作为一个想法或人工制品被购买、出售和品牌化。品牌是人类消费和需求的全球性文化推动,它将人们的生活方式分类,通过特定产品的购买过程分辨出顾客的喜好。品牌会在竞争过程中体现出价值,这需要长期的经验打造。

每一个品牌形象都需要先确定其主要内涵,并考虑它所涉及的产品特点及其竞争环境,需要品牌推广者保持较为开阔的视野和敏锐的嗅觉,力争在激烈的品牌竞争中占据有利地位。在当前各种设计的技术手段日新月异的条件下,体验展示设计如果应用得当,恰好能够完美地展现活动组织机构所坚持的品牌理念及其核心价值,显示其作为潜在的或实际的市场领导者的地位、独立性、多样性。

在真实的空间环境中,设计师需要考虑如何将品牌从传统上二维平面的"品牌图像"或"品牌符号"转化成为三维有体量的"品牌空间",这是一个复杂的设计过程。① 设计团队策划品牌空间最重要的任务首先是了解品牌的产品本质,在此过程中分析其核心价值、形象与文化,深入调查展示环境的特性,找到目标客户群,理解消费者,这样品牌才可以得到更好的体现,最终实现与环境的呼应(见表5-3)。

表5-3 品牌分析的主要内容

品牌本质	本质的阐述决定业务的核心与其工作性质,并发现最重要的品牌特性
品牌价值	体现出组织机构在自身发展过程中探索形成的一些道德标准、品位、气质
品牌形象	品牌发展中最重要的要素之一,以视觉呈现的手法展现组织机构的本质与价值
整体思维	在整体思维下考虑品牌形象的展现和实现
"印钞机"	每一个品牌的背后都要有增加收益的明确动机,它是品牌产生的根本动力
新奇的吸引物	很多成功的品牌都能带来令人惊喜的、额外的优惠。重要的问题在于认真思考人们使用/需要用这个品牌去干什么、实现什么目的
品牌文化	市场/顾客/使用者是谁?融入这种品牌文化当中的感受是怎样的?

(根据资料进行整理:Mesher,2010:15)

品牌转变成一个三维空间的体验所使用的术语是"brandscaping"(品牌景观化)②,它描述了一个品牌在三维空间的映射。由此,品牌概念与形象被投射到真实的、有形的空间中③。例如,利用品牌形象标志的图形或新产品的外观轮廓,将其转化并运用到商业活动现场元素的装饰中;或者使用商标中的主体颜色进行装潢展示。品牌景观化的手段使消费者在体验过品牌空间后,可以回想这个品牌和其相对应的颜色、图案、标志、声音或气味。实施这个手段需要了解潜在用户,分析会使用这个品牌的客户的生活方式:居住区域、收入、社交圈子、休闲习惯所驾驶的

---

① Locker P. Basics Interior Design:Exhibition Design. Lausanne:AVA Publishing,2011.
② Klingmann A. Brandscapes:Architecture in the Experience Economy. Cambridge,MA:MIT Press,2010.
③ Riewoldt O. Brandscaping:Worlds of Experience in Retail Design. Berlin:Birkhäuser Verlag,2002.

车型、期望得到什么等等。所有这些问题形成体验环境设计的概念基础。

在开发每个具体的场地时,品牌景观化的设计项目通常至少需要考虑如下几个方面的要素(亦可参见本书第十一章第二节相关内容):

第一,建筑的基本结构和平面布局,近期的维修改造计划。

第二,必要的设施设备,如供电配置、照明、通风等,以及地板、天花板、墙面的基本使用条件。

第三,活动本身需要用到的展示、演艺等设备的装配需求和运行条件,以及运行的成本。

第四,带有品牌元素的设计方案,如何综合利用上述条件加以落实,特别是需要考虑何种特定的视觉组合、声场效果、空间布局,有时甚至还要考虑制造特定的气味或者提供人机交互设备。

三、演绎的空间与空间体验

现代的节庆活动、艺术展示等不同类型的节事通过重新定义所利用的空间,使室内外空间全部成为了演绎的舞台。目前,举办活动场地的空间内所有的元素几乎都可以被用作展示的界面,如建筑、自然景观、硬件设备等。如今许多节事活动受场地的利用限制逐步减少,使用创新的设计理念与新型的科技手段可以转化空间、提升空间展示的利用率、深化节事体验。利用空间策划体验的核心是从观众的视角出发思考,为观众创造多感官维度的愉悦体验。

在塑造和强化空间体验方面,数字媒体与交互技术的应用已经颇为普遍,其中的核心概念或者应用手法就是制造一种"沉浸感"[1]。"沉浸感"就是要通过充分占领人们的感官,把人们带入另一个世界中。而且,近年来身体感知在重要性上已经不亚于传统上一直扮演主导角色的视觉感知。如果说传统的空间体验设计是一种"视觉设计"(visual design),即通常围绕着人们的目光平视所延伸出去的一个略显扁平化的空间来展开设计,那么当今的空间体验设计已经走向了一种"具身化设计"(embodied design),即首先考虑如何让人们拥有一种全方位的"亲身在场感"(见图5-9)。建筑学、建筑生理学、环境心理学等领域对这方面的探索比较多,像动态建筑(kinetic architecture)、多媒体建筑外立面(media façade)、交互式建筑(interactive architecture)等先锋概念[2]如今已经在建筑设计领域中被广泛使用,新型具身化、智能化的空间将满足个人、社会与环境的多元化体验需求。历届世博

---

[1] McLuhan M. Interactive Entertainment: Who Writes It? Who Reads It? Who Meeds It?. WIRED Magazine, 1995, 1 (9).

[2] Fox M, Kemp M. Interactive Architecture. Princeton: Princeton Architectural, 2009.

会与众多的科技型展览经常会利用这些手段将最新的理念与技术带到人们生活中（见图5-10、图5-11）。

图5-9　西班牙瓦伦西亚科学城中的"沉浸式体验"

（注：利用镜面反射原理与屏幕打造了一个给人全新感受的"地球"。摄影：林嘉怡）

图5-10　2010年上海世博会上的多媒体建筑外观

（注：上左、上右分别为中国台湾馆、英国馆，下两图为交互式建筑烟囱温度计。摄影：林嘉怡）

第五章 体验设计与科技手段的应用

图5-11 2010年上海世博会上的室内空间多媒体展示

（注：每项展示的屏幕演示选用了不同介质。摄影：林嘉怡）

第三节　新型多媒体与互动科技的应用

案例5-1　　　　　　　　　　"活力悉尼"（Vivid Sydney）[①]

澳大利亚悉尼市自2009年起于每年的5月到6月间举办为期3周的名为"活力悉尼"的活动。作为南半球最大型的创意、灯光与音乐节日，它用声、光、影温暖了悉尼的冬日。它以整个悉尼市中心为场地，结合城市景观、文化历史与现代装置艺术、行为艺术、音像等艺术形式对多元文化的悉尼进行城市艺术展示。"活力悉尼"每年还设定不同的主题以举办相关教育活动，更有国内外的音乐人利用不同的场地进行表演。

第一届"活力悉尼"活动吸引了20万人参与。其中标志性的事件为"点亮歌剧院"（Lighting the sails），灯光展示作品中最大型的是在悉尼歌剧院外观上的投影，展示了英国艺术家Brian Eno的作品。作为悉尼城市标志的歌剧院在夜晚披上了五彩斑斓的外衣，瞬间登上了头条新闻，吸引了当地观众的目光甚至全世界的瞩目。灯光节将夜晚的悉尼市中心装点得缤纷斑斓，整个市中心都被转化成艺术创作的画布，街道上设置了交互性的多媒体灯光雕塑装置，古建筑与后现代建筑外墙被投影上了动态艺术作品。岩石区、环形码头与麦加利街是悉尼最具代表性、最蕴含历史文化特色的街区，拥有悉尼歌剧院、海湾大桥、海事大楼、海德公园、州立图书馆、旧造币厂、圣母主教座堂等建筑。这些地标性建筑都成为展示灯光艺术的媒介。附有主题（故事）的动态影像（图像、拼贴艺术、动画）被投射在古老建筑外观上，配合音像，述说着每座建筑的历史。街道变成了"影院"，观众沿着灯光漫步路径[②]行走便可在光影中了解悉尼的历史，同时体验智能灯光装置为城市带来改变的新理念。

在靠近海湾一带的区域是最具魅力的悉尼港景观，因此活动闭幕前的最后三天（6月12—14日），在夜晚的坎贝尔湾海面上演了三场独特的以火为媒介的"水中火焰"（Firewater）演出，为观者创造充满惊喜的戏剧性场景，同时也为"活力悉尼"活动作谢幕演出。老旧的船只从黑暗的海面升起，演员们从船只中走出，讲述了1814年从伦敦驶出的流放罪犯船只"三蜂号"（Tree Bees）到达悉尼港的故事，伴随着悲乐古老帆船燃起大火并逐渐沉没。这场水与火的表演重现了"三蜂号"的真实命运（见图5-12），为观众制造了印象深刻的记忆元素。

---

① 参见"活力悉尼"官方网站：http://www.vividsydney.com/。
② 智能灯光漫步官方网站：http://www.smartlightwalks.com/artworks/smart-light-sydney.html。

第五章 体验设计与科技手段的应用

图5-13 第一届"活力悉尼"活动的"水中火焰"演出

(摄影：林嘉怡)

智能灯光研讨会在悉尼科技大学举行，主办方邀请不同领域的专业人士、创意先锋对"未来城市，城市显现，城市照明，智能建筑"这四个主题进行公开演讲，传递他们崭新的理念，并互相讨论、交换想法。

2010年举办的第二届活动的主办方为了让世界再次聚焦悉尼，邀请了美国著名摇滚乐手Lou Reed与国际知名先锋音乐人Laurie Anderson"O超人"(O Superman)，以"活力音乐秀"(Vivid Live)与视觉灯光秀等艺术展示吸引目光。"水中火焰"再次上演，故事转变为展现1797年商人Robert Campbell从印度航行到悉尼的艰难旅程。结合多媒体科技，年仅11岁的澳大利亚印度裔女孩在仿古帆船上演绎这段历史，演员在帆船桅杆上高空行走，在水幕表演中穿梭，光影、烟雾与现场音乐将观众带入这场异彩纷呈的故事旅程。此届的研讨会同样转换了主题，聚焦于全球媒体文化(X|Media|Lab)，讨论数字媒体市场以及前沿科技为创意带来的趋势变化，另外"创意悉尼"(Creative Sydney)单元活动向世界展示了悉尼的创意资源。

第三届活动启用了三维投影技术将影像更真实地还原到歌剧院帆型外观上。Fire Dace呈现了澳大利亚史上最壮观的焰火演出。互动性灯光装置艺术结合低能耗的效能传达出可持续发展的理念。当中的亮点之一为英国雕塑家Mark Coreth的北极熊冰雕，为了呼应世界环境日，"冰熊项目"[1]与三家环境保护机构[2]合作，以自然消融的北极熊冰雕提醒人们气候对环境的影响，以艺术的形式对可持续发展问题进行多维度展示。

2012年"点亮歌剧院"的活动由德国的设计团队URBANSCREEN进行数字艺术的创作，利用最新的三维投影技术将精心设计模拟的影像投射到悉尼歌剧院的帆型结构外观上。利用地标建筑作艺术展示的媒介在2013年被延伸到了悉尼海湾大

---

[1] 冰熊项目官方网站：http://www.icebearproject.org.
[2] 环境保护机构包括：WWF-Australia, 1 million women, Australian Youth Climate Coalition (AYCC).

桥。英特尔公司与本土灯光创意公司 32 Hundred Lighting 为观众提供了互动性的展示形式。通过触控屏幕控制灯光投射形式，每一个观众都可以成为艺术家，以不同形式将悉尼海湾大桥的西面点亮。

"活力悉尼"这个活动自创办以来以每年增加 10 万观众的速度扩展，2013 年更是拥有超过 80 万人次的观众数量。每届活动结合不同的主题，增添不同形态的单元活动，成为当地乃至世界最富创意的人群以灯光与音乐的形式展示才能的场所。它吸引到越来越多的居民与游客参与节事活动，传递了"创意悉尼"的信息，有力地提升了悉尼创意产业在世界范围内的影响力。

一、多媒体环境与技术

声音与影像有助于吸引与刺激观众的注意，将主题、内容等信息传递给观众，并引导观众参与其中。全息图（hologram）可投射出三维影像，三维投影可将二维的影像投射到三维的介质上，影像、视频、声音、嗅觉、灯光、材质等媒介共同作用，可以营造"沉浸"（immersion）的虚拟环境。观众对周围真实世界的感受被这个虚拟环境隔离，当观众喜悦或满足的情况下将会沉浸到这个环境中。如今这类技术已经被许多节事策划设计公司应用于品牌推广与营销中。一些庆典、派对、展览与会议结合许多元素为参与者提供了精神上或身体上"沉浸"的机会并获得某种体验。为了让目标观众看到、听到、感觉到特定的氛围，需要将播放的内容配合主题与概念进行精心设计和制作，使用得当的技术与设备进行呈现，并需要专业人员的指导，最终达到预设的效果。逼真的视觉体验与震撼的音效可以成功制造"惊喜效应"，让观众留下深刻印象。

案例 5-1 中，2012 年德国设计团队 URBANSCREEN 为"活力悉尼"节庆的标志性单元活动"点亮歌剧院"所设计投影内容的灵感来自悉尼歌剧院建筑本身（见图 5-13）。① 创意团队中的艺术指导认为，将歌剧院以视听的方式舞台化是一种富含诗意的、对建筑本身以及对建筑师约翰·伍重（Jorn Utzon）所设计的结构概念的尊重，伍重曾谈到他希望将人类情感赋予这个建筑。因此，设计团队同样将这个理念延续到投影内容的编排制作中，营造直接的表达方式。执行制作的团队有 19 人，包含艺术指导、三维设计师、音像设计师、视频内容拍摄导演、表演者、服饰设计师、记录指导、摄影师、编辑等，同时还需要技术团队提供软件、硬件支持。这些团队都在节事策划者（策展人）的指导下完成工作。三维投影需要基于被投射介质的表面形状进行内容设计，也就是说设计团体根据悉尼歌剧院的外观结构进行投影与影像内容的设计，以更为贴切的内容让观众获得视觉享受。

---

① 参考设计团队官方网站：http://www.urbanscreen.com/usc/1124.

第五章 体验设计与科技手段的应用

图5-13 URBANSCREEN 设计团队为"点亮歌剧院"制作的投影

（图片来源："活力悉尼"官方网站共享无版权相片）

同样以三维投影技术手段，澳大利亚本土的创意公司 The Spinifex Group[①] 于 2013 年配合"活力悉尼"的概念，以"玩"为主题为"点亮歌剧院"设计了投影内容，为观众呈现娱乐性十足的视听旅程。团队创意指导希望呈现城市本身的愉悦元素，使所展示的内容更加符合悉尼这个多元文化城市的特色，例如通过动画的形式展现悉尼地标性的月亮游乐场（见图 5-14），切合歌剧院的帆型外观呈现生动

图5-14 The Spinifex Group 为"点亮歌剧院"制作的投影

（图片来源："活力悉尼"官方网站共享无版权相片）

---

① 参考设计团队官方网站：http://www.spinifexgroup.com/vivid/。

有趣的动态影像。这个悉尼本土的创意设计团队拥有较多的大型投影展示的经验，该团队参加过如2008年北京奥运会、"莫斯科日"20周年纪念等活动。

在选择多媒体作为表现手段时，需要注意：

（1）展示内容的展示手法。在软件不断更新的情况下需要不断思考内容的体现形式。

（2）平衡多媒体和传统设施。硬件设施的材质和装饰技巧可以使媒体环境得到平衡。

（3）多媒体技术与展示内容不断快速更新，管理运营团队要考虑其设施的损耗因素。

最后一点应特别引起注意，并且要求策划设计师在实践中不断训练和提升技巧，这是因为多媒体设备的使用存在许多限制因素，如有时应根据不同场地的自然光线使用人工照明进行补充。一般情况下，营造"虚拟环境"的基本设备可以包括投影机、等离子屏幕、LED屏幕等，但要考虑到一些细节，如露天活动时阳光会削弱成像。节事策划团队需要深入了解场地，对阳光的移动规律进行调查，观察光线对内部空间的影响，这些细致的准备工作有助于选择最合适的设备。声音效果的控制也需要声效专家进行指导，空间之间的隔音效果对观众而言十分重要。如果缺少隔音设备，其他区域的声音将对观众造成干扰，影响观众的"沉浸"。策划者可以使用具有消音效果的间隔材质对声音范围进行控制，但也要注意一些反射性较强的表面会导致更混乱的声效。专业的声效设计团体可以为各类节事的场地提供专业的指导意见。

二、互动科技的应用

（一）交互设计特性

从个人电脑最初进入人们的生活，到作为常用的专业工作设备或者青少年喜爱的游戏机，电脑科技已经快速地改变了人们的生活。交互科技已经从早期基于屏幕的图像界面、传统的微软与苹果界面发展到多元化的移动多媒体设备与系统的应用。现代人使用技术通常有三个阶段：第一阶段是热衷阶段（enthusiast stage），人们对科技有极高的兴趣，不介意使用难度，希望拥有而进行购买；第二阶段是专业阶段（professional stage），人们经常使用电脑等科技但不进行购买，而重视拥有操作技能；第三阶段是消费者阶段（consumer stage），人们注重的不是技术本身，而是技术可以为他们带来什么。[①] 进入消费者阶段以后，技术的自觉使用是普遍性

---

① Moggridge B. Designing Interactions. Cambridge, MA: MIT Press, 2006.

的，它已经成为人们日常生活中不可缺少的一部分。

互动科技相较于传统的多媒体展示，可以为观众提供复杂的感官体验。电脑交互技术的应用可增强观众的参与程度，观众可以使用不同的输入形式主动地获取相应内容，电脑也借助其他的设备输出反馈。互动体验对观众体验的影响程度、观众对互动体验的深度、更有意义的互动体验形式等一系列问题，都引起科学家、教育家、艺术家与互动设计专家的反思。

互动科技的实用性、可达性、社交性、美感等因素影响着参与者的体验。功能性与实用性是交互设计中最重要的设计原则。电脑工程师与互动设计师发现，为人们设计合适的技术才能提高实用性。大多数成功的交互系统富有明确的含义，可以将其使用目的清晰地传递给用户。如今的交互技术不只注重其功能性的质量，也需要满足人们的审美特质、提升生活质量。

成功的交互技术可以提供让人安心的反馈（reassuring feedback）以提示用户他们做了什么以及是什么时候做的。这个反馈的效果构成了交互过程的重要部分。良好的界面导航性（navigability）为用户的操作给出引导，系统间所贯彻的一致性（consistency）与直觉的交互（intuitive interaction）方式带来简化、轻松的操作体验。遵循一定的设计指引，适宜的内容可以提升交互的质量。将电脑交互系统与设备应用于节事活动时，策划团队可以利用这些技术的特性，思考互动体验的内容、内容呈现的方式与交互体验的质量。

（二）基于硬件的互动展示

较于静态的展示形式，基于硬件的互动展示形式能为观众提供更多的亲身体验形式，参与者可以通过按压、拉动、驾驶、踏步、重量、高度、呼吸、眼球动态、语音、影像等操控方式控制数字界面或硬件设备。参与者的输入控制可以根据人的多种感官体验进行设计。这样的交互设备已经被应用到科技展示、艺术馆、博物馆、游客中心等地。例如，以手势作为输入信号的常用设备有鼠标、键盘、触控笔、触摸屏，从单点式触摸屏到多点式触摸屏（参与者可以用两只手、多个手指甚至多个人同时控制屏幕界面），甚至附带其他传感触摸器的屏幕（感应手指压力、手的运动状态等）。其他以人的身体动作或声音为输入命令的界面则需要更多的电脑编程以及硬件设备的配合使用。

在 2013 年的活动中，"沽力悉尼"对悉尼的另一地标建筑进行了互动式的展示，让观众成为艺术创作的一员，点亮悉尼海港大桥（见图 5-15）。英特尔公司与本土灯光创意公司 32 Hundred Lighting[①] 合作设计了世界上首次应用的沉浸式投影。悉尼海湾大桥的西面桥体的钢架结构作为屏幕，安装上了 100800 个可独立编

---

① 参考设计团队官方网站：http://www.32hundredlighting.com/。

程的 LED 灯，观众可以通过英特尔的互动式多点触控屏幕（可多人同时使用）控制灯光的投射形式。触摸屏被设置在位于悉尼港北部、大桥脚下的月亮公园（Luna Park）人行道，在这里每一个观众都有机会成为灯光设计师。英特尔澳大利亚公司的董事总经理凯特·伯力（Kate Burleigh）称，他很高兴见到英特尔技术为悉尼港湾大桥带来新的景象。他认为技术犹如数字化的笔刷，使界面增添许多可能性，并期待与数千名"艺术家"一起与大桥互动，这成为当年活动中最精彩的一个亮点。

另外，交互式营销和广告、交互式导购（如虚拟试衣镜）、交互式游戏等也已进入人们的视线。增强现实（Augmented Reality）技术通过三维显示技术、交互技术、多种传感技术、计算机视觉技术以及多媒体等技术，将虚拟物体与真实环境紧密结合，增强用户对真实环境的理解，打造超越现实的感官体验。这些技术可广泛用于工程设计、现代展示、医疗、军事、教育、娱乐、旅游等领域。例如，广东省"开平碉楼与村落"作为世界文化遗产，其于 2011 年建成的位于自力村碉楼群外围的游客接待中心利用增强现实技术将虚拟的碉楼模型置入游客"手中"，在真实游客中心场景中利用虚拟碉楼进行"增强"显示。游客可以操作打印有二维码的卡纸，使墙面的摄像头聚焦二维码，通过电脑运算显示相对应的虚拟碉楼三维模型。其中三个二维码分别对应显示自力村对外开放参观的三座碉楼建筑虚拟模型（见图 5-16）。

图 5-15　英特尔与 32 Hundred Lighting 合作制作的互动点亮海港大桥活动

（图片来源：活力悉尼官方网站共享无版权相片）

图 5-16 开平碉楼游客中心的增强现实技术

(摄影:林嘉怡)

(三) 基于移动通讯设备的交互活动

除了新型的展示形式,交互技术也已经被采用到活动管理的过程中。利用观众随身携带的电子移动设备,节事活动主办方可以通过新型的信息供给平台为参与者提供更便捷的服务。智能手机已经快速进入人们的生活。智能手机应用程序平台利用网络与社会化媒体(social media)加强信息传递的维度,提供更多元的沟通渠道;基于地理位置服务(location-based services)凸显移动设备位于真实环境中特定的优势,使用户获得更加便利的信息传递手段;移动式的增强现实服务多用于商业性的高端互动营销模式,使用户可以利用智能移动设备的摄像头读取二维码、三维码或平面图像内的超级链接,在屏幕上观赏、操作所展示的虚拟元素,得到现实互动的感官体验。大众、尼桑、奔驰、麦当劳、英国卫报等企业都已使用过此类的互动增强现实广告营销手段。

"活力悉尼"节庆从 2009 年第一届起就已启用数字化的导览系统为观众提供便利的服务。观众可以使用移动通讯设备上的蓝牙技术无线下载导览信息资料(见图 5-17),参与者只需要开启手机内的蓝牙功能,便可在悉尼港环形码头至天文馆山区域内的 5 个服务点自动获取智能灯光漫步路径(smart light walk)中 25 个灯光艺术装置的相关信息。2013 年,这个活动已经使智能手机应用的数字导览程序覆盖了苹果、微软、安卓系统,为观众提供了基于无线网络与地理位置供给信息的服务。灯光、音乐、创意的单元活动都以图文形式进行介绍,观众可以通过日期或关键词搜索相关活动。在现场游览过程中,观众可以开启手机中的全球卫星定位功能,根据所在位置得到地图上的路线指引,获取附近所展示的灯光装置或活动的详细信息。观众还可通过在线音频分享平台 SoundCloud[①] 下载收听主办方与澳大利亚广播公司（ABC）702 频道[②]合作提供的语音导览内容。主办方在这 5 个社交媒体网站（Facebook，Flickr，Google +，You Tube，Tumblr）上建立了活动的主页面，观众可以利用智能手机上的社会化媒体应用程序将所见所闻以图文、视频的形式分享到这些网站上。"活力悉尼"相关的活动信息以及所要表达的理念可以经由这些渠道快速传播，并且在很长时期内累积关注度、保持影响力。

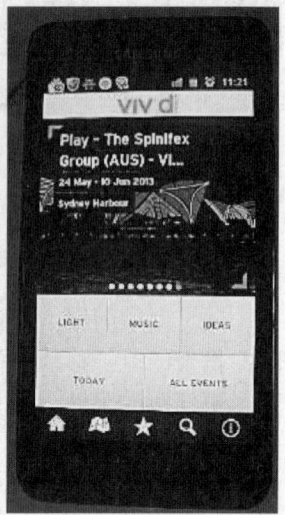

图 5-17 "活力悉尼"智能手机导览系统

（摄影：林嘉怡）

案例 5-2　　2014 年"活力悉尼"灯光艺术装置设计方案

2014 年的"活力悉尼"节庆在 2014 年 5 月 23 日—6 月 9 日举办，其主办方的官方网站上发布了节庆策划方案，对所有的单元活动以及灯光艺术装置的概念与方案进行征集，而对场地的运用相对于往届也有了进一步的提升，几乎涵盖了悉尼市中心港湾范围内的所有区域。创意方案的投稿分别包含 4 个类别：投射标志建筑（4 个）、现代建筑灯光（24 个）、历史建筑表面（13 个）、灯光雕塑与装置（形式、尺寸、数量没有限制）。而有意参加的创意团队需要在 2013 年 10 月 4 日前递交申请与详细策划方案。主办方罗列对竞选方案的评价标准为：革新、独特、设计感、声像交互、娱乐价值、创新科技的种类与应用、可持续发展的技巧与技术的使

---

① 参考设计团队官方网站：https://soundcloud.com/702abcsydney/sets/vivid-audio-guides-2013。
② 参考澳大利亚广播公司（ABC）官方网站：http://www.abc.net.au/sydney/vivid/。

用、价值感、预算可行性、呈现方式。

"活力悉尼"节庆的空间体验是全方位的，观众可以体验澳大利亚国家地标建筑——悉尼歌剧院，乘坐游船还可以全览悉尼海湾披上灯光艺术外衣的现代建筑天际线，沿悉尼市中心海湾区域的街道行进的同时感受一系列体现历史文化的地标建筑（悉尼海湾大桥、海事大楼、现代艺术博物馆、旧造币厂、大教堂、州立图书馆等），或在历史区域中穿行发现惊喜的创意灯光元素（桥洞内、移动式或互动的灯光装置）。

（资料来源：Vivid Sydney 官方网站，http://www.vividsydney.com/media-centre/）

本章小结

本章对观众体验的重要性与所涉及的理论和实现技术进行了初步介绍，并结合引导案例中的"悉尼双年展"案例进行不同体验阶段与体验范围的分析，加强读者对节事体验设计的理解。

节事体验的营造注重环境、主题、观众的参与互动等要素，艺术设计领域与管理运营过程在中间起到了十分巨大的作用。节事体验策划与设计的阶段，可以从多感官维度入手，并最终实现二种"多感知"的设计方案。多感包含了基本的五种感官（视觉、听觉、嗅觉、味觉与触觉）、力学感知、动态感知、温度感知、时间感知，甚至涉及神经系统。

本章特别分析了交互设计的特性，结合"活力悉尼"这个大型创意活动案例呈现了新科技与多媒体的作用。介绍了基于硬件的互动展示技术与基于移动式智能设备的用户体验。参与节事策划与管理的工作者可以从艺术设计、科技的视角对节事体验设计展开有创造力的思考。

思考题

1. 对一个真实的大型节事活动进行实地考察，分析其多维度的体验活动设计的得与失。
2. 搜索查询与"活力悉尼"或"悉尼双年展"类似的案例，针对体验设计的各个要素进行对比分析。
3. 尝试根据一个你所熟悉的节事活动的主题，进行初步的互动式体验设计。

第六章 现场展示设计及其技术实现

学习目标

1. 了解展示设计流程。
2. 理解空间内外部与展示内容的关联、空间与观众的联系。
3. 了解展示设计原则与技巧。

引导案例

广东丝绸参加2007年莫斯科中国国家展[①]

中国国家展（China National Exhibition in Moscow）2007年3月29日在莫斯科克洛库斯展览中心成功拉开了帷幕。这是中国自1978年改革开放以来以国家名义在境外举办的一次规模最大、规格最高的展会。以"合作共赢、和谐发展"为主题，展览设置了国家展区（见图6-1）、主题展区、地方展区、服务贸易展区和中国知名品牌产品展区，总面积约2万平方米，其中展览面积16700平方米。国家主席胡锦涛和俄罗斯总统普京共同出席、致辞并共同参观了展览，为中俄战略协作伙伴关系长期、健康、稳定发展注入新的活力。

广东省丝绸纺织集团有限公司（以下简称"广东丝绸"）除了在外围展示区域参与商品品牌展示外，还将作为商务部指定企业代表中国丝绸参加展会核心区域内国家展区中心馆的展示。这次任务要求在有限的空间内（长5米，宽1.6米，高5米）进行商品展示（中国丝绸展位在正面视频画背面）。展览设计和搭建是由商务部指定的优秀团队完成，初始阶段仅需广东丝绸提供展示样品，以及布展设计方案。因最初布展方案无法表现主题，使得第三次的方案及布展的修正才得到认可。为完成该国家展区中心馆筹备工作，2007年2月中旬商务部组织在北京展馆进行了预展，中国丝绸第一次布展效果被否定（见图6-2），要求于2月下旬提供新设计方案重新布展预审。

[①] 资料根据2013年8月对广东省丝绸纺织集团有限公司负责人的访谈记录整理。所有图片由对方提供，版权为该公司拥有，仅用于本书出版。

第六章 现场展示设计及其技术实现

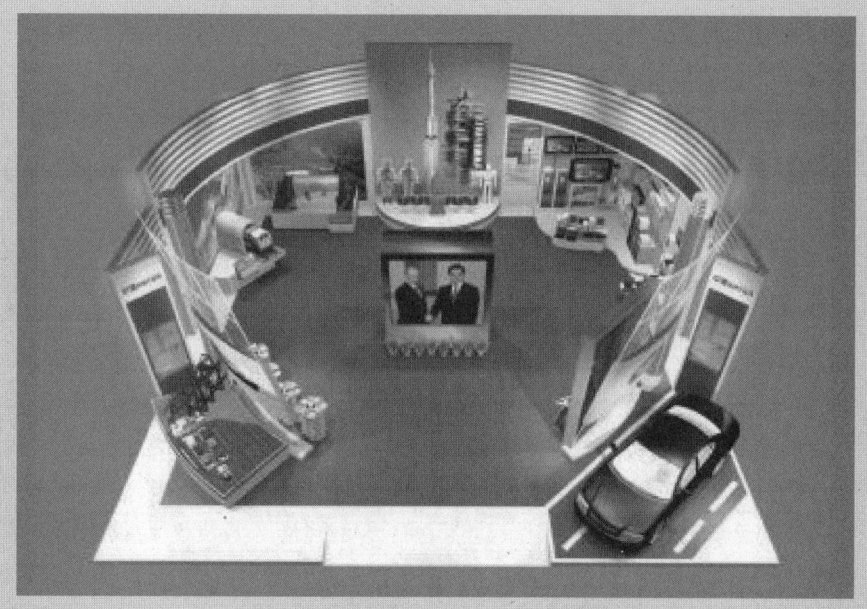

图6-1 国家展区中心展台设计方案效果

(图片来源:广东省丝绸纺织集团有限公司)

图6-2 中国丝绸展位第一次设计方案

(注:左图为方案电脑效果,右图为由专业公司根据其设计方案的实物布展,结果被预审当场否定。图片来源:广东省丝绸纺织集团有限公司)

2月的北京,寒风中夹带着雨雪刺骨的冰冷,在展馆内没有暖气和热水的寒冷情况下,预审团针对第二次的筹展提出很多不太具体的要求,并要求进一步整改(见图6-3)。但时间很紧迫,经过两次不成功经验,团队再次认真思考,围绕"中国丝绸"的核心理念撰写了文字稿:

115

图6-3　中国丝绸展位第二次设计方案

（注：左图为方案电脑效果，右图由专业公司根据其设计方案实物布展，结果也被否定。图片来源：广东省丝绸纺织集团有限公司）

中国是丝绸的故乡，中国丝绸有5000多年的悠久历史。古往今来，丝绸承载着中华文化，经过丝绸之路带灿烂的光辉流向世界，为沟通东西方经济、政治、军事和文化，促进人类的文明与进步作出了伟大的历史贡献。

丝绸产品以其天然、环保、舒适、优雅、雍容华贵著称于世，被人们誉为"纤维皇后"，历来深受广大消费者喜爱。中国是丝绸产品生产和出口大国，丝绸产量和出口量分别占世界丝绸总量的80%和60%以上，在国际丝绸市场上具有举足轻重的地位。

广东是中国丝绸四大主要产地之一，也是中国"海上丝绸之路"的发源地。广东省丝绸（集团）公司成立于1952年，是一家以生产、经营蚕茧、丝绸和纺织服装产品为主业，以贸易为龙头，集贸、工、农、科研为一体的大型企业集团，居历年中国出口企业之200强及丝绸纺织工业出口企业第1位。

广东丝绸重新思考布展方案，结合中国丝绸简介的历史文化精髓，利用展台立面背景表现丝绸之路和中国种桑、养蚕、缫丝等生产内容，并考虑增添展示样品，广泛选择了传统工艺和现代商品相结合的展品来丰富内容，特别重新组织了真丝手工刺绣、色织真丝领带、手工蜡描丝巾、珠绣旗袍、高档真丝礼服、高档丝棉被、织锦缎、提花绸、烂花绒等样品，经过大量样品的收集、筛选、整合，重新完成了第三次布展（见图6-4），方寸间要浓缩中国丝绸文化，丰富展现千古流传的中国丝绸的华美绚丽。

图6-4 中国丝绸展位第三次设计方案（最后获通过的方案）

（注：这一方案的明显特点在于增加了展台背景效果设计。图片来源：广东省丝绸纺织集团有限公司）

2007年3月6日，由商务部领导和中国对外贸易中心领导第三次审核通过后，展示样品及道具迅速空运到莫斯科进行组装布展。国家展区中心馆是体现中国国家整体实力的展区，定位于中国国家级重点项目和品牌展示，是胡锦涛主席和普京总统首先步入的重点展馆。该馆由中国航天、中国一汽、中国远洋、三峡大坝、青藏铁路、海尔、联想、广东丝绸这八大企业代表中国各领域在核心区内进行重点展示。中国国家展于2007年3月26—29日在莫斯科克洛库斯展览中心取得圆满成功。

第一节 现场展示设计原理

一、设计流程及其要点

（一）流程概说

清晰的设计流程可以引导设计团队开展每个阶段的工作，使团队工作有序完成。每个被确定的想法都是由最初的概念经过不断的反馈意见与评估才得以确立与实施的。

设计流程一般可以分为10个步骤①（见图6-5）。

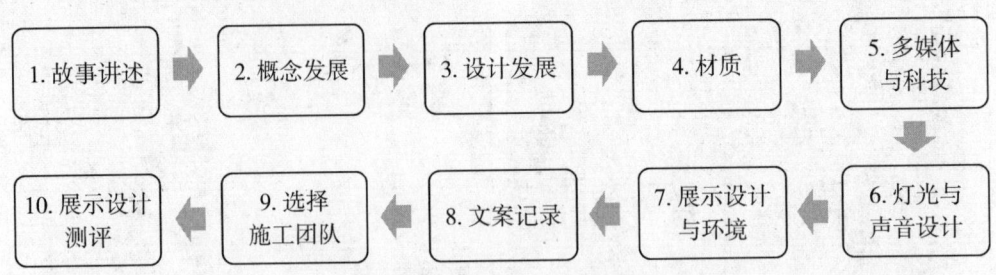

图6-5　展示设计流程与步骤

（资料来源：Lorenc, et al., 2007，有改动）

（二）各步骤要点

1. 故事讲述

展示设计团队的职责在于利用三维空间环境叙述故事，而这个故事的主题可以是一个概念、一个品牌或一个人。故事的叙述需要有清晰的故事线索，包括开头、经过、高潮与结尾，完整的故事可以更好地传递信息。而图文、影像、各类科技媒介可以作为故事的讲述者，诠释故事传递信息，刺激（provoke）、联系（relate）、启发（reveal）观众，令观众获得愉悦体验。② 如何将故事的结构转化到三维空间中，展示设计团队需要仔细考察场地，了解建筑外部景观、内部空间结构，以一定的时间、主题、体系、同时发生、协同关系、示范性、突出性等逻辑将故事元素融入到现实展示环境中。③ 建筑本身以及其外部景观需要犹如故事的背景一样，可以将观众与在这个场地所举办的展示活动建立有机联系，渲染气氛、提升主题，但要考虑到空间与预算会对故事的呈现造成一定限制。正确地讲述一个故事，还需要结合设计流程中的其他9个步骤。

2. 概念发展

在概念发展阶段，经过观察、积累信息、资料搜索与分析，设计团队从中获得灵感，对创意、设计方案范围进行开拓，协调各种意见，根据客户预算修改方案。

---

① 以下针对设计流程的内容参考书籍 Lorenc J, Skolnick L, Berger C. What is exhibition design? East Sussex, UK: RotoVision SA, 2007.
② Locker P. Basics Interior Design: Exhibition Design. Lausanne: AVA Publishing, 2011.
③ Bertron A, Schwarz U, Frey C. Designing Exhibitions: A Compendium for Architects, Designers and Museum Professionals. Berlin: Birkhäuser Verlag, 2006.

设计思考（design thinking）与视觉研究（visual research）的激发创意的形式，可以使设计团队展现想象力、敏感度、概念思维、观察与分析能力。灵感来源可以通过思考联想图（mind map）、头脑风暴（brainstorm）、定位图表（positioning diagram）、绘制草图、情绪或材料收集（mood/material board）等方法获得。[①] 团队要以不同的文字、图像、实物形式集结想法，集合尽可能多的、大范围的创意，通过筛选并提炼出最终的设计方案。

3. 设计发展

进入设计发展阶段后，团队对展示的特色与功能进一步拓展，解决视觉元素与基础硬件等问题。设计团队完成详细的项目提案，向客户呈现出细节。视觉设计元素包括绘图、自行设计、构图、颜色、物料、数据图像化等。对于硬件、装饰配件、声光影设备等，需要考虑与其互动的软件配给。构思的内容可以通过手绘草图、图样、轮廓图、场景图及模拟图或实体模型来呈现。良好的草图与制图可以展现设计师对空间的想象力，解释展示元素的功能与序列、空间布局与规划、示意场景、描述线路、标记要点与说明。为确保展示元素、环境与参与者的协调性、比例尺度，团队将进行进一步的模拟，以测试展示空间与元素的规模、颜色、灯光效果、功能等。专业设计团队将制作按比例缩小的实体模型或样本以便于评估。进入规划阶段，详细精准的平面规划图将确定展示空间内部各类元素的位置，包含区域（接待区、展示区、互动区、休息区、通道）、图文内容、多媒体设备、硬件、安装设施、灯光等；同时，还需要注意室内外的尺度，出入口、紧急通道、窗、家具配件、布景的尺度以及主题与功能的确定。[②] 完整备案各类制图可以为后续工作提供高效的支持。此时做详细的成本预算有助于项目实施，如超出预算则要对展示元素与非必要性的设备进行更换、简化或删除。设计团队与施工团队、客户共同合作寻找最佳方案以完成预设的目标。

4. 材质

材质的选取需要根据展示的定位决定，材质的使用有助于营造氛围。材料的质量影响安全系数，需要作为首要考虑因素，并根据展示性质、预算选取合适的装置、结构、装饰的材质。例如，临时性展示（如商业型展会）、巡回展览、移动式销售点等可以选取金属结构架、夹板或高密度板等短时间内可装卸的材质，石材、

[①] Ayan J. Aha! 10 Ways to Free Your Creative Spirit and Find Your Great Ideas. New York: Potter Style, 1996.

[②] Bertron A, Schwarz U, Frey C. Designing Exhibitions: A Compendium for Architects, Designers and Museum Professionals. Berlin: Birkhäuser Verlag, 2006.

玻璃、钢材等将使运输、施工、安装难度上升,难以控制预算。

5. 多媒体与科技

对多媒体与科技的应用可以从探索、叙事、游戏、数据这四个方面着手。互动性的展示、活动空间可以分为人与实体展示物品的互动、人与人的互动、人与数字化设备的互动。更多关于多媒体、数字交互科技、灯光、声效的运用可参考第五章第三节的内容。需要注意的是对硬件设备、软件技术、预算以及管理相关技术的团队支持。

6. 灯光与声音设计

灯光与声音对展示起到一定影响作用,设计团队有时需要与专业的顾问合作。灯光可以建构展示主题、凝聚气氛。设计需要根据投射的界面材质进行考虑,可以转换空间的颜色、形态、氛围,突出重点,并考虑自然关系、人工照明与多媒体设备光源间的相互关系。设计团队需要注意普通照明、应急照明、特殊照明(如对历史文物)、多媒体界面照明,因为光线强度与密度将影响整体的展示效果。现代的节事活动很多时候会采用LED等进行照明,在节约电能的同时有更便利的操作性。由于LED发光二极管可以由电路板控制,可以单独发光着色,也可以矩阵式呈现动态光效形成影像。但是需要注意强烈光源对人眼造成危害的问题,在一些国家或地区使用高强度镭射光将触犯法律。成功的灯光设计可以有效吸引、引导观众。

声音包含音乐、声效、旁白、环境噪音等,是一个在展示设计中容易被忽视的元素。其实,声音如灯光一样可以起到营造气氛的功效。例如,声音在电影中同影像一样共同为叙事服务,失去背景音的恐怖电影将失去一半的惊吓效果;在嘈杂的密闭环境中,人对空间尺寸的感知将被压缩;声音在空旷环境与密闭空间中的传递效果是不一样的,在不同介质上的反射程度不一致;不同的发声装置(如音箱)也将生成特殊的声音。一般情况下,展示分区需要一定的安静区域。

7. 展示设计与环境

可持续发展的观念已经被带入许多节事活动中。展示设计团队可以建议客户降低能源的消耗,节约水、电等能源;在选取材料上,减少使用不可循环、有毒化学性材质来构建展示环境。这样有可能会对预算带来一定压力,但是绿色环保的观念可以在一定程度上提升客户的形象。

8. 文案记录

对项目的记录有助于所有相关的工作团队了解项目的每一个环节,从概念发展到设计发展、施工等阶段都可加强团队间的沟通与理解,以利于管理项目进程,如概念记录、设计意图记录、工程文件记录（施工图、展示样品、模型等）。一些大型复杂的项目拥有一定数量的单元式展示空间，因此技术上的文件可以设立一套标准，衡量所有设计元素是否符合预设的规定。完整的存档文件记录可以在遇到纠纷问题时作为有效证据以解决分歧。

9. 选择施工团队

选择合适的施工方（建筑团队或搭建团队）并与之合作。双方的沟通与理解可以为项目的呈现打下良好的基础。在选取施工方时需要查看对方以往所完成的项目、专业特长领域、对新媒体与技术的掌握程度等相关背景资料，考虑其是否符合需求。专业施工团队将根据确定的平面图制作施工图，标注包含电源线路、建筑结构等数据的更加详尽的信息，以便执行实施建设与安装等工作。

10. 展示设计测评

测试与评估应始终贯穿项目的过程。对前期的概念测试可以通过模拟情景、样品测试等方式验证其是否能对目标观众群体起到预期的效果，客户与设计团队中的成员可根据以往经验给出建议，也可采取角色扮演的方式代入对应的测试情景。对大型、复杂、高科技含量的展示，因无法花费大量预算建立真实比例的展示元素进行实境评估，转而建立缩小模型或虚拟模型，也有助于对艺术效果、功能性等进行评估。后期与总体评估阶段，可以邀请客户、不同领域的专家以及观众进行实际测试，参与到现场展示环境中，收集客观以及综合性的反馈意见，以便及时作出修正。

二、目标观众划分

了解观众的属性是为了将展示信息贴切地传递给他们，并营造丰富的、令人信服的、有吸引力的体验环境。目标观众群可以划分为单独个人、情侣、家庭、国内外游客、专业观众、学生团体、儿童等单位，但是实际上每位观众都有不同的经历、文化背景、性别、年龄、才能和理解方式。其中的某些因素将影响他们对展示内容、环境的理解程度与接受程度，因此设计团队在开展项目的初期必须对目标观众群体进行实际分析，包括参观动机、期望、身体与心理的影响等因素。

例如，专家类型观众对所在领域具有深入的认识，他们在展示环境中通常会对未知的、深层的数据信息更感兴趣，可能使用互动屏幕或在线查询系统以更加便利地获取信息；常规性的观众兴趣广泛，熟悉展示空间逻辑，能够融入各种展示形式；探索型的观众更需要指引性、标识性的引导信息来引导他们进入展示的空间获取信息；定向型的观众会寻找他们感兴趣的事物，因此设计大量的活动可以为其提供多样性的选择。① 有意思的是，美国人甚至制定了一套《观众权力法案》(*The Visitor Bill of Rights*)②。

(1) 舒适："满足我们的基本需要。"
(2) 指引："让我很容易找到周围的通道。"
(3) 欢迎/归属感："让我感到是受欢迎的。"
(4) 享受："我希望能够快快乐乐的。"
(5) 社交："我希望能够与家人和朋友一起度过时光。"
(6) 接受："接受我和我所知道的。"
(7) 交流："帮助我理解并且让我交流。"
(8) 学习："我需要学习新知识。"
(9) 选择和限定："让我选择；给我一些限定因素。"
(10) 挑战和自信："给我一些挑战，我知道我可以应付。"
(11) 新生："帮我重新振作，重新恢复活力。"

此外，我们还可以从学习类型的角度来划分观众。根据一项研究调查发现，人们获取记忆的方式包含：10%来自阅读；20%来自观看；50%来自听觉；90%来自行为。③ 展示形式分别对应三种类别（视觉、听觉与动感）的观众的学习方式进行设计（见表6-1）。

表6-1 观众学习类型列表

观众学习类型	吸引与刺激的方式
视觉类	视觉性较强的图片、影像、三维立体物体、非专业性解释性文字与技术数据（图标、时间表、流程图等）
听觉类	语音导览、旁白、声音交流（讨论、座谈会）、演讲
动态感应类	身体动态实践（交互性强，触感类型多样）

（资料来源：Hughes, 2010）

此外，以儿童作为目标观众群体需要更有针对性的设计，以获取乐趣为导向。对图像、语言解释描述的选择应避免成人的观点；展示环境的颜色、设施的材质、硬件的高度尺寸等都需要列入研究范围。根据儿童认知阶段变化的年龄层（如5~7岁、8~11岁、12~15岁）划分区域或设置专门的学习渠道，这是大部分儿童博物馆、科学馆等场地常用的手段。

---

① Hughes P. Exhibition Design. London：Laurence King, 2010.
② Black G. The Engaging Museum：Developing Museums for Visitor Involvement. London：Routledge, 2005.
③ Locker P. Basics Interior Design：Exhibition Design. Lausanne：AVA Publishing, 2011.

三、通用设计

通用设计（universal design）也称为无障碍设计，其所设计的物品或环境不需要改变便可以适应大范围的用户。可达性（accessibility）意味着便于不同能力的人群的使用，最早特别面向于残障人士逐渐发展成为适用于每个人的设计。可达性具有感知性（perceptibility）、操作性（operability）、简易性（simplicity）与纠错性（forgiveness）四个特点。[①]

1. 感知性

尽管每个人的多维度感知能力具有不同的灵敏性，但从感知性的角度通常可以提升人对设计的理解，因此在展示设计环境中均可以采用重复编码的手法，以文字、图像、声音、触觉来综合性地、有效地诠释某种信息。以视觉对信息的捕捉习惯为例，信息呈现的位置要考虑对应使用者站立与坐下的视觉高度，这里涉及人体工程学的领域。[②] 综合成人、儿童站姿与坐姿得出人们视觉范围高度差主要集中的区域，因此在展示信息墙的内容排版上，通常把主要文字叙述集中在距离地面90～180厘米的范围内。

2. 操作性

高度的操作性可以减少人的身体状况差异对使用造成的影响。减少重复操作、体力消耗、降低操作难度等方法意味需要兼容性较高的系统与硬件，如公共空间中的无障碍设计——在楼梯旁设置坡道或加设电梯、扶手梯设备，以便乘坐轮椅的肢体残障人士、老年人、婴儿推车通行。

3. 简易性

设计的简易性可以适应不同经历、文化背景、性别、年龄、才能和理解方式的使用者。化繁为简的操作步骤（如亚马逊网站的一键式购物专利）、清晰简洁的界面排版、带有提示的指引性操作、简短精练的文字叙述都可以提升简化程度。

4. 纠错性

纠错性可降低错误操作所带来的风险。计算机操作界面提示防止错误发生的弹

---

① Lidwell W, Holden K, Butler J. Universal Principles of Design. Gloucester, MA: Rockport Publishers, 2003.

② 人体工程学的概念由 Henry Dreyfuss 于 1960 年在 *The Measure of Man* 一书中提出，相关信息可以从 *The New Metric Handbook* 一书中获得。

出信息、撤销功能、安全系统，建筑空间中环境标志系统，这些都为人们更改、反悔、应付错误操作或疏漏等意外情况提供了回旋余地。

案例6-1　　巡回展览"气候变化：我们的未来，我们的选择"

巡回性展览对设计有更多的考量因素，设计团队需要更全面地思考各个策展环节，将不必要的元素简化，提升布展的灵活性以适应不同环境或情况。巡展需要定时变换展示场地，因此需要考虑安全、运输与保险的问题；要考虑展示内容、结构或照明是否可以更改，以及是否有提供相应服务的团队；如果是世界性巡展，则要考虑各类语言文字的需求、各地文化与宗教是否能够接受展示中的内容及元素（颜色、装饰图案等）。简易性与灵活性将主导巡回展览的设计。巡回展览"气候变化：我们的未来，我们的选择"（Climate Change：Our Future，Our Choice）利用了很多多媒体设备进行展示（见图6-6），模拟各类环境受到破坏后未来人类生活的变化。展览预算偏重软件以及数字化视觉界面的设计，一些互动环节所需如投影机、摄像机的硬件设备可以由租借形式获得，这样可以降低运输途中的风险。展示中的间隔墙体利用了可再生的纸板进行制作，节约建筑材料并降低了运输成本。

图6-6　巡回展览"气候变化：我们的未来，我们的选择"

（摄影：林嘉怡）

第二节 场地空间的内外部组织

一、场地与外部环境的联系

节事活动的场地可以是一个城市、一个区域、一个公园、一栋楼房、一个楼层、一个展览场馆、场馆中的一个展位或是一个舞台。策划者利用场地进行展示,将空间转化为叙事的环境。因此,展示设计团队需要对场地有深入的了解与分析,联想周围环境与展示内容的关系(见表6-2)。在一些特定的环境中,如何平衡节事体验与容纳节事体验的空间之间的关系将是策划、设计团队所面临的一大挑战。

表6-2 展示场地属性与分析要点

场地性质	分析外部环境对展示地点的影响
永久性展示场地	观众进入展示场地的路线;周围地形;观众视线范围;自然条件(阳光照射角度变化、风向)
临时性展示场地	商业性展览展位与场馆入口、通道、走廊、立柱的位置关系;参展商手册中罗列的限制性条例(展位结构限制高度、电压等)
开放性展示场地	周围环境、景观;自然光线;透视效果
封闭式展示场地	人工照明强度;温度;湿度;光线充足的休息区;出入口设置

(资料来源:Hughes,2010)

无论是永久性、临时性还是开放性、封闭性的展示场地,在考虑其与外部环境的联系时,都需要运用扩散性思维模式,以场地为圆心对其辐射的周边进行关联分析。一些外部限制性因素可能会对展示场地内部造成一定影响,这些因素需要根据场地的属性而定。例如,室外自然环境、展品运输进入场地的限制、地板承重、多媒体所需特殊储藏空间等。详细的平面图、立面图、截面图纸可以用来计算展示实用面积、窗户、夹层、出入口、通道、内部楼梯及电梯的位置与尺寸。展示策划与设计团队除了可以通过技术性图纸了解场地细节外,同时需要对场地进行实地考察或测量。通过对现场的观测,从观众的角度思考问题,如观众到达参观场地的过程(从公共交通、停车场到达现场的过程)、场地外观(建筑外观)与内部展示的叙事性甚至排队等待区域等外部环境,都将关系到体验的设计。但是,根据由内至外进行展示设计的原则,内部的展示依然是核心要素,其外部环境可以通过设计手段进行优化。例如,西班牙马德里的 Caixa Forum 文化中心,以后现代附有植物外墙的绿色建筑结合历史建筑，凸显其建筑内部展览内容与其革新的建筑外观概念的一致，体现各领域的先锋理念（见图6-7）。

图6-7　西班牙马德里Caixa Forum文化中心
（摄影：林嘉怡）

二、空间内部运用

场地的运用通常会遇到的情况是在已经完成的建筑或设计的空间中根据节事活动主题加入展示元素。另外一种情况是展示内容元素影响空间营造的过程，例如世博会国家馆或城市馆这样的大型展示，建筑空间在设计过程中需要结合展示的内容进行考量。在现有建筑空间内进行展示设计，需要考虑展示元素及内容与空间的相互作用，根据空间的属性确定展示的方法与功能，注意其形式、尺寸、材料对空间功能的影响，考虑建筑固有的结构对空间运用的限制。[1] 现代大型的商业展示展馆是根据现代会展需求进行建筑设计，因此这类展示空间的局限性较小。相比之下，以古建筑或一些由著名建筑师设计概念主导的博物馆建筑作为展示或活动场地时，展示设计团队必须对其建筑的主要特点与属性进行深入分析，如建筑结构、环游方向、是否需要利用和展现其本身的历史特点或突出其历史风格特色。任何性质的建筑的内部空间使用，都应深入地理解其场地原有用途与节事活动的空间需要及其导致的必要更改，使用者的需求将决定空间运用及内部元素设计。

某些情况下，由于建筑空间结构对空间内部运用造成极大限制，空间本身属性的功能性被转移。例如，由20世纪最著名的建筑师弗兰克·劳埃德·赖特所设计的美国纽约古根海姆博物馆，以其螺旋线结构闻名，但是其内部回旋上升式的空间却为布展带来巨大挑战，策展人需要在倾斜上升的步行空间中设计参观体验。位于西班牙毕尔巴鄂的古根海姆博物馆由著名建筑师弗兰克·盖里所设计，其无垂直线

---

[1] Brooker G, Stone S. What is Interior Design? Gloucester, MA: Rockport Publishers, 2010.

条的墙壁同样为布展造成了一定难度，以致长久以来其建筑设计本身而非内部的展品成为吸引目光的主要内容。现代主义建筑大师路德维希·密斯·凡·德·罗为1929 年西班牙巴塞罗那世博会设计的德国馆（1986 年在原址重建），通过当时的新建筑材料钢铁、玻璃结合大理石的运用建造了开放式的流通空间，以"少即是多"的理念体现空间简洁之美。多数游客到来的目的是为了参观这座建筑，但是一些临时举办的展览内容却能巧妙地融入这个小型的空间中，因为聪明的策展人选取了局部的建筑空间进行展示，例如充分利用水池的区域。

展示设计师的另外一个任务是将分散的展示空间利用空间叙事手段建立联系，利用相似的表现形式显示一致性，突出主题。例如，从建筑空间结构入手，可以考虑对地面、墙壁、天花板或立柱等元素进行装饰，增加其连贯性或显示其差异性，为观众提供感官线索（见图 6-8）。这类线索可以是注重风格与外观统一以满足多数人在审美上的一致性，强调辨认程度，建立感情联结。例如，在地面附上引导线进行指引或采用连续性的展示信息墙。另一方面，这类线索也可以使功能与意义一致，例如为展示主题专门设计符合风格的墙体结构与展柜等展示结构架，或是加设引导参观的步行道。例如，为庆祝奥地利独立 50 周年（2005 年），德国设计团队 ART + COM① 在以"新奥地利"（The New Austria）为主题的展览中以奥地利国旗作为线索，结合最新的多媒体科技展示手段，将奥地利百年历史呈现于观众眼前。该团队将国旗延伸设计为穿梭于维也纳的美景宫之中的缎带，这条红白相隔的缎带作为装饰在视觉上引导参观者，在不同的间隔空间中演变成可触摸的桌面界面、立面实体数据表格、地面与悬挂吊顶装饰，诉说着这个国家的历史。进行内部空间的改造时需要注意是否得到业主或管理部门的批准，特别是利用古建筑、文化遗产作为展示空间时需要注意改变其内部环境是否得到文物保护机构、消防部门等相关机构的许可。

图 6-8 巡回展览"气候变化：我们的未来，我们的选择"的装饰
（摄影：林嘉怡）

---

① Sauter J, Jaschko S, Ängesleva J. Art + Com: Media Spaces and Installations. Berlin: Gelstalten Verlag, 2011.

一般情况下，常规性的展示空间如商业性展览馆、美术馆、博物馆、工业遗址等都附有展览指引手册，为使用场地者提供详细的指引，列明限制性条例，包括展台高度、使用材料、灯光设置、紧急通道、人流控制等。场地供给方以安全性为准则为使用者作出指引，确保设计、施工团队按照要求完成现场布置，管理团队提升现场控制监管，同时使参观者获得美好体验。

外部环境与内部展示空间之间的联结，或内部空间区域间的联结，都可以由信息设计和呈示的手段完成。指示牌、地图、引导路径等方式可为观众提供方位指引，提示观众所处位置与他们需要前往的场所的所在位置。在公共空间中，这类信息提示具有指引功能，还可以在商业营销中提升品牌效应。

三、展示方法与参观路线设计

（一）展示方法

节事活动可能涉及大型场地的运用，需要利用创造、平衡、取舍等手段进行展示。无论场地大小，我们都可以对所运用的空间进行分区、对所展示的元素进行分类，分类可以遵循时间、主题、体系、协同关系、示范性、突出性等逻辑关系。在商业展示上，展示会按照商品的类别、品牌、功能、属性进行区分。例如，服饰的展示会以制衣的布料如真丝、纯棉、麻、化纤等作为分区的依据，或者以颜色进行排列；家具会按照其功能属性分区，如座椅、桌子、寝具等，或者由所属家居空间陈设，如厨房、洗手间、客厅等。分类方法作为故事叙述的形式，通常会影响观众体验，需要设计团队与客户一起分析与测试观众对此的理解程度。

"五帽架（LATCH）[①] 法则"的信息组织方式包含地点、字母顺序、时间、类别、等级。在展示空间中对信息与展品的常见组织形式有：遵循时间顺序的方法，由年份、日期或时间作为叙事手段，直观的表达方式有利于观众的理解，但是需要避免采用单一的、特定的、僵硬的线性逻辑，减少对观众参观方式的限制；利用地理位置或空间划分信息；进行对比信息，按照重要性连续排列结果；以主题类别进行区分的方式是较为开放自由的形式，将物品、想法以相似性与相关性组合呈现，主题分区对于空间均等没有严苛的要求，可以根据叙事手段将空间或观众停留时间重点地突出；以示范性的方式可以强调重点，在范围较大的空间内有效吸引观众注意。

---

① Five Hat Racks（LATCH 代表五种信息组织的方法的单词缩写：Location, Alphabetic, Time, Continuum, Hierarchy）参考 Wurman R S. Information Anxiety. New York：Bantam Books, 1990.

(二) 参观路线设计

利用大型空间进行展示的节事活动可以综合使用线路的划分方式（见表6-3），在不同区域内分别设计参观路线，这样可以使参观活动体验更加丰富及多元化，也有利于对人流量的控制，减少管理监控的难度。在规划循环路线时，还需要考虑不同观众的需求，例如快速通道路线满足在限制性时间内参观的观众需求，为残障人士设计结合升降电梯及手扶电梯的参观路线。

表6-3 划分线路方式与图示

线路划分类别	说明	图示
单一式	观众根据预设的单一路线有顺序地进行参观体验。常用于详细知识性、科学性的解说活动，例如从简单影像的初步了解到逐步深入的技术理解。在小型空间展示中不适合采用此方法，需要注意人流量的控制	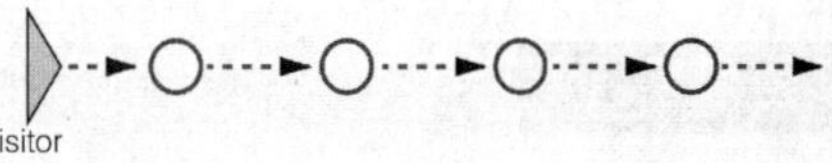
多样式	观众拥有自主性，根据喜好自由选择参观内容的顺序。有利于缓解人流量。需要清晰的信息与方向指引	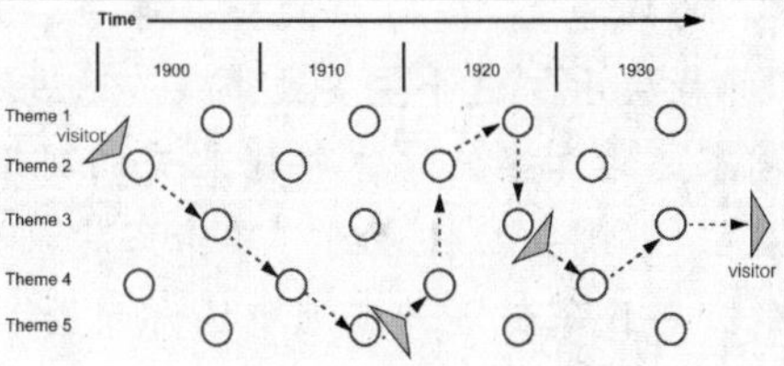
辐射式	观众由圆心向外顺序参观，展示物品或元素数量会随着圆周长范围扩大而增加。此种方式利用率极低	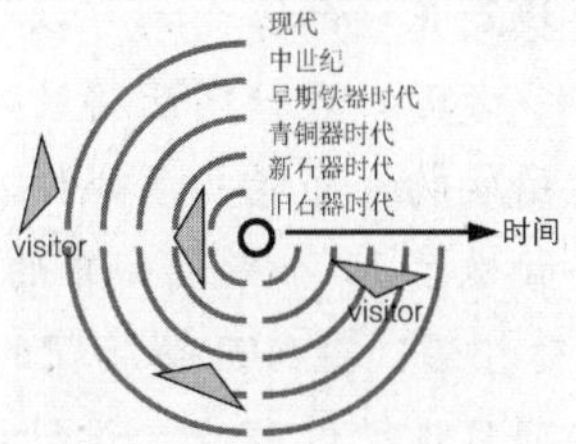
星状	通过主次差异的方式突出重要展品或元素，居中或比例较大的展品易于吸引观众的注意	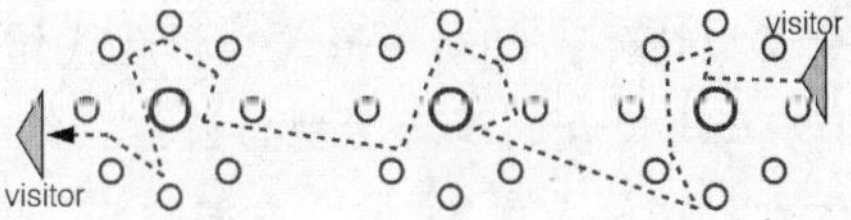
扇型	在小范围内为观众提供丰富的展示元素，使观众在短时间内一览全局。适用于商业贸易型展会	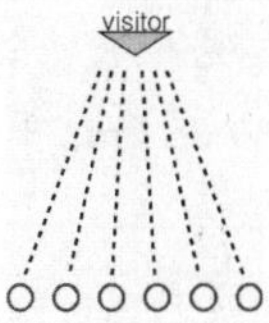

续表6-3

线路划分类别	说明	图示
相似区域	将具有微妙相似性的展品放到相邻的位置上,有助于观众直接对比、发掘内在联系,继续按照此逻辑参观展品	
地图定位	以地图、地理位置、方向为核心的展示方法,将信息或展品插入地理信息,以直观的方式引导观众	

(资料来源:Hughes,2010)

案例6-2　　2010年上海世博会城市人馆

2007年荷兰设计公司Kossmann通过竞赛赢得了上海世博会五个主题馆之一的城市人馆[①]的体验设计项目。设计团队以城市中人的需求与发展为主要线索,讲述"人的故事"。在荷兰的社会学家、历史学家与电影制作者的共同努力下确定了"寻找快乐"这个主要故事线。通过跟踪拍摄,挖掘世界五大洲6个城市中6个不同家庭的真实故事,包括北美洲凤凰城的"核心家庭"、欧洲鹿特丹的"独身家庭"、非洲瓦拉杜古的"单亲家庭"、南美洲圣保罗的"空巢家庭"、大洋洲墨尔本的"移民家庭"与亚洲中国郑州的"四世同堂",反映了即使生活方式各不相同,但只要找到正确的方向都可以得到幸福的生活。

另一方面,设计团队将故事元素嵌入五个展区:家庭、工作、交往、学习和健康,运用实物、布景与多媒体(墙体屏幕、投影天幕、维幕电影等)形式相结合的手法营造了11个不同城市的景观。观众可以体验不同城市人各自的需求,与这6个家庭相遇,最终理解展览的主题"人们留在城市,是为了更好地生活"。

在项目设计过程中,设计团队使用了Incontrol Simulation Solutions公司的人流量模拟软件,以动态形式分析展览馆内的人流量变化。这个模拟有助于对预计每日4万人次观众的现场管理与监控。结合场馆三维模型空间尺寸(实际面积15000平方米,建筑高度22米,内部结构2层),通过对一系列参数变化的设定(总参观人数、馆内参观人数、馆外等待人数、预计通行时间、平均通行时间、平均等待时间),软件可以在场馆平面图上将数据视觉化,最终测算出最佳通行线路与人均通

---

① 城市人馆网站:http://www.expo2010.cn/c/dq_tpl_2094.htm。

行时间为45分钟。

（资料来源：Kossmann，2010）

第三节　展示设计与制图技术

一、平面设计

  平面设计以视觉艺术的手段有目的地将信息传达给观众。在展示设计的过程中，设计团队进行平面设计所涉及的元素包含图像、字体、标识、符号、信息等。其传递信息的渠道有印刷品、邮件、信息设计、包装设计、数字化界面设计与环境设计。技术与工具在平面设计流程的不同阶段为设计师提供多种媒介的辅助。基本工具的应用可以包含传统的绘图工具乃至现代的数字化绘图软件技术，两者都为设计工作提供灵活的设计途径。如今大多数应用在展示空间中的平面设计作品都由设计师通过制图软件完成。专业的平面设计师可以熟练操作一系列软件进行数字制图，例如Adobe软件公司专门为平面设计出版的一系列软件：Photoshop用于图片编辑，Illustration用于绘制矢量插图，Lightroom用于辅助调整光线色彩，AffterEffect用于添加特殊视觉效果，Indesign用于排版。

  图片相较于文字容易获得人们的识别与回忆[1]，图片的优势效应[2]在众多专业领域已经被广泛使用。图片与文字共同作用，可以得到事半功倍的效果。人们在有限的时间内接收信息，图片的优势更加显著。在展示环境设计中利用此效应，可以在图文信息协调统一的情况下提升观众的辨识能力，加深观众的印象，以达到有效的信息传递与沟通作用。图文信息的排版可以参考不同的构图技巧，例如来源于文艺复兴时期的三分定律[3]，利用九宫网格创造赏心悦目的不对称结构图；始于自然界的黄金比例；使用元素之间视觉对等的形式，体现对称美感；增加整体性，按照某一中心对齐排列，一般以人的阅读习惯入手，从左至右，从上至下。

  颜色作为平面设计中十分重要的元素，用途广泛，具有吸引观者注意、表达延伸含义、增强美感等作用。展示设计师需要注意颜色的使用技巧：控制在一定区域

---

[1] Lidwell W, Holden K, Butler J. Universal Principles of Design. Gloucester, MA: Rockport Publishers, 2003.

[2] Paivio A, Rogers T B, Padric C S. Why Are Pictures Easier to Recall than Words. Pictorial Superiority Effect, 1968, 11（4）：137～138.

[3] Goldstein N. Design and Composition. 2nd edition. Upper Sadle River, NJ: Prentice-Hall, 1997.

范围内使用颜色的数量；利用色环选取颜色组合，如单色、互补色、相似色、分散的互补色、三色系、四色系等。[①] 配色方案的应用影响整体的设计风格，在一些软件中附带配色方案，用户可参考选取使用；色相、饱和度、亮度、对比度都是影响颜色变化的关键参数，需要专业的细微调整。为了解决观众的视觉疲劳，设计师需要考虑调整这些参数。与小型印刷品不一样，在真实环境空间中大范围使用颜色需要进行实际情况分析，因为观众无法从空间中瞬间转移。一些心理学上的研究发现颜色对人的情绪会造成影响[②]，颜色在不同文化中会表达不同意义。因此，国际性的节事活动中的视觉设计元素需要注意避免因为颜色的使用而引起文化上的冲突。

颜色需要通过打印、喷漆等方式对某种介质上色。使用计算机进行数字化制图，每种颜色可以用固定的6位数值与字母字符串进行表示，由于屏幕、打印机存在色差问题，因此需要在打印调色前获取参考依据。Pantone 公司出版的颜色样板卡可以为数字化制图的颜色选择（CMYK）提供实际的参考，不同介质（如金属、纺织品、木材等）在上色后出现的色差变化都可以在色板中得到参考。

节事活动中，展台或舞台背景、展板、信息标注、印刷广告、网站页面、现场标志牌、指示牌等都需要平面设计团体共同创造和呈现。图片与颜色需要注意以上所提及的设计技巧，文字的叙述需要注重可读性，如字词的使用、句长、段落长度、标点符号等因素都将影响观众对内容的理解程度。平面设计中的元素排版布局需要与实际应用空间相连接，注意图片文字与所在空间的比例尺、与不同距离观众的比例尺、清晰程度等影响观众阅读的易读性因素。

二、三维制图

三维制图在设计过程中作为辅助手段用于制作设计元素，模拟视觉效果。展示设计项目中，只有基于设计前期的概念创意、现场考察、测量、手绘草图、平面图、实体模型，设计团队才能利用三维制图的方式进行虚拟空间构图。在这个过程中，设计团队需要不断与客户沟通并逐步改进方案，使三维制图有效表达协商成果。如果忽略手绘草图的重要性直接进入平面、三维制图的步骤，将导致一系列问题产生。因为草图中蕴含细节与创意想法，只有经过双方有针对性的讨论，才能够选取最佳方案绘制平面图和实体模型。针对平面图与实体模型，设计团队可以对展示空间中的元素布局进行验证，验证展示元素与室内空间、建筑空间、城市空间的比例，测试观众人流量、参观线路、观众停留时间对整体人流量的影响，对整体参观时间、观众参观过程的舒适度以及各项安全的影响因素进行可行性分析，作出调

---

① Harris P, Ambrose G. The Fundamentals of Graphic Design. Lausanne：AVA Publishing SA，2009.
② Walker M. The Power of Color. Lausanne：Avery Publishing，1991.

整后，确定方案，使用三维制图呈现最终效果（见图6-9）。

图6-9 三维图例（综合贸易展某服装出口公司展位设计概念图）
（资料来源：林嘉怡）

由于正交投射视图（正面、侧面、立面、截面）图纸对呈现三维空间有一定限制，因此需要运用三维模拟的手段多维度阐释空间。透视图可以模拟使用者在特定的视角观察空间，水平视角高度将保持与正常人体身高一致。使用单点、两点或三点透视的手法可显示空间的深度。单点透视图用作室内绘图，两点透视图展示建筑在空间中的关系，三点透视图用于呈现大型建筑与周围环境的关系。均角投影图（45°角）可以展示空间内部与外部的细节，对较为复杂的空间概念进行解说。等角图（30°角）用比较容易让人理解的方法展示三维空间，可以将空间分解进行解说。在三维模型中添加颜色、材质与阴影有利于提升对空间的理解。另外，线框结构图、截面透视图等方式可以进一步加深对空间的理解。利用拼贴或蒙太奇的手法虚拟三维影像与实景照片融合，可模拟出逼真的场景效果。在三维制图软件的帮助下，可以对三维模型进行穿越式的模拟游览，最终制成连续性的动态影像，模拟人在所设计空间中的视觉体验。三维制图软件可以参考 CAD、3Dmax、Solidworks、SketchUp 等。

三维制图可以将展示设计应用元素与空间进行细节展现。设计团队利用这些三维制图将信息更有效地以完整的视觉形式传达给客户，达成良好沟通，以便项目顺利进行。这些技术制图的最终呈现还需要考虑演示解说的逻辑顺序，精心的布局排版加以文字叙述可以将客户代入虚拟的现场，模拟体验设计空间中的元素。节事活动根据类型与主题的差异选取不同的场地或应用特殊的空间，在设计过程中有可能需要专业团队的协助，如建筑设计、景观设计、室内设计等。

---- 本章小结 ----

本章从展示设计的领域对节事活动的现场设计与价值呈现进行方法与原理的介绍。希望节事管理运营团队与艺术设计团队之间加强相互了解，提升节事价值。

引导案例体现了本章关注的所有设计流程中的细节问题，需要在读完本章所有内容后进行案例回顾分析。

展示设计流程、步骤和所对应的细节与注意事项紧密相连，其对展示质量有重要的影响。节事活动领域需要注重对目标观众的划分，可以结合观众的学习类型进行更为贴切的体验设计。突出通用设计概念在各个设计领域的重要性。

关注举办节事所使用的空间，理解内部与外部空间组织的关系，建筑与内容对场地使用、展示方式造成的影响。结合案例了解信息与元素的展示方式，参观路线的设计需要遵循一定的逻辑。

---- 思考题 ----

1. 根据展示设计流程，模拟设计策划一次展示活动。
2. 实地考察一个商业型或教育型展览，分析其使用的展示方式、逻辑与策略。
3. 实地考察一个大型节事活动，观察其观众路线设计，分析思考中间出现的问题，并提出有效建议。

管　理

第七章 节事活动运营管理概述

学习目标

1. 了解节事活动运营管理的基本理论与概念。
2. 理解节事活动运营管理的基本模式与步骤。
3. 学会建立节事目标与环境分析,并作出相应的战略选择。
4. 明确节事活动的利益相关者。
5. 了解方案可行性分析的基本框架。

> **引导案例**
>
> 日本北海道的札幌雪节(Sapporo Snow Festival)是世界上最著名的冰雪节之一,是当地的特色传统节日。该活动始于1950年,在每年2月的第一个星期举行,为期5天,每年吸引来自全世界各地200多万的冰雪艺术家、冰雪活动的爱好者、世界各国游客前来相聚盛会。日本札幌雪节活动内容比较丰富,主要包括雪雕景区、滑雪场、国际雪雕比赛、文化展览及艺术表演等,活动会场主要由大通公园主会场、薄野及Tsudomu分会场三部分组成。
>
> 札幌雪节利用自身的自然优势和对外交流优势,最大限度实现了通过冰雪旅游、冰雪文化拉动经济、贸易交流,搭建旅游和会展经济平台的多重目的,也使社会价值得到空前的扩大与发挥,提升了举办城市的社会影响力。其主要包括如下几种开发运营模式[①]:
>
> (1)大众导向型模式。札幌雪节是典型的群众参与型节日。组委会将节日的宗旨定为人人都可以参与的雪节。它尤其注重调动本地民众的参与,2007年本地民众参与人数占了一半,它所采用的大众导向型模式是雪节经久不衰的重要原因。雪节组织者即政府、企业、民间团体之间紧密合作,合力营造兼顾经济和社会效益的氛围,把拉动札幌旅游经济、提高札幌知名度作为首选目标,使雪节成为札幌城市的重要名片。

---

① 王晶、邸春光:《中国·哈尔滨国际冰雪节和日本札幌雪节比较研究》,载《学理论》2012年第2期,第116~122页。

> （2）赛事导向型模式。札幌成功举办了冬奥会、亚冬会等体育赛事，并随着冰雪运动设施（滑雪场等）建设的不断完善，吸引了大批国内外旅客前来观光，带动旅游发展。
> 　　（3）节庆展览模式。札幌雪节已由创办之初仅仅展出几座雪雕，发展成世界闻名的四大冬季节庆盛典之一。作为"呼唤纯白色梦境的世界广场"，其文化展示和经贸展会已经成为冰雪节庆的核心内容。
> 　　（4）冰雪体验模式。札幌雪节组委会为民众提供了参与的空间和形式——冰雪游乐园会场和70多座高山滑雪场，为群众提供可以喧嚣和沸腾的场所，让民众充分体验和交流，享受冰雪情韵和冬季的乐趣。
> 　　札幌雪节从一个较为封闭的区域性节日（20世纪60年代以前），发展到把城市举办地——札幌变成一个世界知名的"雪国旅游城市"。通过国际旅游者和日本国内游客在吃、住、行、游、娱、购六大旅游要素方面的消费，为当地取得了巨大的经济效益。

在节事活动组织管理之前，需要明确活动的目标与举办环境，选择合适的运营模式与战略来更好地满足节事活动的利益相关者。节事活动筹备与执行过程中，不同类型的运营模式与战略方案可以通过各项活动计划的实施产生不同的影响，并因此造成不同的结果。本章将从节事运营管理的角度，分析其涉及的相关理论、模式、步骤与利益相关者等问题。

第一节　节事活动运营管理概论

一、节事运营管理的定义

所谓运营管理，指的是由一系列设计、安排、指派、监督、控制等工作构成的系统行动，其目的是推动整个组织机构的运转，从而能够向顾客提供可满足其需求的服务和产品。[①] 根据节事活动短暂性、无形性、不可储存性的特点，节事活动运营管理则是通过协调各种资源，通过节事管理者将各种关键因素转化成节事活动产品最终状态的系统化行动过程。

盖茨在总结节事管理系统模型时指出，节事活动不是一个单独存在的个体，每

---

① Wright J N. The Management of Service Operation. 2nd edition. London: Continuum, 2001.

一项运营管理的任务都关系着其他的相关工作，节事管理者需要系统地思考与执行各项工作（见图 7-1）。①

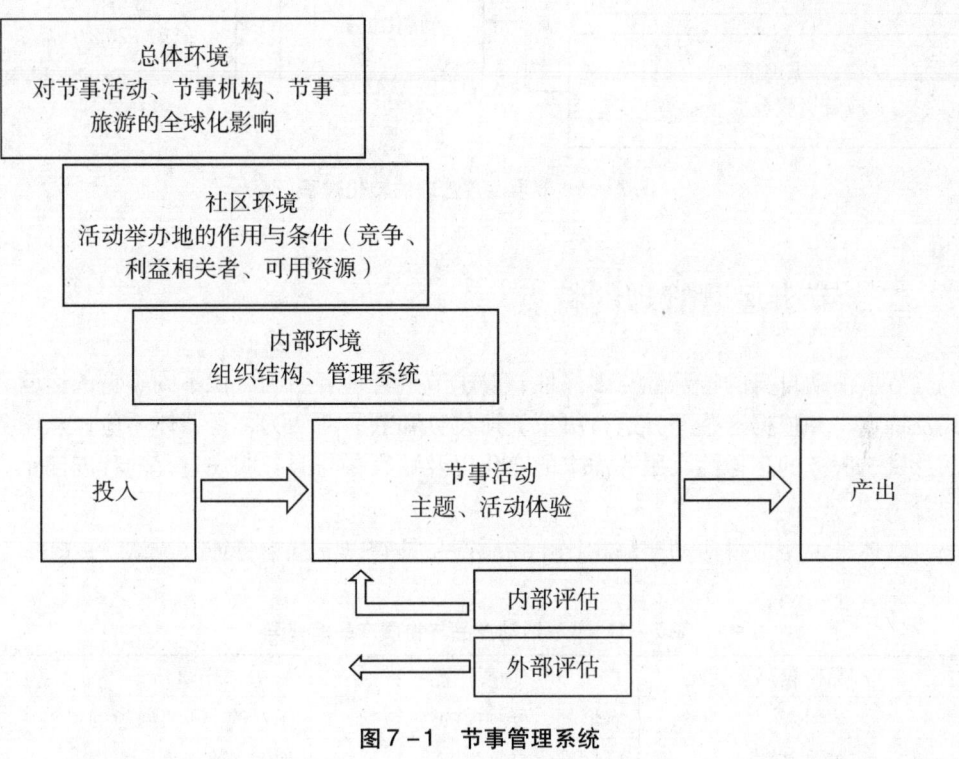

图 7-1　节事管理系统

（资料来源：Getz, 2005）

斯拉克和刘易斯认为服务运营系统是一个转化的过程，需要将有形或无形的资源通过运营过程转化成服务。② 同样，节事运营管理的过程也需要协调包括人力、时间、财务、风险等各方面的资源与事项，最终通过节庆活动、会议、展览、庆典等活动方式呈现在观众面前（见图 7-2）。例如新人的婚礼活动，运营部门（婚庆策划公司或个人）需要安排婚礼服务人员、场地选择、现场布置、庆祝活动设计等一系列组织工作，其最终的目标与结果就是婚礼的顺利举办，即节事活动的最终产品。

---

① Getz D. Event Management & Event Tourism. 2nd edition. New York：Cognizant Communication Corporation，2005.

② Slack N，Lewis M. Operations Strategy. Harlow, UK：Financial Times Prentice Hall，2002.

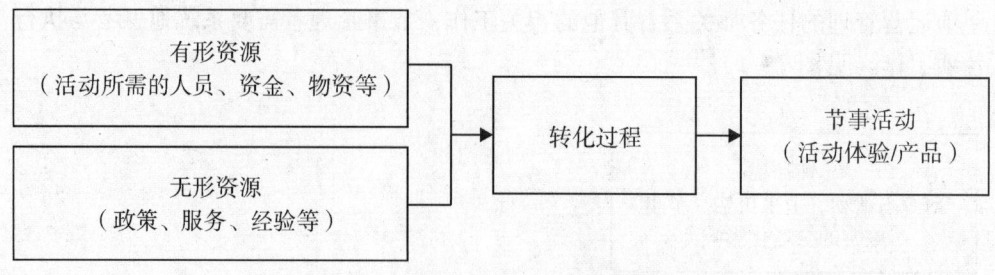

图7-2 节事运营管理的转化过程

二、节事运营管理的特点

节事活动自身的特殊性与多样性，要求节事管理者明确认识不同类型的运营方式及特点，并根据这些差异进行决策。斯拉克和刘易斯认为，运营体系应该从服务的总量、服务的多样性、服务需求的变化以及顾客参与服务实现过程的程度四个方面着手。[①]

总体来说，节事活动产品相比于物质产品具有以下基本特征（见表7-1）：

表7-1 节事活动产品与物质产品的差异

产品比较要素	物质产品	节事活动产品
形态	有形的，可触摸的	无形的，不可触摸的
可重复性	可标准化重复生产	独特，难以重复生产
可储藏性	可储藏	不可储藏
可运输性	可运输	不可运输
所有权	发生转移	不发生转移
生产与消费的时间	先生产，后消费	生产与消费同时进行

（资料来源：伦纳德·纳德勒、泽西·纳德勒，2003）

节事活动与物质产品在形态、可重复性、可储藏性、可运输性、所有权以及生产与消费的时间上均有很大不同，节事活动的运营管理需要对投入产出的规模与容量、产品多样性、时间规划、消费群体等作出相应的调整。其运营管理的内容涉及组织建设与人力资源管理、成本控制与财务管理、时间进度管理、法律与合同管理、风险管理、现场管理、品牌管理等方面的内容。[②] 根据节事活动项目化操作的

---

① Slack N, Lewis M. Operations Strategy. Harlow, UK: Financial Times Prentice Hall, 2002.
② 卢晓编著：《节事活动策划与管理》，上海人民出版社2006年版。

特点，其运营模式具有如下特点：

1. 管理灵活性

节事活动的生产（筹备）是一个动态的过程，因此节事管理者需要在实际操作中充分考虑到各种可能产生的变化，并及时作出人力、物资、组织、策略方面的调整。这种灵活性首先体现在节事组织机构的动态调整，根据不同节事活动的类型、项目、参与观众的人数等情况，可以在组建工作团队时进行临时调整，如适时增加各部门志愿者的人数，取消、合并或增设职能部门等。

此外，由于节事运营管理过程需要经过较长的周期，许多前期规划不一定适用于实际节事活动的执行工作，节事管理者需要适时调整计划管理方案，从而帮助节事活动实现预期目标。

2. 资源约束性

节事活动的成功举办取决于诸多因素，包括环境、时间、人力、资金、技术等在内的任何一项资源的缺失都有可能导致节事活动的延迟或取消。节事管理者一定要明确意识到节事活动的资源约束性的特点。在前期筹备中，需要识别各种可利用的资源，分析举办、组织节事活动的难易程度以及制约因素；筹备中期，需要最大化整合这些可用资源，提高活动的效率与效益；筹备后期，需要尽可能保存与维持这些资源，并为下一次举办节事活动做好资源储备。

3. 活动独特性

每一个节事活动都是不可重复、具备独特性质的产品。即使是重复举办的相同主题的节事活动，由于时间、环境、活动内容、策划创意、工作团队不同等原因，其筹备出来的节事活动也不尽相同。节事管理过程应首先明晰活动举办地的自身特点，并结合这一特点，利用一切可利用的资源进行策划与组织工作。这种节事活动的独特性要求节事管理者在运营过程中具有创新精神，避免盲目照搬之前活动的组织运营模式、方法、创意等情况。

4. 项目操作性

项目管理是节事活动运营管理的基本形态，每个节事活动根据时间发展，由相互联系的不同项目所组成，并通过各职能管理部门对总项目、子项目等进行一一操作。为实现节事活动的共同目的，节事活动的运作程序，包括计划、执行、控制和收尾等都需要运用到项目管理方面的知识与技能，并通过节事管理者进行项目化操作与管理。本书第十四章将着重介绍节事活动项目管理的内容与方法。

三、节事活动运营管理的基本模式

不同类型的节事活动发起者,其要实现的目的不尽相同。如企业主导的节事活动会比政府主办的节事活动具有更强的营利性,企业通常希望通过出资或主办活动提升自身的品牌知名度以获得收益;而政府可能更关注的是社区参与度的提高、创造和谐愉快的氛围等。艾伦等(Johnny Allen, et al.)根据不同的节事类型,列举了相应的节事发起者。[①](见表7-2)

表7-2 不同节事活动类型的发起者

节事活动发起者	节事活动类型
政府部门(中央政府)	公民庆祝活动和纪念日
节事公司	大型节事活动——体育与文化类
公共场地管理机构	公共娱乐、休闲和消遣活动
旅游部门	节庆、特定兴趣与生活方式的节事活动、旅游目的地推广
会议(展览)部门	会议、奖励旅游、展会、展览
艺术部门	艺术节庆、文化活动、巡展、主题艺术展
少数民族事务部	少数民族与多元文化节事活动
体育与娱乐部门	体育赛事,省/州级、国家级或世界级活动
游戏与竞赛部门	竞赛性活动与嘉年华
经济发展部门	着重产业发展与创造工作的节事活动
当地政府	社区活动、当地节庆与展览
公司部门	推广、产品发布会、建立企业形象的赞助活动
产业协会	行业推广、展销会、会议
企业	凭票参加的体育赛事、音乐会、展览
媒体	媒体推广,如音乐会、营销活动等
社区部门(俱乐部和社团等)	特定兴趣小组的节事活动
慈善机构	慈善或筹款活动
体育组织	地方性的体育活动

(资料来源:Allen J, et al, 2005;转引自王春雷、赵中华, 2010)

---

① Allen J, et al. Festival and Special Event Management. Milton, Australia: John Wiley & Sons Australia, Ltd., 2005.

总体来说，节事活动的产生受市场、政府、公共三种驱动因素影响，分别由企业、非营利性组织、政府部门进行主导运作。根据社区、政府、市场和企业之间的关系，可以将节事活动的运营模式归纳为以下几种：

1. 市场主导型运作模式

这种类型的节事活动更加关注市场需求，以及因举办节事活动所带来的经济收入与市场价值。市场主导的节事运营模式在决策时，常常以增加经济影响作为首要目标。因此，活动的组织者通常为节事专业机构或相关企业。为更好地运作这种组织模式，组织者通常侧重于用以下方式实现其管理目的：

（1）出售节事活动的产品来获取利益。如活动门票、衍生产品（纪念品）等。

（2）设计活动内容时更关注观众的需求。为更好地吸引参加活动的观众，更要从市场需求的角度出发，量身定制最符合观众期待的节事活动内容。

（3）重视推广的力度。该类型节事活动需要通过提升媒体曝光度来增加潜在观众的数量，进而确保节事活动的收益大于支出。

（4）注重活动场地的选择。观众数量是确保节事活动收益最重要的保障，因此节事活动策划者在选择活动场地时，因充分考虑到场地的容纳人数以及安全性，会尽可能选择容纳人数较多且安全性高的活动场地。

2. 社区主导型运作模式

该模式下的节事活动，更多的是起到宣传与沟通的作用。作为社区的组织机构，如旅游管理部门、社区组织（俱乐部、社团等）等当地机构常常是这类节事活动的发起者与管理者。这些机构通常为非营利组织，有着共同的利益与目标，强调节事活动和社区发展的良好对接，希望通过举办各种节事活动加强各部门的沟通，并起到宣传社区的作用。根据社区主导节事活动的筹办目的与特点，其节事运营管理模式主要有以下特点：

（1）活动主题的选择常常结合举办地的社区特点、诉求、兴趣，内容包含文化、健康、生活品质等。

（2）活动的举办地通常为与社区相关的公共场地或特色地点，如当地旅游景区、博物馆、公园、历史景点、会议中心、动物园、体育场馆、文娱中心等。通过节事活动期间的媒体宣传与观众感受，可以进一步宣传节事活动举办地，因此旅游景点常常被选作社区主导型的节事场地。

（3）强调利益相关者的参与性。由于这种类型的节事活动强调"全民参与"的氛围，因此需要调动当地各相关部门与居民积极参与。如增加志愿者的人数，通过邀请居民参与活动筹备与组织工作，加强互相之间的沟通。

（4）节事活动的财务管理。这类活动的主要收入来源为公共部门支持、企业赞助与活动相关产业的收入。很多社区型的节事活动为免费或低票价，因此很难通过市场化的操作为节事活动带来更多的利益。节事管理者需要做好相应的财务预算与费用支出管理，确保活动保持基本的收支平衡。

3. 公共主导型运作模式

公共主导型的节事活动通常是从更加宏观的角度组织策划节事活动。许多政府部门相信，在公共服务的框架内，通过参与和支持节庆活动的发展及营销提升诸如地区形象、旅游收入等各种各样的公共利益已成为一种必要的工具。[①] 因此，这种类型的活动通常由国家政府的相关部门来筹办，如文化、旅游、体育、少数民族、经济发展、艺术等部门。这种类型的节事运营模式主要有以下特点：

（1）举办成本高，收益较少。许多市场需求较低，但是能对社会意识、国家/政府形象、文化推广起到很大作用的节事活动，常常会由政府部门出资举办。作为公共服务的一部分，即使一些节事活动需要很高的成本（如搭建活动场地费用较高），而其带来的经济效益又较少，政府部门仍然会选择出资举办这些节事活动。

（2）注重节事活动带来的潜在价值。与市场导向的节事活动不同，这种类型的活动更关注其建立与传递的道德感、文化自豪感、旅游形象、国家/地区声望等潜在价值。

（3）政府部门合作的组织模式。作为节事活动的组织机构，政府部门很少有专门设立的节事活动机构，因此常常需要通过调用各部门的公务人员临时组建节事活动工作团队，这种合作模式可以加强政府各部门之间的联系，对于参与的工作人员来说也是一种很好的锻炼。

第二节　节事活动运营管理的步骤

凡成功的活动要想延续成功的经验，通常要经过五个重要的阶段。这五个阶段或步骤分别是调研、设计、策划、协调和评价。[②] 相关内容在第四章第一节有过介绍。从更具操作性的角度，约翰·艾伦等将节事管理战备分为七个步骤（见图7-3），通过对节事活动本身所处环境的分析，节事机构需要采取相应策略分析、选择、执行与评估节事管理的相关工作。

[①] 王春雷、赵中华主编：《2009年中国节庆产业发展年度报告》，天津大学出版社2010年版。

[②] Goldblatt J. Special Events: Twenty-First Century Global Event Management. 3rd edition. New York: John Wiley & Sons, Inc., 2002.

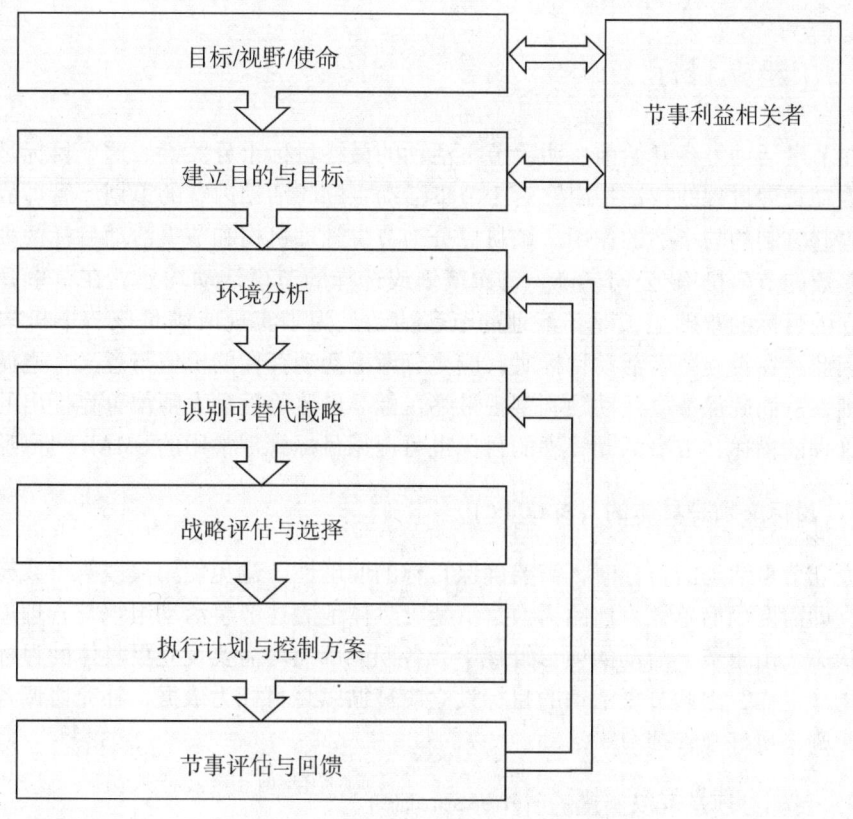

图7-3 战略节事管理的基本步骤

（资料来源：Allen, et al., 2005）

整体上说，节事运营管理的前期工作可以分为建立目标、环境分析和战略选择三个基本步骤（见图7-4），节事中后期的组织工作包括人力资源管理、现场管理、财务管理、风险管理、时间管理、评估工作等具体的事务，本书后续的章节将一一进行阐述。

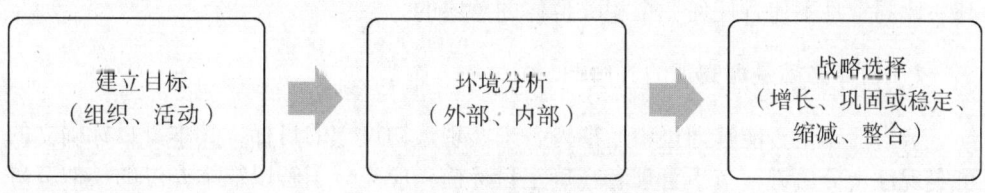

图7-4 节事运营管理的基本步骤

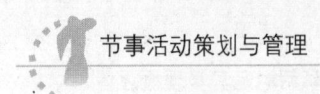
节事活动策划与管理

一、建立目标

在节事活动筹备开始前,明确节事活动的最终目标十分关键。这个目标是所有节事活动管理过程的行动指南,对于节事活动主题与活动内容的策划、管理战略的选择等起着制约与指引的作用。该目标分为节事管理机构和节事活动目标两种。对于大多数的节事机构/公司来说,每次策划或选择的节事活动均建立在节事管理机构设立的目标的基础上,即其策划的节事活动是为了实现或满足该节事机构的目标。因此,在设立节事活动目标时,应充分考虑活动存在的价值与意义,遵循相应的原则,从而确保节事活动顺利实现最终目标。借鉴管理学大师德鲁克提出的对于目标管理的描述,节事活动管理的目标也可遵循目标管理常用的 SMART 原则[1]:

1. 目标必须是具体的(specific)

设立节事活动的目标时,需要确保目标的明确性,避免使用模棱两可或笼统的描述,即需要用简单、直白的语言,清楚、具体地表述节事活动组织与管理追求的最终状态。由于节事活动的项目管理中,各职能部门均需要设立更具体的目标来有效地指导工作,因此节事活动的目标设立应遵循以总目标为依据,补充协调各分目标的原则来更好地管理节事活动。

2. 目标必须是可以衡量的(measurable)

这主要体现在所制定的节事目标可以通过一组明确的数据进行衡量,从而评估其是否达到预期标准。例如,确定参加活动的人数目标、盈利金额目标等衡量节事活动的规模与效益。

3. 目标必须是经过一致同意的(agreeable)

由于节事活动涉及的利益相关群体众多,其侧重的目标也不尽相同,为保证各相关群体能够为节事活动的最终目标一起努力,需要保证所指定的节事目标是经过其一致同意且不违背任何一个相关群体的意愿的。

4. 目标必须是可实现的(realistic)

节事活动是否能够通过中后期筹备来实现最初设立的目标,其本身目标确立的可实现性十分关键。节事管理者在确定目标前,应充分了解以往举办过的类似节事活动的基本情况,根据当下的环境与组织能力,确定可行的目标。好高骛远的目标

---

[1] Drucker P F. The Practice of Management. New York: Harper & Row, Publishers, Inc., 2006.

不但不能提升节事活动的最终质量,反而会影响节事管理的各项决策,最后带来负面影响。

5. 目标必须具有明确的时间(time)

对于节事活动管理的整个过程来说,时间一直是十分重要的考虑因素。节事目标的制定需要考虑每一项目标工作完成的具体日期,并以此作为目标来约束节事管理的各项工作。唯有具备时限性的节事目标,才能更好地提高节事活动完成的效率,避免造成拖延。

二、环境分析

节事活动不能独立存在或运营,其运营管理的开展需要基于稳定的社会、经济、政治环境等,同时应该了解影响节事活动运营的组织结构、员工表现等内部环境。汤普森(J. Thompson)和马丁(F. Martin)认为在基于各种外部环境的基础上,节事组织应该与供应商、顾客和竞争者(现有的或新加入的)建立良好的合作关系[①],这三者的共存会对组织产生直接的深远的影响(见图7-5)。

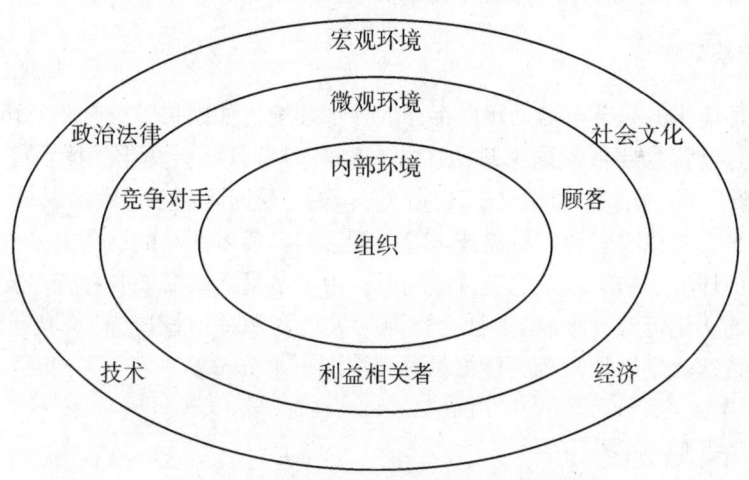

图7-5 节事运营管理的环境要素

(资料来源:茱莉亚·图姆等,2008)

---

① Thompson J, Martin F. Strategic Management. 6th edition. UK: Thomas Rennie, 2010.

1. 内部环境

内部环境主要指的是节事活动的内部组织/机构环境,是节事活动内部文化环境与物质资源的总和。这种类型环境要素涉及节事公司、企业、部门、单位的企业文化、经营能力、可用资源、财务状况、指导思想、工作作风等,是一种相对比较容易控制的环境要素。

2. 微观环境

除了节事活动的内部组织/机构环境外,相似节事活动的竞争、顾客/观众的意见以及各利益相关者的情况均对节事活动的筹备与管理起到关键的作用。节事活动的产业竞争将刺激或推动节事活动更加多元化。作为节事活动的顾客——观众,其对于节事活动的满意度与忠诚度可以决定市场需求,从而决定节事活动的市场价值。观众是节事活动得以存在的基本要素,他们既为活动提供了资金支持,也是活动筹备项目/服务的消费者,是节事运营的最终对象。节事活动的筹备与管理除节事机构本身之外,离不开其他供应商的合作与支持,这些利益相关者包括当地社区、各种协办方、媒体、赞助商等(详见本章第三节)。这些利益相关者的诉求与态度,也是节事运营管理的关键环境因素。

3. 宏观环境

宏观环境指的是节事活动赖以存在的外部环境,如同每一个企业公司,节事活动的存在与运营需要依赖国家政治法律、经济力量、社会文化、技术等(通常简写为"PEST")。节事活动相比于其他产业,更易受国际关系、政治局势、国家/城市经济水平、文化吸引力、科技技术等因素影响。节事活动的运营需要依赖稳定的政治、经济环境、国家政策的支持;同时,由于节事活动需要各种资源支持,包括筹备活动的文化资源(素材)、社会资源(人力资源、道德风尚)、技术设备(场地搭建、特殊效果制作)等,能提供这些资源也十分重要。

三、战略选择

根据不同的节事活动目的,节事管理机构需要基于环境分析选择不同的战略运营管理方式来帮助实现。节事管理战略的类型可分为以下四种[①]:

---

① Allen J, et al. Festival and Special Event Management. Milton, Australia: John Wiley & Sons Australia, Ltd., 2005.

1. 增长战略

增长战略主要运用于试图扩大规模的节事活动中,这种增长可能是相对于其他相似类型的节事活动,也可能是相对于往届举办过的节事活动而言。增长战略试图通过增加预算、人力、活动内容、宣传、场地等增加节事参与者的人数、延长活动时间、提升活动质量或扩大其产生的经济、社会与文化影响等。因此,在这种战略选择中,节事管理者需协调各职能部门进行以增长为目标的战略规划,避免一味追求增加观众人数而造成活动质量下降的情况。

2. 巩固或稳定战略

对于一些已经举办过的常规性节事活动,节事机构希望保持基本的规模即观众人数来保证节事活动的质量与口碑。例如,世界著名的音乐节、体育赛事、节庆活动等常常会出现供不应求的情况,如果没有有效控制节事规模,很容易因参加人数超出现场可控范围而导致安全问题。因此,节事管理者应该采取有效措施,如提高门票价格、限制购票、提前售票、增加现场保安进行出入监管等措施来控制节事活动的规模。

3. 缩减战略

由于经费缩减、环境影响等因素,有些节事活动会采用缩减的战略来降低成本或者减少环境污染。对于缩减经费的情况,缩减战略的重点应该是如何在有限的资源下提高节事活动重点项目的质量,如通过取消一些活动项目的方式来突出重点,提升节事参与者的活动体验。而对于应举办节事活动所导致的环境影响,节事管理机构可以通过减少观众人数、缩小活动场地、取消对环境影响较大的项目或演出等方式来实现。

4. 整合战略

对于有多种诉求的节事活动,节事管理者可以采用整合战略对上述几种战略进行搭配处理。例如,节事活动可以删减一些相对不具备市场价值的项目或活动(缩减战略),同时可以战略性增加其他更具市场潜力的活动项目(如吸引新的目标群体的活动项目),并进一步增加活动的参与人数。

第三节　节事利益相关者

随着节事活动产业的日益发展，它所带来的经济与社会效益吸引了众多的利益群体，他们为了实现各自的目的而愿意参与其中，并通过提供资金、人力、环境、政策、渠道等方面的支持进一步提升节事活动的质量。总体来说，节事活动相关的利益群体包括活动的发起者——主办方，活动的举办地——当地社区，活动的部分资金来源——赞助商，活动的服务提供商——协办方，活动的宣传窗口——媒体，活动的"消费者"——参与者与观众六种类型（见图7-6）。

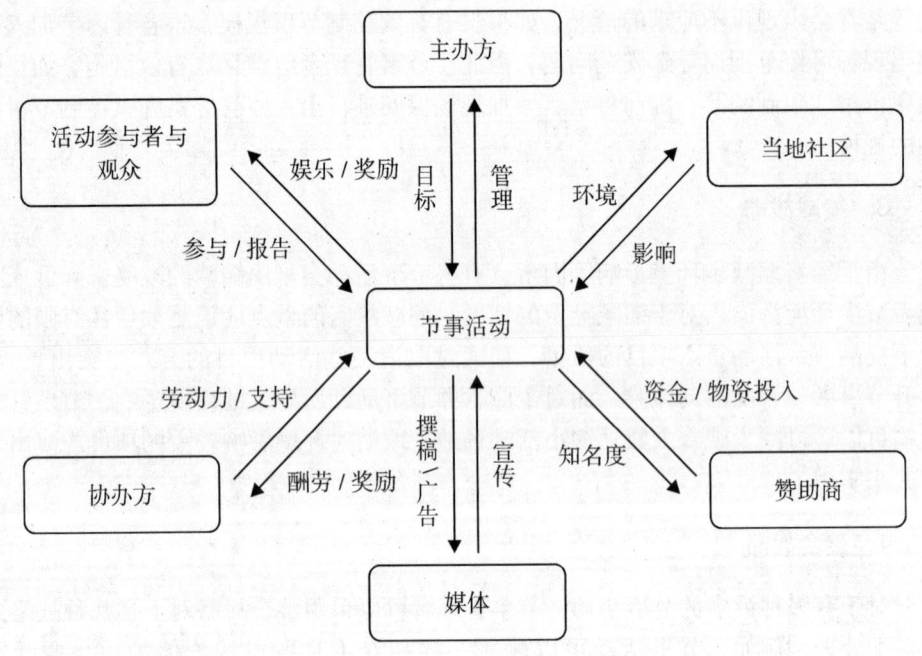

图7-6　节事活动利益相关者的相互关系

（资料来源：Allen, et al., 2005）

根据不同的责任、需求与扮演的角色，这些利益相关者在不同的节事活动中所占据的重要性也有所不同。主要可以分为两种：

（1）直接利益相关者。指的是对节事活动举办起着决定性作用的利益群体，如果其停止支持，则会导致节事活动不复存在。

(2) 间接利益相关者。指的是对节事活动举办起着重要作用的利益群体，如果其停止支持，不会导致节事活动取消，但是对节事活动的推行仍然有着十分关键的影响。

一、主办方

主办方作为节事活动的核心群体，对于寻找、联系、沟通节事活动其他利益相关者起到关键的作用。本章第一节列举了节事活动不同类型的活动发起者，他们通常同时扮演着主办方与发起者的角色。一般来说，节事活动的主办方可以由一个或几个机构组成，主要分为以下三种类型的主办者：

(1) 政府。其举办节事活动是为了增强社会文化、旅游、经济影响，同时也是一种公共服务的表现。

(2) 企业。其举办节事活动是为了推广企业产品或服务，展示新产品或提升企业形象等。

(3) 社区。其举办类型有社团活动、嘉年华、文娱活动，目的是为了丰富居民生活等。

案例 7-1　2010 世界旅游日全球主会场庆典暨中国广东国际旅游文化节

2010 年，每年一度的广东国际旅游文化节与世界旅游日全球主会场庆典同时在广州举行。此次活动是世界旅游日庆祝活动开展 30 周年，也是中国首次成为全球的主会场。

世界旅游日是由世界旅游组织确定的旅游工作者和旅游者的节日。世界旅游组织于 1979 年 9 月正式将 9 月 27 日定为"世界旅游日"，并从 1980 年起每年在全球范围内确定一个世界旅游日全球主会场和主题，各国根据主题开展系列庆祝活动。而"广东国际旅游文化节"是广东省旅游文化的品牌，多年来通过各种节事活动很好地向世界各地推广了当地的旅游与文化资源。

该活动由世界旅游组织、国家旅游局、广东省人民政府联合主办，广东省旅游局、省文化厅、省对外贸易经济合作厅、省教育厅、省人民政府侨务办公室、省人民政府外事办公室、全省 21 个地级以上市人民政府及增城市（现为广州市增城区）人民政府、中山大学、南方广播影视传媒集团、中国移动广东公司、中国南方航空股份有限公司、广州白云国际机场股份有限公司、广东电网公司、广州网易计算机系统有限公司参与承办。

为办好"2010 世界旅游日全球主会场庆典暨中国广东国际旅游文化节"活动，当地省委、省政府高度重视，成立了"2010 世界旅游日全球主会场庆典暨中国广

东国际旅游文化节"组委会,负责组织筹备工作,从而确保对各项活动的有力领导和组织协调。其中包括:

(1) 世界旅游组织秘书长、国家旅游局局长和广东省省长任组委会主任。
(2) 国家旅游局副局长、广东省副省长任组委会执行主任。
(3) 国家旅游局有关司局、世界旅游组织亚太部、广东省政府有关部门、主分会场以及有关大型国企的领导等任组委会副主任等。

(资料来源:南方网①)

二、当地社区

作为节事活动的举办地,当地社区居民的态度、需求、情绪、要求等都会影响活动参与者对节事活动的体验感受;同时,来自世界各地蜂拥而至的观众也会对当地社区带来极大的影响。作为当地社区,如何保持文化原真性,既能利用节事活动突出当地文化特色又能适应全球化变化的环境,这是其要考虑的问题。

此外,对于节事活动来说,尽可能利用当地资源或咨询当地社区精英,既可以减少成本与过失,也可以提高工作效率。因此,节事管理者需要识别与对话当地社区精英,通过咨询当地专家的意见来更合理规划节事活动;同时,尽可能地利用当地的人力资源(专家、技术人员、志愿者等)。

三、活动参与者与观众

节事活动的"消费者"——活动参与者与观众的评价是节事活动质量最重要的评估标准。同时,通过参加节事活动,这些"消费者"可以实现娱乐休闲、获取奖励、学习交友等目的。节事活动的参与者的人数多少直接决定了活动的收益、社会影响以及最终的成败。因此,设计节事活动时必须从节事活动的参与者体验出发,通过调研了解其对于活动的期望、需求与建议,从而进一步调整节事策划方案来提高节事活动的最终品质。

案例 7-2　　　　　　　　　　美国捣蛋大游行

美国捣蛋大游行(Doo Dah Parade)创始于1978年,每年上半年在美国的加州

---

① 南方网:"2010世界旅游日全球主会场庆典暨中国广东国际旅游文化节9月27日举行",见 http://travel.southcn.com/l/2010-06/03/content_ 12530743.htm。

帕萨迪纳市（Pasadena）举行（见图7-7）。该活动的产生源于1978年的一个抗议游行事件，当时游行队伍所表现的偏激、揶揄、讽刺受到了全国性的注目，进而产生了后续的Doo Dah Parade节事活动。

图7-7 捣蛋大游行自行车社团队伍

（资料来源：http：//www.canonfans.biz/read.php？tid=160012）

捣蛋大游行号称是"搞笑版"的美国玫瑰花车大游行，参加游行的表演者大多来自当地的居民。他们仍然延续着该活动的精神，通过装扮、行为的搞笑与夸张表现，让前来参观的数万名观众感受愉快的氛围，也通过其自身的装束或态度来表达某种政治观点与社会态度。这些参与者包括政治人物团体、一般社团（如自行车协会）、教育机构团体、讽刺社会现象团体、私人乐团、街头表演艺人等。

与大多数其他游行不同，捣蛋大游行中心所有观众可以随时、随意地与游行队伍的表演者（参与者）交流沟通，了解他们的诉求与装束所要表达的内涵。

四、协办方

无论是什么规模的节事活动，都需要寻求协办方的帮助才能得以完成工作。协办方如活动的承办商、供应商等通过提供打包的服务与资源，帮助节事主办方完成节事各项筹备与管理工作。协办方的合作可以帮助节事活动大大减少因添置物资、培训员工等造成的资金和时间消耗，有助于更有效率、更专业地完成节事活动的各项工作。

然而，由于协办方涉及众多，其所属的员工不一定能对节事活动具有全面的认识，因此会出现活动目的、任务不明晰的情况。如某一协办方负责活动的现场指引和安全保卫工作，但由于没有对节事活动进行系统认识，当观众咨询这些员工的时候，他们可能无法回答关于节事活动内容的一些具体问题。因此，如何通过有效的岗前培训，确保各协办方工作人员对节事活动的工作任务、工作内容、整体情况等方面的认识，将十分关键。

五、媒体

由于场地限制，许多节事活动即便活动内容丰富、规格较高，但影响效果始终有限。媒体作为一个宣传节事活动的窗口，对于扩大节事活动的社会与文化影响起到了关键的作用（见图7-8）。同时，媒体也是节事营销的有效渠道，通过活动前期各种媒体的宣传，可以帮助节事机构吸引更多的参与者，进而提高节事活动的收益。另外，较好的媒体渠道也是帮助节事机构吸引赞助商的有效方式，如知名电视媒体购买转播权可以吸引许多赞助商或广告商前来资助节事活动。

图7-8 达喀尔拉力赛冠军接受媒体采访

（图片来源：http://f1.sports.sohu.com/20090118/n261813432.shtml）

节事机构需要拓展媒体渠道的多元化，如采用平面、电子媒体（如杂志、报纸、期刊、电视、官网、微博）等多种形式，根据节事策划内容，对整个筹备、组织、现场、后期报道过程进行有效的引导与推进。

六、赞助商

赞助商是节事活动重要的收入来源，也是节事机构与企业间一种重要的合作营销方式。赞助的形式包含资金、设备、人力投入等，同时，节事活动也为投资的赞助商提供各种潜在的商业价值。本书第十五章将着重讨论节事赞助方面的内容。

第四节　运营管理方案的可行性分析

可行性分析需要进行各个方面的分析以保证最初的目标可以实现，为客户提供多项可供选择处理问题的方法或选项。进行可行性分析与完成可行性分析报告是节事管理环节中很重要的一环，可以使利益相关者了解到对节事策划管理的详细建议以及如何达成客户的目标。[①] 不过，由于可行性分析内容庞杂，甚至有必要成为一门专门的课程，因此这一小节只是在可行性分析的基本结构上作些概略介绍。有兴趣的读者可以另行选择专门教材或参考书加以研习。

可行性分析的作用是为项目的顺利执行提供依据。这些依据包括：

（1）作为活动项目投资决策的依据。

（2）作为向政府申请财政拨款或向银行等引入机构申请贷款、筹集资金的依据。

（3）作为编制计划、进行建设的依据。

（4）作为寻找合作单位，签订有关合同协议的依据。

（5）作为活动项目进行后的评价依据。

（6）作为活动项目组织管理、机构设置、人力资源配置的依据。[②]

方案的可行性分析的基本内容涉及：

（1）预算、收益管理、赞助。

（2）评估技巧。

（3）潜在活动。

（4）资源。

---

① O'Sullivan E L, Spangler K J. Experience Marketing Strategies for the New Millennium. London：Spon Press, 1999.

② 卢晓编著：《节事活动策划与管理》（第二版），上海人民出版社2009年版。

(5) 限制。

(6) 财务管理。

(7) 风险管理。

(8) 时间计划、关键截止日期、重要日期。

(9) 团队角色与责任。

(10) 场地评估。[①]

以上述内容为基础,一份常见的可行性分析报告的文本结构如表 7-3 所示。

表 7-3　可行性分析报告的文本结构

1. 简介：描述事件的目标,战略目标将如何与赞助商或客户配合
2. 选择时间和地点 　(1) 场地的选择因素,包括财政和政治的因素。 　(2) 初步地点选择建议。 　(3) 日期选择的因素。
3. 物流 　(1) 采购。 　(2) 运输。
4. 项目成本估算
5. 收入 　(1) 资金来源：部门预算、赞助伙伴、机构。 　(2) 付款计划或资金转账。 　(3) 邀请卡或门票的发布。 　(4) 登记、售票。
6. 事件内容
7. 事件选项或模型
8. 事件模型的比较
9. 行政管理,包括订立合约和组织结构
10. 同类事件的比较评估
11. 推荐选项
12. 下一步计划
13. 附件 　(1) 模型矩阵。 　(2) 总体流程图。 　(3) 初步的时间表。 　(4) 初步的预算。

(资料来源：Carter, 2013)

[①] Carter L. Event Planning. 2nd edition. Bloomington, IN: Author House, 2013.

做可行性分析，首先要了解分析内容所需要涵盖的领域与相对应的问题，关注预算、收益、管理技能、场地、主办地、配套服务等实际影响因素；其次，要尝试掌握和使用一些可行性分析的方法，如强弱利弊分析、策划中的差距分析或财政方面的成本—效益分析等；再次，要理解针对总体工作（宏观角度）与分项工作（微观角度）进行可行性分析的评估流程，对项目进行有组织的计划安排，加强对人力资源的优化配置；最后，还要对项目所涉及的所有内容分别进行分析，包括活动内容与形式、场地评估、展示设计效果评估、现场活动费用预算评估、实施策划方案流程评估、前期筹备工作明细评估、活动当天流程评估以及综合评估；等等。

本章小结

节事运营管理的过程中需要协调包括人力、时间、财务、风险等各方面的资源与事项，最终通过节庆活动、会议、展览、庆典等活动方式呈现在观众面前。

节事活动的产生受市场、政府、公共三种驱动因素影响，分别由企业、非营利性组织、政府部门进行主导运作。根据社区、政府、市场和企业之间的关系，可以将节事活动的运营模式分别归纳为市场、社区、公共主导型运营模式。

节事运营管理的前期工作可以分为建立目标、环境分析和战略选择三个基本步骤，其中环境分析包含外部、微观和内部环境分析，战略选择分为增长、巩固或稳定、缩减、整合四种类型。

节事活动相关的利益群体包括活动的发起者——主办方，活动的举办地——当地社区，活动的部分资金来源——赞助商，活动的服务提供商——协办方，活动的宣传窗口——媒体，活动的"消费者"——参与者与观众六种类型。

可行性分析是决定活动举办成败的关键环节。本章主要从作用、内容、文本结构等三个方面对其作了非常简略的介绍。

思考题

1. 请分别简述市场、社区、公共主导型运营模式的优势和劣势，并各举1～2个适合这些模式的节事活动案例，并说明缘由。
2. 请分析举办北京奥运会的环境因素。
3. 如果你们学校需要举办校园歌唱大赛，请指出相应的利益相关者，包括直接与间接利益相关者，并指出其各自的利益约束是什么。

第八章　组织结构与人力资源管理

学习目标

1. 了解人力资源的相关概念和知识。
2. 理解节事活动组织结构的类型与职责。
3. 掌握并学会运用节事活动管理团队建设的相应技巧。
4. 掌握员工激励的相关理论与策略。
5. 学习节事活动志愿者管理的相关知识与方法。
6. 了解我国涉及节事活动人力资源管理的劳动力政策和基本程序。

引导案例

　　2008年北京奥运会无疑是一届真正的无与伦比的奥运会，这不仅要感谢取得骄人成绩的各个国家和地区的优秀运动员，更要感谢作出巨大贡献和提供极大支持的数以百万计的志愿者。

——雅克·罗格（国际奥委会主席）

　　据统计，2008年北京奥运会的赛会志愿者共计约7万人，以北京高校学生为主体，北京市民、全国各地各民族群众、港澳台同胞、海外华侨华人和国际友人等各届人士竞相参与其中。服务岗位主要涉及礼宾接待、语言翻译、交通运输、安全保卫、医疗卫生、观众指引、物品分发、沟通联络、竞赛组织支持、场馆运行支持、新闻运行支持、文化活动组织支持等领域。

　　2005年6月5日，北京奥运会志愿者项目正式启动，推出了《北京奥运会志愿者行动计划》和北京奥运会志愿者标志。

　　2006年8月28日，北京奥运会、残奥会赛会志愿者招募工作正式启动，并同时启动了"微笑北京"主题活动，活动口号为"志愿者的微笑是北京最好的名片"。

　　2006年8月—2008年4月，赛会志愿者的招募选拔完成包括申请人报名、材料审核、面试、测试、岗位分配、背景审核、发出录用通知等工作。

2006年8月—2008年9月,为保证奥运志愿者们提供更完善专业的服务,北京奥组委对志愿者进行全面系统的培训。北京奥运会、残奥会志愿者培训工作划分为四个阶段,即宣传培训阶段(2006年8月—2007年3月)、选拔培训阶段(2007年3月—2008年4月)、临赛培训阶段(2008年4月—2008年8月初)和赛时培训阶段(2008年8月初—9月中旬)。培训内容包括通用培训、专业培训、场馆培训与岗位培训。

北京奥运会、残奥会赛会期间,除有赛会志愿者直接为赛会提供服务外,奥运场馆周边重点区域及全市重要交通枢纽、商业网点、旅游景点、医疗机构、住宿酒店、文化活动场所等城市重点区域还设立了2000个城市志愿服务站点,有40万人以上的城市志愿者提供信息咨询、语言翻译、应急救助及具有区域特点的志愿服务,百万人以上的社会志愿者在社区乡镇开展日常志愿服务活动,千万人投身"微笑北京"的主题活动。(见图8-1)

(资料来源:中国奥委会官方网站)

图8-1 北京奥运会志愿者

(图片来源:新华网)

节事活动首先是一个服务产业,其服务质量的高低对于节事活动的成功与否有着十分关键的作用。诸如奥运会这种大型节事活动,往往需要投入大量的人力资源来实现目标，如何将这些人力资源整合成能够攻无不克、战无不胜的团队，正是本章所要研究和讨论的问题。做好节事活动的人力资源管理工作，首先要了解人力资源的内涵和基本内容，从战略规划的视角将整个组织目标作为一个系统加以统筹管理，从而提高管理效率和效益。

第一节　人力资源规划

人是节事活动存在、发展、运营的关键因素，活动的主题创意、营销传播、现场管理等，都需要依赖于"产品"的提供者——人来实现。节事活动的工作人员所提供服务的水平直接决定了节事活动质量，也决定了其组织机构内部的工作效率。作为节事管理中最有价值的资源，节事管理者应充分认识到人力资源管理的重要性，将员工的个人需要和组织目标结合起来，以达到员工、管理方和客户的多赢局面，并使节事活动取得圆满的效果。[①]

一、人力资源的概念

（一）节事活动中的人力资源管理

"人力资源"（human resource）的概念最早始于彼得·德鲁克于1954年所著《管理的实践》一书。[②] 所谓人力资源管理，指的是那些用来提供和协调组织中的人力资源的活动。人力资源管理主要有六大职能，即人力资源规划、招募和选择、人力资源开发、报偿和福利、安全和健康、员工和劳动关系。[③] 在节事活动的策划与管理中，从组织委员会（organizing committee）的成立与管理到志愿者招募与培训，都需要涉及上述人力资源管理中的常见内容。图 8 - 2 总结了节事活动所需要的人力资源，包括一线员工和二线员工。

一线员工通常为直接接触节事活动观众的人员，包括：

（1）节事组织机构长期聘用的内部工作人员，其工作内容涉及节事活动策划—管理—评估的全过程。

（2）节事组织机构为节省人力资源成本所招募的志愿者，其工作内容常常为

[①] Lashley C, Lee-Ross D. Organization Behavior for Leisure Service. London：Butterworth-Heinemann，2003.

[②] Drucker P F. The Practice of Management. New York：Harper & Row, Publishers, Inc.，2006.

[③] （美）劳埃德·拜厄斯、莱斯利·鲁著：《人力资源管理》（第1版），李业昆译，人民邮电出版社2004年版。

较易学习与培训且工作岗位需求量大的工作,如现场指引、酒水服务、礼仪、咨询等工作。

(3) 为保证节事活动组织的专业性,节事组织机构常常会临时雇佣具备专业知识能力的人员为节事活动观众提供更好的服务,如同声传译人员、活动主持与表演人员等。

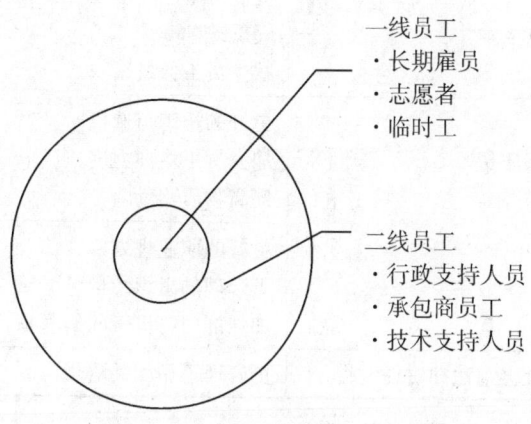

图8-2 节事活动的人力资源构成

这些一线工作人员的服务质量与态度决定了节事活动观众对该活动最直接的感受。例如,一名出色的同声传译人员会让会议的品质大大提升,更好地服务于来自不同国家的参会者的沟通与交流。又如,某一个岗位现场指引志愿者没有及时到岗,会导致活动的某一个场地人群流动出现问题。因此,如何对这些一线服务者进行更好的管理,使其理解节事活动的目标与内涵,是节事管理者所需要思考与重视的问题。

二线员工常常处于看不见的位置,他们很少有机会与节事活动观众进行面对面的交流,包括节事组织结构内部负责财务等相关行政工作的行政支持人员,提供照明、舞台搭建、宣传品设计与制作等工作的承包商员工,提供音响、照明、摄影等工作的技术支持人员等。这些员工虽然不会近距离地接触节事活动观众,但其所提供的工作往往决定了活动组织的工作效率和最终"顾客"的满意程度。

(二) 人力资源管理在节事活动中的作用

与大多数企业不同,节事活动具备非常强的时效性。许多节事活动的组织机构只是因为仅此一次、每年一次或几年一次的节事活动而存在,活动的结束也意味着该机构的解散。大多数节事活动都需要临时招募大量志愿者与临时工作人员,这些临时用工有时甚至没有薪酬,因而造成节事组织机构对其服务质量的控制比一般企业更加困难,需要更好地运用有效的人力资源管理来提升服务质量。良好的人力资源管理可以控制成本、提高质量、提高组织效率、加强组织机构的社会与法律责任(见表8-1)。

表8-1 人力资源管理在节事活动中的作用[1]

控制成本	提高劳动生产率 降低缺勤率 减少员工数量
提高质量	更好的招聘与选拔 加大员工培训力度 提高物质奖励
提高组织效率	更好的职业规划 更合理的组织结构 加强部门与员工间的联系
加强机构的社会与法律责任	更好地遵循相关法规

二、人力资源战略规划

(一) 人力资源规划的内容

人力资源规划(human resource planning)是人力资源开发与管理过程的第一步,是人力资源整体管理、取得各项组织效益的关键环节。根据节事活动的性质和内容,人力资源规划具体可包括以下几个方面。

(1) 战略规划:根据节事活动发展的战略目标,以可持续发展的角度建立人力资源开发和利用的方针政策和策略,是各种人力资源具体计划的依据与核心。

(2) 组织规划:设计节事活动组织结构的整体框架,主要包括组织信息的采集、处理和应用,组织结构图的绘制,组织调查,诊断和评价,组织设计与调整以及组织机构的设置,等等。

(3) 制度规划:人力资源总规划目标实现的重要保证,包括人力资源管理制度(如奥运会志愿者管理制度)体系建设的程序、制度化管理等内容。

(4) 人员规划:对节事活动所需员工(长期/短期/临时聘用员工、志愿者等)

---

[1] Allen J, et al. Festival and Special Event Management. Milton, Australia: John Wiley & Sons Australia, Ltd., 2005.

总量、构成及流动的整体规划，包括人力资源现状分析、人员需求与供给预测和人员供需平衡等。

(5) 费用规划：对节事活动人工成本、人力资源管理费用的整体规划，包括人力资源费用的预算、核算、结算以及人力资源费用控制。

(二) 节事活动的人力资源规划

组织机构的总体任务、战略和目标决定了节事活动人力资源规划的目标与战略。为确保人力资源规划稳定、持续地进行，需要遵循以下几个基本步骤（见图8-3），包括政策与规程的制定，员工的招募与选拔，员工培训与职业发展，员工监督与评估，终止雇佣关系时的解雇、新职介绍与重新征募工作，以及对整个人力资源管理过程的评估与修正工作。图8-4为奥运会志愿者人力资源管理的规划模型。要取得良好的人力资源管理效果，节事活动管理者需要：

(1) 建立一个灵活合理的组织机构。
(2) 认识岗位所需的核心能力，招募最适合的人选。
(3) 在每个职能部门，为新雇员、长期雇员以及志愿者建立良好的培训机制。
(4) 建立目标、职能、分工明确的团队。
(5) 制定良好的监督与评估机制，保证工作团队的人员稳定与工作质量。

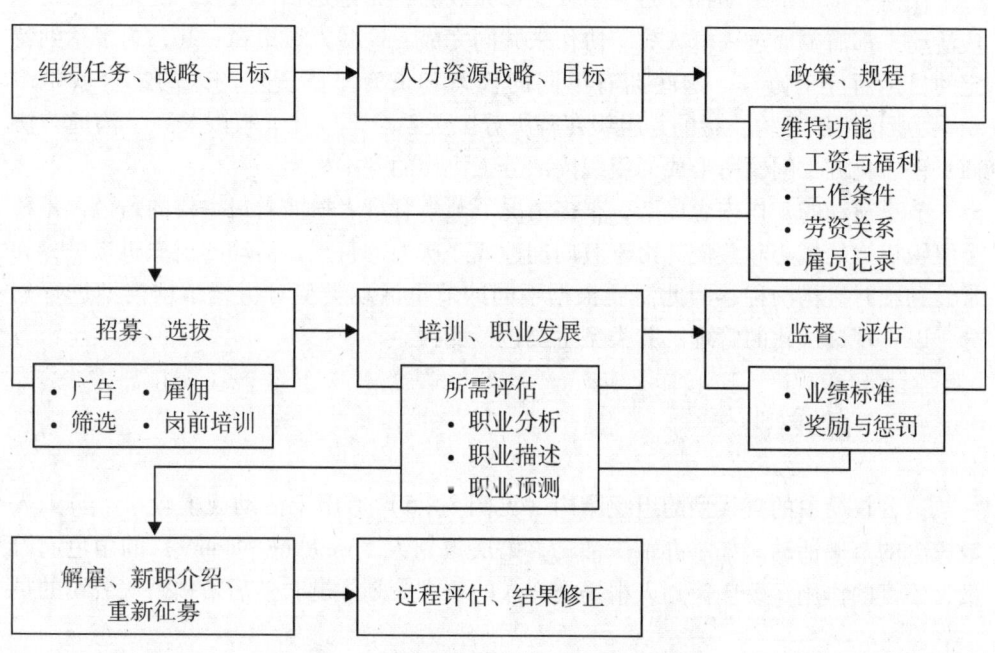

图8-3 节事活动的人力资源规划步骤

(资料来源：Allen, et al., 2005)

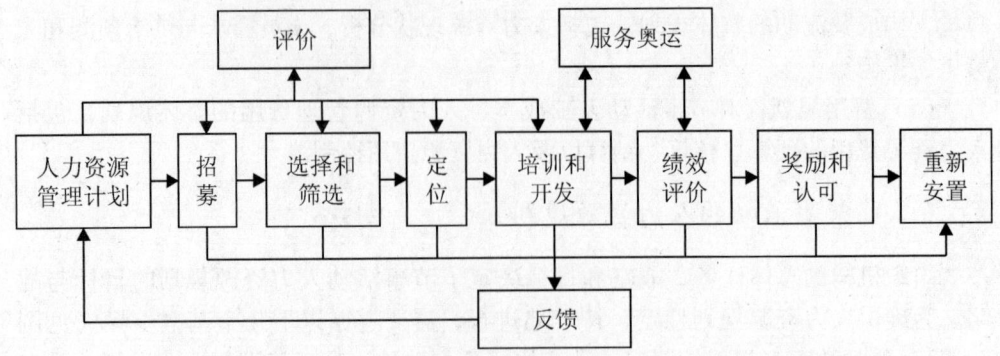

图 8-4 奥运会志愿者人力资源管理规划模型

（资料来源：张瑾，2008）

第二节　组织结构类型与职责

任何一个节事活动都不是一个人能够完成的，无论是私人聚会，还是大型的节庆活动，都需要通过一群人分工协作来共同完成。这些人聚集在一起，为了达到特定的目标而分工协作，这些拥有不同的权力和负有不同责任的人的集合就是组织。① 所谓组织结构，指的是组织在解决分工关系、部门化、权限关系、沟通与协商、程序化五个问题所形成的组织内部分工协作的基本框架。②

节事活动的工作内容庞杂，很多情况下节事管理者扮演着最主要的角色，是整个组织机构的核心和关键。由于其周期性或一次性的特点，活动的组织机构可分为常设和临时机构两种，因此需要根据不同的节事活动类型对组织结构类型进行划分，以实现最优化的管理。其类型主要包括四种。

一、直线型

这种较简单的直线型的组织结构（见图 8-5）适用于活动规模较小、员工人数较少的节事活动。如举办婚庆活动，婚庆策划人（wedding planner）的角色起着最为关键的作用。婚庆策划人根据委托人的要求策划主题，然后带领婚庆公司的员

---

① 赵西萍、宋合义、梁磊编著：《组织与人力资源管理》，西安交通大学出版社1999年版。
② 王利平主编：《管理学原理》，中国人民大学出版社2000年版。

工提供专业的服务,服务内容包括摄影、化妆、灯光音响控制、现场布置等。这些服务人员直接听从节事活动的核心人物——节事活动管理者的安排与调遣。

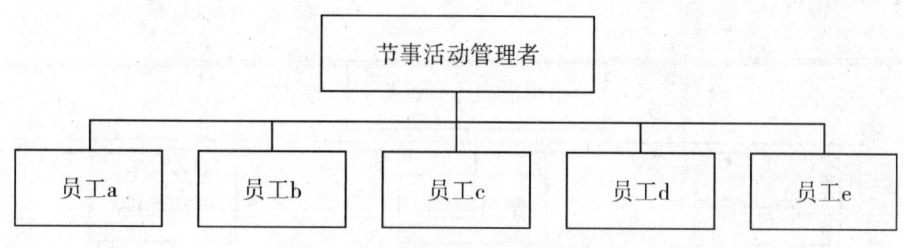

图8-5　节事活动直线型组织结构

其特点如下:

(1)灵活性强。员工由节事活动管理者统一指挥管理,任务明确,当员工因特殊原因表现不佳或缺席时,管理者可以随意替换其他员工来接替工作,也可以随时重新调配各岗位的工作任务。

(2)人力费用低。这种组织结构的每一位员工都承担了大量的工作,其人力成本大大低于其他组织结构,降低了因雇佣大量专业人员所产生的行政与其他费用。

(3)员工要求高。由于员工人数较少,这种组织结构的员工常常需要同时完成几种不同领域的工作,因此对其个人的技能要求也更高。例如,一个会议组委会的员工可能需要同时兼任翻译、文案撰写、现场布置等相关的工作,这就要求其具备外语、公文写作、会展管理等相关的知识与技能。

(4)决策制定慢。由于节事活动的所有决策均需要得到节事管理者的批准,员工不能以其在各自领域的经验解决问题,而是必须向管理者呈报并得到回馈后才得以解决。因此,这种单一的决策制定模式必然会降低工作效率。

(5)专业性低。由于这种组织结构的员工往往要身兼数职,其工作质量较容易受个人的专业水平影响。如果员工在某一领域(如翻译)专业性不高,则其表现出的工作质量也会大打折扣,低于专业领域的专职人员。

二、职能型

职能型的组织结构是一般节事活动的常见结构(见图8-6),其最主要的特点是根据节事活动所需分设各职能部门,由各部门经理协调分管相应领域的工作。例如,澳洲网球公开赛设立活动总经理和赛事总监两个主管。活动总经理下设业务经理负责赞助和证书的工作,媒体行政经理负责媒体相关的行政工作,赛事行政经理负责接待、场地协调、赛事协调等相关工作,销售经理负责企业产品的销售工作。赛事总监主管公关宣传工作,下设公关经理负责旅游、营销等相关工作。(见图8-7)

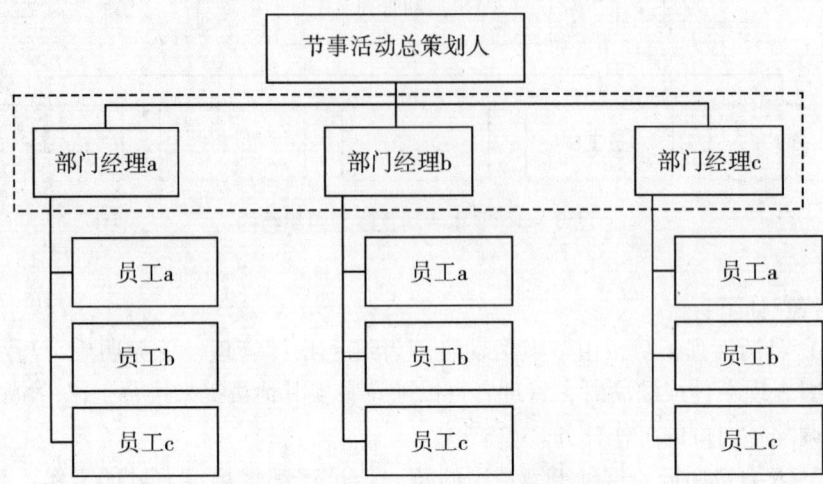

图8-6 节事活动职能型组织结构

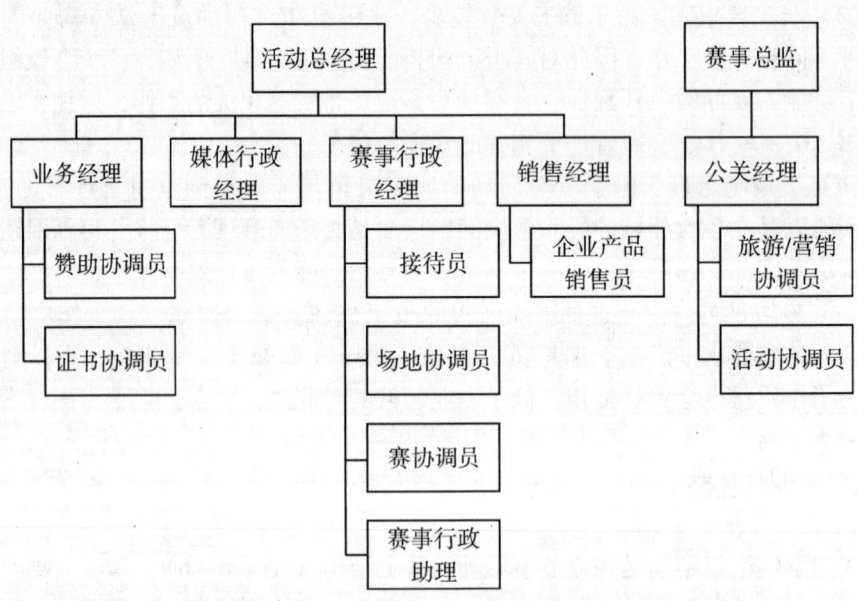

图8-7 澳洲网球公开赛组织结构

(资料来源:Allen, et al., 2005)

这种组织结构的特点是：

（1）分工明确。管理者要根据各员工的专业职能，合理分配节事活动的各项工作。每一个小组或个人承担详细具体的工作，避免可能产生的重复工作的情况，提高工作效率。

（2）协调沟通很重要。由于该组织结构需要各团队的协调合作，因此，如何建立有效的沟通、合理分配各职能部门的工作、加强各部门之间的理解、及时了解其他部门的工作进程等都是其顺利完成工作的关键。

（3）较多的工作会议。该组织结构人数较多，日常工作会议是确保各部门有效沟通的常用手段。

三、项目矩阵型

项目矩阵型的组织结构适用于有多个活动场地、多种活动同时举办的节事活动，是将项目组织机构（活动场地）与职能部门按矩阵方式组成的组织结构（见表8-2）。矩阵中的每个成员都受项目经理和职能部门的双重领导，项目经理、职能部门经理对项目成员都有控制和使用权。根据不同项目的性质和活动内容，职能部门负责人在保证项目的职能服务的同时，通过配置工作人员提供相应的职能服务，在每个场地安排独立的工作团队，包含交通、安保推广、设备等。如北京奥运会同时在6个城市超过30个场地举办，各赛事的项目经理应与职能经理共同沟通，根据不同的比赛类型需要进行人员配备。该组织结构对主管的能力要求高，要求其负责所有工作的组织与安排，因此项目主管需要具备较强的领导能力，同时要能与职能主管进行良好的沟通，确保每个环节的顺利进行。

表8-2 节事活动项目矩阵型组织结构

职能部门	项目		
	项目经理a	项目经理b	项目经理c
部门经理a	员工	员工	员工
部门经理b	员工	员工	员工
部门经理c	员工	员工	员工
部门经理d	员工	员工	员工

四、多元结构型

多元结构型的组织结构（见图8-8）是许多节庆活动常采用的组织形式，通常通过合同承包的形式来维持雇主与员工之间的关系。

图8-8　节事活动多元型组织结构

其最主要的特点有：

（1）"隐形的"组织结构。该组织结构并非真实存在，即在该节事活动工作的员工并非受雇于节事活动机构，他们只是合同承包公司的员工，与节事公司保持的是一种合作关系。所有工作团队服务于但不隶属于节事活动。

（2）成本低廉。这种组织机构所找寻的是专业的合作团队，因此大大减少了因完成某项工作所需的人力与物力成本。如通过寻找餐饮公司合作，可以减少因准备餐具、场地所产生的额外费用。同时，由于每个项目均是以合同打包的方式进行核算，对于经费的使用也更易于计算。

（3）质量监管难度大。节事活动的一线工作人员是合同承包单位的员工，其提供的服务质量很难通过节事公司进行控制和调整，因此服务的可靠性与监控需要与承包办进一步沟通和选择信誉度高的合作公司来完善。

（4）对节事活动的理解。这种组织机构的很多员工可能只是在活动当天参与到活动中，对活动的历史、目标、前期策划等情况知之甚少。缺乏对节事活动的理解会降低节事活动的服务质量，以致不能有效传达节事活动的精神。如何通过各合作公司的传达与培训，让所有员工更好地理解该节事活动，是节事管理者要重点考虑的问题。

第三节 团队建设的步骤与技巧

节事活动的团队建设通常有如图8-9所示的四个阶段。

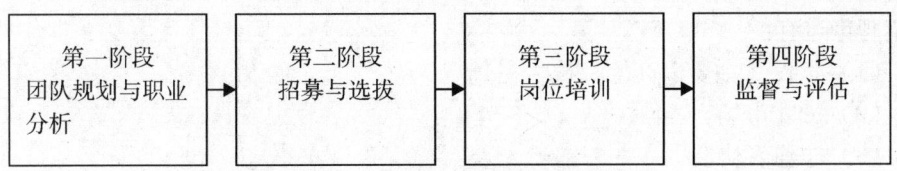

图8-9 节事活动团队建设的步骤

一、团队规划与职业分析

正式招聘之前，节事管理者需要首先对人力资源有基本的认识与规划，并对所需招募的岗位有明确的认识和专业的职业分析，具体包括如下几个问题（3W+N）。

（1）"Who"：这些岗位需要招聘什么人？需要具备什么技能/经验/资历？

（2）"When"：什么时候需要招聘这些人？是在节事活动前/中/后？

（3）"What"：需要安排什么岗位/类型/职能的工作？每个岗位的人员是否都能够真正被落实工作？

（4）"Number"：总共需要多少人工作？各岗位需要多少人工作？人数是否在管辖范围内？

二、招聘与选拔

这一阶段需要采用适宜的招聘渠道和方法吸引足够多的合格应聘者，从而达到预期的效果。节事活动娱乐性和社会性的特点，会吸引相应的人群前来应聘，如大学生希望通过参与节事活动积累工作经验，退休老人希望通过参与社区的节庆活动加强与社会的沟通，等等。招聘者应更多地从应聘者的角度思考问题，从而选择他们喜欢的传播媒介、生活空间和宣传口号来招徕更多的应聘人员。

为确保甄选的公平与公正性，减少因个人情感因素所造成的选择偏失，应在甄选之前制定明确的考核指标，以此为依据来评判应聘人员的综合素质。

（一）人员招聘的方法与渠道

节事活动的人力资源管理的特殊性在于其特殊的人员构成，尤其是大量的志愿者管理。所有的大型节事活动（如大型体育赛事、节庆活动、会议、展览等）在举办期间，都需要雇佣很大数量的志愿者和临时员工进行现场的管理工作。挑选合格的志愿者，可以大大减少招募的宣传费用和培训员工的时间与费用。因此，如何有的放矢、快速有效地找寻志愿者，寻求好的方法与渠道是关键。节事活动的志愿者招聘渠道有：

（1）学校（主要以高等院校为主）。
（2）人才市场。
（3）志愿者协会。
（4）服务社团、机构（包含社区服务机构）。
（5）养老院。
（5）商会。
（6）社区中心。
（7）媒体广告（以网络、平面为主）。

此外，对于节事机构一般的员工招聘，如包括会计、行政、会展管理等工作的内部工作人员，可以通过发布广告、委托中介机构、上门招聘和熟人推荐等渠道来进行。

（二）需要纳入甄选考核的指标

在甄选人员时，应根据过去—现在—未来三个方面来考核员工的个人能力与素质。

（1）过去表现。可通过应聘人员的个人简历、过去雇主/主管/同事对其的评价、奖惩情况等来了解。

（2）现在表现。可通过笔试、面试、情境模拟、心理测验等选出背景和经历都与职务所需条件相当的候选人。

（3）未来表现。通过安排完成应聘岗位未来可能涉及的工作任务，考核该候选人的工作能力是否达到要求，如要求应聘者撰写节事活动赞助方案来考察其是否适合在市场部工作。

三、岗位培训

员工一旦进入到节事活动机构，将个体连接成为团队的第一步就是需要一个有规划性的员工培训机制。① 要加强员工的团队归属感与责任感，良好的入职培训是关键。节事活动的岗前培训主要分为入职培训、现场培训、岗位培训三种，其内容通常包括：

（1）介绍节事活动的基本信息，包括时间、地点、活动内容等。

（2）在节事活动的相关场所安排前期考察，包括节事公司各部门办公场所、活动举办地等。

（3）将新入职员工/志愿者介绍给其他员工/志愿者。

（4）介绍节事活动起源、历史、发展、目标等。

（5）介绍员工具体的工作安排，对该岗位所涉及的各个方面和可能遇到的困难进行相应解释。

（6）对整个培训项目进行一个总体介绍。

为调动员工尤其是志愿者的工作积极性，方便节事组织机构进行更好的管理，入职配备也必不可少。这些配备不仅可以更好地帮助节事机构主管在活动现场区别员工与观众，还能利用这些资料让新入职员工更好地了解节事活动的相关信息，其配备内容可包括：

（1）工作胸牌：包含工作岗位、员工姓名、活动主题等相关信息。

（2）感谢信：为欢迎、感谢新加入的员工，由节事机构主席/主管签名撰写的感谢信。

（3）年度报告：具体介绍节事活动上一年工作的基本情况。

（4）员工信息表：包含各岗位负责人的联系方式。

（5）工作制服：发放印有活动 logo 的统一制服。

（6）赞助商名单：介绍赞助本届节事活动的赞助商。

（7）利益相关者/合作单位名单：包含举办机构、协办机构、承办机构、合作供应商等相关信息。

（8）员工权利与义务的政策说明：对员工享有的权利、需遵循的规定等进行相应说明。

（9）各岗位所需的相关配备：如引导牌、签到笔、气球等各种活动现场所需的物资。

四、监督与评估

对于员工的监管工作，各职能部门经理需要承担相应的职责，制订相关的规定对新老员工进行统一管理，从在岗表现、出勤情况、业绩情况等三个方面考核员工

---

① Getz D. Event Management & Event Tourism. New York：Cognizant Communication Corporation，1997.

的工作表现。另外，以下几点是能够帮助主管人员更好监管节事活动工作人员工作质量的技巧：

（1）每个工作小组一般不宜超过 10 人，以便对员工进行更好的监督与管理。

（2）确保组织机构内横向与纵向的顺利沟通，员工能及时向主管反映问题并得到解决。

（3）建立完善的请假管理制度，对于可能会出现缺勤的志愿者岗位，应做好后备人员，确保岗位的正常运作。

（4）对员工取得的成绩给予及时的鼓励。

人力资源评估主要分为对节事机构长期雇员、短期/临时聘用员工、志愿者三种类型员工的评估。内容包括：①德，即思想政治、工作作风、社会道德及职业道德水平等方面；②能，即员工从事工作的能力，包括体能、学识、智能等内容；③勤，即员工的积极性和工作中的表现，包括出勤、纪律性、干劲、责任心、主动性等；④绩，即员工的工作效率及效果，包括员工完成工作的数量、质量、成本费用以及为企业作出的其他贡献。① 它为未来人力资源的获取、使用和开发提供了有效的依据，具体有如下几种作用：

（1）它是薪酬和奖惩的依据。如许多节事活动会根据志愿者的表现情况颁发证书。

（2）它是组织培训设计的依据。通过对员工工作的评估可以反映培训的成效，以便更好地设计培训内容与模式。

（3）它是员工任用或调配的依据。根据员工的工作表现，管理者能更好地判断其是否适合该岗位的工作，从而做好留用、调配或解雇的安排。

（4）它可以促进组织结构的完善。管理者能根据各团队的评估结果，对整体组织结构进行进一步调整，提高团队工作效率与沟通。

第四节　志愿者管理

志愿者管理是节事活动管理中不可忽视的内容，也是人力资源管理中所面临的挑战。所谓志愿者，指的是那些付出自己劳力、智慧、技能和经验，但不从组织机构中获取薪水的工作人员。由于志愿者不同于长期雇佣的员工，其工作目的、义务也不尽相同，因此如何有效管理志愿者，在降低人力成本的情况下保证工作质量，是节事活动管理者需要思考的问题。

---

① 郭爱英主编：《人力资源管理》，科学出版社 2004 年版。

一、志愿者参与的动机

每届奥运会都需要数万名志愿者的帮助才得以实施（见表8-3），2008年北京奥运会有近56万人提出申请，2012年伦敦奥运会有近25万人提出申请，这些庞大数字的背后说明了什么？来自世界各地的志愿者为何愿意不远千里参与这种大型体育赛事？从最本源的角度思考志愿者参与节事活动的动机，可以帮助我们更好地实现志愿者的预期目标，从而更好地管理志愿者，并取得双赢的局面。

表8-3 夏季奥运会志愿者人数

时间	奥运举办地	志愿者人数
1984	洛杉矶	28742
1988	汉城（首尔）	27221
1992	巴塞罗那	34548
1996	亚特兰大	60422
2000	悉尼	50000
2004	雅典	60000
2008	北京	74615

（资料来源：部分参考Moreno, et al., 1999）

泰勒（C. Taylor）认为，志愿者参与节事活动的动机主要出于以下几个方面。[①]

（1）出于物质、功利的需要。为了获取薪酬或等同于薪酬价值的事物，如工资、薪水、财产、信息等。由于许多志愿者的入职门槛较低，且常常有少量薪水，因此仍然会有许多人愿意参与。

（2）出于团结、情感、社交的需要。例如，为了争取更多的社交机会，建立人与人之间的友谊与关系，形成团队工作等。节事活动期间，大量的观众与工作人员（志愿者）的出现，是锻炼志愿者沟通能力、培养社交能力的极佳机会。因此，许多人出于交朋友的目的愿意前来提供志愿服务。

（3）出于特殊目的、规范、无私的需要。例如，出于公民责任、社区行为和对环境等公益事业的关注。由于许多节事活动倡导的是积极、乐观、和平、环保等

[①] Taylor C. Using Volunteers in Economic Development. Economic Development Review, 1995 (Summer): 28~30.

精神，为更好地传达这种思想，许多人愿意尽自己的一份力量，为社会提供服务。

从马斯洛需求理论看，志愿者参与节事活动主要出于社交需求、尊重需求和自我实现需求这三个较高的层次。无论志愿者之前是否有相关经验，出于什么目的参与节事活动，他们都需要从中建立一种社会联系。不仅仅在活动期间，活动结束后他们仍然期望保持这种社会联系。① 通过参与社区性的节事活动，可以更好地帮助志愿者实现自我价值，获得尊重。因此，这种独特的社会体验以及与之带来的成就感，成为了许多人热衷于此的关键原因。

二、志愿者的工作内容

节事活动志愿者的工作可根据各节事活动类型不同进行相应的调整，分为一般志愿者和有特殊技能要求的特殊志愿者两种。总体而言，志愿者的工作均为较易培训学习的工作，常常直接面对节事活动观众，很少接触涉及活动物资、公司内部档案等安全稳定性要求较高的工作。表8-4列举了节事活动志愿者的一些常见工作领域与内容。

表8-4 节事活动志愿者常见的工作领域与内容

志愿者类型	工作领域	工作内容
一般志愿者	活动现场服务	礼仪、活动演出、现场注册与签到等
	行政管理	文案撰写、信息查询、通知发放等
	语言服务	不同国家语言的笔译、口译工作
	安全保障	安检、紧急事项处理
	交通指引	现场指引、指引牌与地图的制作与发放
	人员接待	旅游向导、机场/车站接送、住宿、餐饮安排等
	信息咨询	为观众提供各种咨询
特殊志愿者	媒体宣传	广告、营销等专业背景，负责活动全程的宣传工作
	信息技术	信息技术专业背景，负责网络管理与支持工作
	医疗服务	医学专业背景，负责现场急救等相关医疗服务
	其他	包括如体育裁判等相关技能背景，能直接服务于节事活动相关岗位

---

① Ralston R, Downward P, Lumsdon L. The Expectations of Volunteers Prior to the XVII Commonwealth Games, 2002: A Qualitative Study. Event Management, 2004, 9 (1-2): 3~26.

案例 8-1	2008年澳大利亚布里斯班艺术节的志愿者培训

澳大利亚昆士兰政府与布里斯班政府为促进当地艺术发展，于1996年开始举办布里斯班艺术节，目前逐渐发展成为人们评价最高的国际艺术节之一。该活动于每年9月份举办，期间吸引来自世界各地的艺术家，活动包含烟火表演、歌剧、舞蹈和音乐节目。

该活动持续近20天。从前期策划到现场管理，大量来自布里斯班大学、社区、养老院的学生和居民参加了志愿者的工作。活动举办前，由来自布里斯班艺术节公司的员工对志愿者进行为期1~3天的培训，培训内容包含布里斯班艺术节介绍、活动内容、各工作团队工作时间及内容、注意事项等。另外，艺术节公司还发放了包括具有布里斯班艺术节统一标志的T恤、胸卡、感谢信、活动介绍手册、员工权利与义务说明、文具、工作时间表等一系列物品与资料。

布里斯班艺术节志愿者权利与义务如下：

(1) 志愿者权利

①具备符合劳动健康与安全标准的工作环境。

②没有义务在非工作轮班时间参加工作。

③每一轮班至少可以休息10分钟。

④如果轮班长度超过5小时，或未提前12小时通知延长工作时间，志愿者有权休息半小时，包括活动提供的餐饮时间。

⑤在工作开始前应为志愿者仔细介绍该岗位所有方面的工作。

⑥所有工作时间均应有工作伙伴或负责人在现场。

⑦为志愿者提供适当的器材和信息来完成该岗位的工作。

(2) 志愿者在工作岗位上的禁止事宜

①针对人或财物的暴力行为。

②宣扬某种宗教或政治信仰。

③涉及保管现金。

④涉及保管个人贵重物品。

⑤涉及驾车或保管车辆。

⑥每日工作超过7小时。

⑦在整个节庆活动期间超过13个轮班。

(部分资料来源：布里斯班艺术节志愿者培训材料)

三、志愿者的奖励制度

志愿者的奖励制度重点是通过相应的特殊待遇、物质奖励等，对志愿者工作和志愿者的贡献给予认可。良好的奖励制度有助于招揽更多更好的志愿者，提升志愿者的满意度从而提高服务质量。常用的奖励策略包括：

(1) 表彰活动。包括肯定志愿者工作的志愿者证书、奖章、感谢信、志愿者合影，举办志愿者个人与团队表彰活动等。

(2) 纪念品。包括与节事活动相关的纪念品（如纪念T恤、帽、笔、公仔等）。

(3) 特殊优惠。例如参加节事活动的免费门票、赞助商产品的折扣和奖金、开幕时的预演门票、免费交通服务、免费工作餐等。

案例 8-2　　　　　　　雅典奥运会的志愿者奖励制度

第28届夏季奥运会于2004年8月13日—29日在雅典举行。雅典奥运会共有来自国际奥委会201个会员协会的11099名运动员参加比赛；参与报道本届赛会的新闻记者共有21500人；参与本届奥运会服务的志愿者共有60000人。

为了便于奥运会期间志愿者的工作，奥组委为每个志愿者提供2004年雅典奥运会志愿者制服和志愿者工作需要的任何装备、服务期间的工作餐、服务期间的保险、到达和离开服务场所的交通。

雅典奥运会志愿者具体的奖励包括：

(1) 在2004年雅典奥运会比赛结束时，为了与志愿者奖励计划保持一致，参加的志愿者将获得参加证书。

(2) 2004年雅典奥运会志愿者部门计划以各种各样的活动嘉奖参加奥运会的志愿者，而且奥运会的志愿者还将会有一定数量的门票。

(3) 在适当的体育比赛之后每个场馆将举行一个特殊的典礼。

(4) 希腊政府对雅典奥运会志愿者的特殊政策。

其一，希腊的义务服役期为一年，很多年轻人为了躲避兵役而选择到国外生活。2004年6月，希腊政府出台了专门针对这部分人的新政策：如果那些为躲避义务兵役而在国外居住的希腊人，在2004年7月1日至8月底内参加雅典奥运会志愿者工作，将被准许回国，"海归"志愿者们在为奥运会服务15～20天后，还可以在希腊享受一个多月的"自由时光"。并且，国家制定相关政策规定在奥运会期间担任志愿者可以抵1～2个月的兵役。其二，所有志愿者均可以带薪离职10天参加奥运会期间的各项志愿服务工作。这两项政策在很大程度上吸引了志愿者，也是对志愿者的极大奖励。①

对志愿者的工作要求低于带薪员工，一是志愿者每天工作结束时间不得超过晚上 12 点；二是志愿者不能在奥运会 15 天内连续工作，必须安排适当的休假。

（资料来源：李颖川，2006）

本章小结

良好的人力资源管理可以控制成本、提高质量、提高组织效率、加强组织机构的社会与法律责任。

节事活动的工作内容庞杂，很多情况下节事管理者扮演着最主要的角色，是整个组织机构的核心。其组织结构类型可分为直线型、职能型、项目矩阵型和多元结构型四种。

节事活动的团队建设包含团队规划与职业分析、招聘与选拔、岗位培训、监督与评估四个阶段。

志愿者管理是节事活动人力资源管理的重心，可从志愿者参与动机更好地分析与管理志愿者，通过适当的奖励制度提升员工服务质量与满意程度。

思考题

1. 请根据不同的节事活动类型（如文化节庆活动、体育赛事、会议、展览），结合本章第二节内容，设计相应的节事组织机构。
2. 请分析节事活动中节事管理者指的是什么，所担任的职责是什么。
3. 为什么大学生是当今节事活动志愿者的主要构成？大学生参加节事活动的动机与回报是什么？

---

① 宋玉芳：《奥运会志愿者管理研究》，北京体育大学博士学位论文，2004 年。

第九章 进度安排与时间管理

学习目标

1. 了解节事活动进度安排的内容与类型。
2. 掌握节事活动进度安排的制定。
3. 了解节事活动时间的控制。
4. 掌握节事活动时间管理的基本工具。

引导案例

　　第六届同性恋体育文化节组织委员会是悉尼队国际公司（Team Sydney Inc.）于1997年悉尼市成功地申办第六届同性恋运动会的过程中成立的。该活动从项目申办—筹备—实施—控制—结束，共经历了6年的时间。通过协调管理来自国际同性恋运动联合会、本项目的赞助商、新闻媒体、悉尼市政府、新南威尔士州旅游部、悉尼市有关社区的居民、男女同性恋团体与公众等各利益群体，该组织委员会在合理的日程规划与时间管理下，成功举办了一场国际性的文化与体育盛会。

　　在2002年悉尼第六届同性恋体育文化节的组织管理工作中，工作任务被分解成为若干个较小的组成部分。结构的第一层包括场馆、项目、市场推广、票务、财政、媒体、人力资源、后勤保证；其中每一部分可以进一步分解，例如第一层中的"项目"又被分解为体育比赛项目、文化艺术表演项目，构成工作任务分解结构的第二层。依次类推形成工作任务分解结构的各个层次。确定了工作任务分解结构以后，赛事管理者就可以利用PERT一览表和Gantt表等项目管理工具对本项体育赛事的具体任务进行分析和评价，并确定完成这些任务的时间与核心步骤。

　　本届体育文化节分为文化活动和体育比赛两部分，活动从注册开始到活动结束持续近一年时间（见表9-1），在为期9天的体育比赛中，有11500名运动员在4个场馆中参加了31个项目的竞争；在两周的文化节活动中有2500个注册的文化活动参与者参加了活动。在体育赛事按已有的计划实施的过程中，组织管理者与本项赛事的各主要利害关系方以及与本项赛事有关的所有方面保持密切的联系,密切关注项目计划的实施情况,并根据实际情况作出相应调整。

表 9-1 2002 年悉尼同性恋体育文化节的日程安排

时间	活动
2001 年 11 月 1 日—2002 年 7 月 31 日	注册
2002 年 3 月	文化节启动
2002 年 4 月	开始售票
2002 年 10 月 25 日	文化节开幕
2002 年 11 月 2 日	体育比赛开幕式
2002 年 11 月 9 日	闭幕式

(资料来源:崔玉鹏、王守恒、孙继俊,2005)

节事活动从策划、实施到结束,往往需要很长的时间。策划一个节事活动时,首先要判断是否有足够的时间来筹备与实施,考虑如何利用合理的规划有条不紊地完成各项工作。节事活动管理的工作是由一系列不同项目的工作所组成,要确保节事活动的如期开展,首先要确保每个分项目工作的准时完工。一个节事活动就是一个项目,从占用时间和资源的角度来说,它不是一个持续性的行为,而是具有短期的特性,因此需要将该过程中所有的行为都视为节事活动的整体来通盘考虑。[①]

在长达几个月或几年的时间中,节事管理者需要协调各种因素(如人力、物力等),并将这些因素有效整合在一起,从而达到预期的目的。本章将试图从时间管理的角度,分析节事活动进度安排的内容与步骤,以及时间管理的概念与工具在节事活动中的应用,从而帮助节事管理者更好地把握活动管理时间的控制技巧。

第一节 节事活动的进度安排

一、节事活动进度安排的目标

节事活动的进度安排指的是节事活动的各项工作按照特定的时间计划完成,包

[①] (英)茱莉亚·图姆、菲莉帕·诺顿、尼瓦·怀特著:《节事运营管理》,陶婷芳、廖启安译,格致出版社、上海人民出版社 2008 年版。

括节事活动前期筹备、中期实施和后期评估的所有工作的时间安排。合理的进度安排是减少开支的有效途径。假设只剩1天时间就将举办的节事活动按照当前进度实际需要2天的筹备时间才能完成,那么为了确保活动准时开幕,节事活动管理者需要花费额外的费用雇佣更多的员工或者加班加点;相反,如果日程规划得当,可以提早完成工作任务,节事公司则可能从中节省大量的人力、物力成本。总体来说,节事管理的进度安排的主要目标包括以下几点:

(1) 明确各项工作开始、完成与结束的时间。
(2) 保证各项工作的顺利完成。
(3) 加强对各部门工作进展的了解与协调。
(4) 提醒各职能部门按规定时间完成工作。
(5) 对员工工作进行监督。
(6) 识别工作与节假日的时间冲突,并及早作出调整。
(7) 确保工作进度在最短时间内完成。
(8) 减少时间与经济成本。

二、制定进度安排的步骤

作为节事主办方,需要在活动前期完成舞台搭建、推广宣传、物品运输、人员培训等诸多工作,进而确保节事活动能够顺利举办。进度安排的主要工作内容就是通过一系列预期计划,协调与确保各个行为要素在指定的时间与地点得以实施。进度安排的总时间需要协调整合同步或分步进行的各项工作,进而计算所有工作完成所需的时间。总体来说,节事活动管理的进度安排设计需要经过识别→分析→决定的过程(见图9-1)。

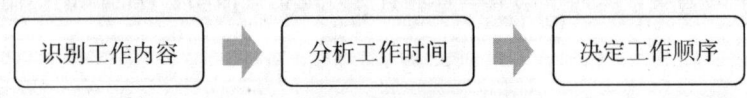

图9-1 节事活动进度安排步骤

(一) 识别工作内容

节事活动通常由各项具体的工作所组成,为帮助节事管理者在上百种大大小小的工作中理清头绪,从而作出全面的进度安排规划,首先需要对节事活动的各项工作内容进行全面的识别。传统项目管理者通常会通过一份产品分解清单进行梳理。①

---

① O'Toole W, Mikolaitis P. Corporate Event Project Management. Hoboken, NJ: Wiley, 2002.

对于节事活动管理者来说，需要做的第一步工作就是针对不同的节事活动类型与内容，分解识别构成节事活动的各项工作内容。识别工作内容通常采用项目管理常用的工作分解结构图（work breakdown structure，简称WBS）进行（见图9-2），目标是将抽象、覆盖面大、操作难度大的工作分解成具体、易管理、易操作与检验的具体工作。

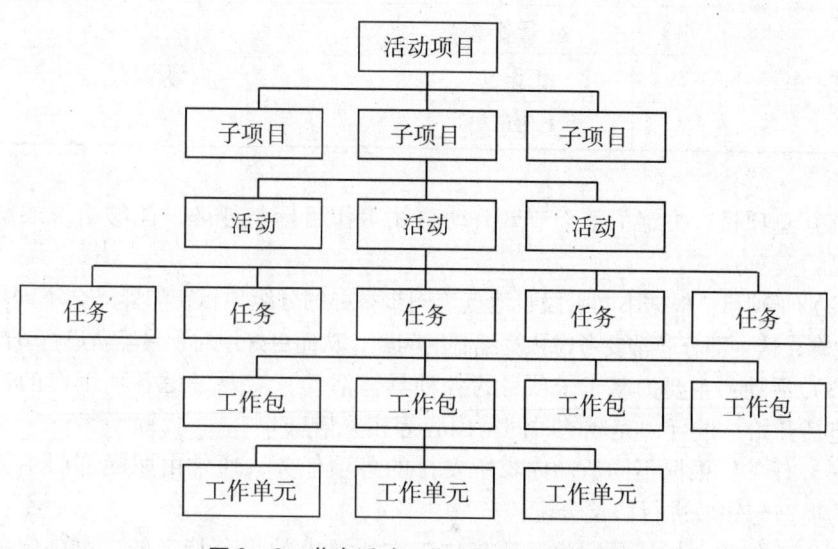

图9-2　节事活动工作分解结构模型范例

（资料来源：卢晓，2006）

1. WBS 的构建

节事活动的规模大小与活动内容决定了其工作的复杂程度，工作分解图的构建正是基于这些不同板块的工作的层层分解，从而落实到具体可由个人（团体）完成的工作中。WBS 的构建层次决定了节事活动工作项目分解的深度。根据节事机构人力资源的配备，通常可以分为3～6个WBS层次。管理层通常工作分解程度较低，所管辖的事物较多；而技术层需要知晓工作的具体实施任务，因此分解较详细，属于分解层次的底层。

WBS 分层可以分为总项目、子项目、活动、任务、工作包、工作单元等，根据工作的可控情况决定是否分解下一层次（见表9-2）。在构建WBS时，应注意某一级别的工作任务为下一级别工作任务之和，且每项任务均有负责的人员或团队。

表 9-2　WBS 分层类别

控制	层	描述	目的
决策层	1	总项目	工作授权与解除
管理层	2	子项目	预算编制
	3	活动	进度安排
技术层	4	任务	内部控制
	5	工作包	
	6	工作单元	

（1）总项目：决定了整个节事活动总体工作目标与任务，能够给予或解除工作授权。

（2）子项目：根据不同阶段、地点等同步举办的分级项目，如奥运会不同场地举办的比赛，这一部分通常要考虑预算编制的问题，从而更好地对项目经费进行分配。

（3）活动：主要为基于子项目的各种具体活动，需要考虑各项工作的进度安排，包括开始、进行、完成的时间与内容等相关信息。

（4）任务：根据不同活动内容所安排的各项任务，通常由职能部门主管根据工作的类型与领域进行协调分配。

（5）工作包：指的是完成一项具体工作所要求的一个特定的、可确定的、可交付的以及独立的工作单元，需为项目控制提供充分而合适的管理信息。

（6）工作单元：指的是具有全面、详细和明确的文字说明的工作具体任务，实际的工作实施者能够清楚自己的具体任务、努力的目标和所承担的责任。

从工作分解的方式来看，WBS 的构建层次可以分为：

（1）自上而下法：从节事活动的目标与任务出发，总体考虑各项工作，并依此逐步分层，直到落实到具体的工作单元底层。

（2）自下而上法：先从底层实际的执行情况考虑，不断进行归纳，进而总结出节事活动的总体活动任务与目标。

（3）追溯法：借鉴以往或类似节事活动的 WBS 结构图，以此为依据进行工作分解。

2. WBS 的编码

节事活动工作分解图的工作编码可以通过数字的方式来阐释每一项活动所属的工作层次以及与其他工作的关系。为保证代码对于节事活动所有涉及的人员具有共同的意义，在设计 WBS 编码时，应考虑所有信息能够自然地通过 WBS 编码进入应用记录系统。

一般来说，WBS 结构的每一层次代表代码的某一位数，通常可以用数字或者字母加数字的方式来呈现。第一位数表示出于第一层的整个项目，第二位数表示出于第一级的子项目，第三位数表示下一层次的主要活动项目，以此类推。通常管理层的数目小于 9，项目过于复杂时，可以加入字母代码来更好地表达各工作要素含义（见图 9-3）。

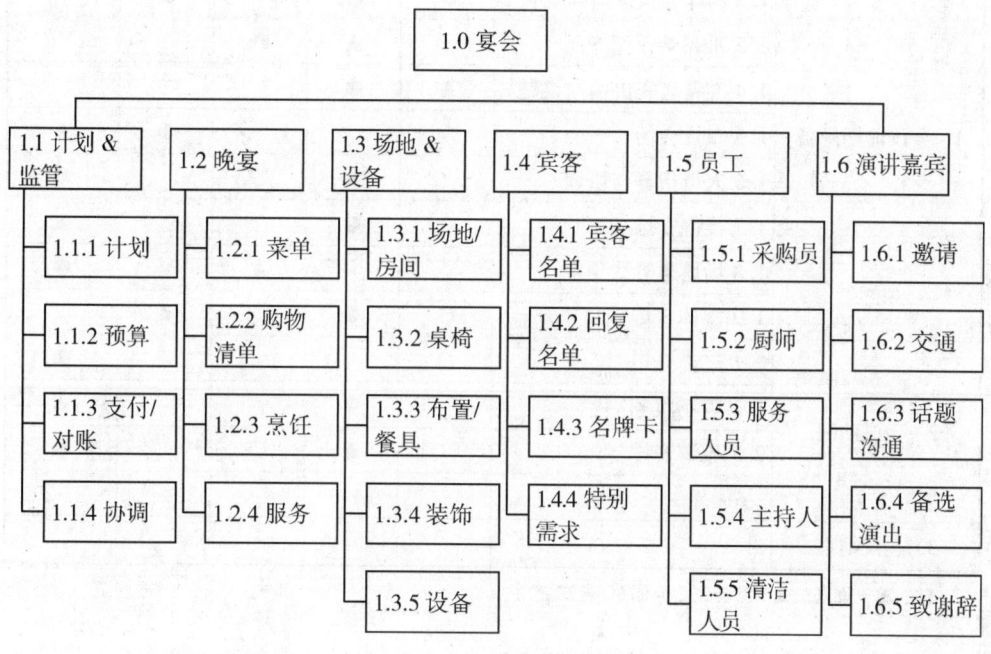

图 9-3 宴会 WBS 编码示例

3. WBS 的职责分配

节事活动的各项工作需要通过管理或工作人员来具体实施，因此明确项目的实际负责人、咨询者或知会者，对于节事活动分解项目的执行工作十分关键。线性责任图（linear responsibility chart，LRC）是将分解的工作单元落实到有关部门或个人，并明确他们在组织工作中的关系、责任和地位的一种工具。[①] 通过 LRC 图的职责分配，节事活动的各部门工作人员可以更清楚自身部门的任务与职责，同时明确其与各部门之间的工作关系，进而提高整体机构的工作效率。WBS 的职责分配可以以部门或个人为单位，对其是否负责、参与、批准、告知等相应职责进行明确规

---

① 杜志伟：《基于工作结构分解理论的沈阳奥体中心项目管理研究》，吉林大学硕士论文，2009 年。

定,并告知各部门工作人员。(见表9-3)

表9-3 会议WBS的职责分配(线性责任图)示例

WBS		学术组	行政组	财务组	宣传组	现场管理
1. 会议前期筹备	1.1 邀请嘉宾与参会人员	○	▲		●	
	1.2 制作会议手册与展板	●	○		▲	
	1.3 准备会议纪念品		▲	●		
	1.4 准备嘉宾讲稿与议题	▲	●		○	
	1.5 布置会场			○	●	▲
	1.6 人员招募与培训		▲	○		●
	1.7 接待安排		●	○		▲
	1.8 场地与餐饮预定				▲	●
	1.9 媒体宣传	○	●		▲	
2. 会议期间	2.1 记者会	○			▲	●
	2.2 现场服务		●		▲	
	2.3 旅游安排		▲	○		●
	……					
3. 会议结束	……					

注:▲=负责;●=参与;○=同意/告知。

(二)分析工作时间

1. 影响工作时间的因素

在识别节事管理具体工作项目与职责的基础上,节事机构需要分析各项目完成的工作时间,从而根据项目的先后顺序估算完成这一节事活动所需的总时间。通过对节事活动工作时间的分析,可以更好地分配各项工作,从而有效协调分配相应的资源。时间估算主要根据规定时间内对可调动的资源、工作量、可用人数、工作的时间冲突等因素进行估量,由于其影响因素较多,很难进行准确的估量。根据节事活动的决策性、快速性与灵活性的特点,其活动管理日程的工作时间主要有以下影响因素:

(1)人为因素。节事活动的各项工作需要动用大量的人力资源来协调完成,包括节事机构管理者、工作人员、临时用工、志愿者、承包(合作)商工作人员等。这些工作人员的工作效率与办事的熟练程度直接影响了活动的工作时间长度。

如负责制作活动宣传资料的广告公司如果因个人办事效率原因，导致不能按时交付宣传设计材料，则整个活动从前期筹备开始就将拖延，甚至可能影响活动的顺利举办。此外，如果节事机构人力资源管理不当，如出现员工招募、培训、监管不力等情况，也会很大程度地影响节事活动的进程。

（2）物资因素。对于大多数节事活动来说，需要通过政府拨款、协会基金、公司/个人捐款、企业赞助等方式获取大部分活动经费。前期启动资金为活动的前期筹备提供了保障。活动的组织管理过程中，前期场地与餐饮预定、员工工资薪酬、承办商费用等都需要提前准备，如果资金不到位则会直接影响节事活动的各项工作。活动筹备中期，如果因为可变动收入（如门票）达不到预算水平，没有足够资金支付进度款，也将直接导致整个活动项目进程受阻，甚至可能出现被索赔的情况。活动期间需要筹备的物资，包括搭建现场所用的设施，活动举办时所需的桌椅、音响、灯光等各种设备等，如果不能按物流计划的时间准备齐全，则将影响活动的筹备进程，进而影响节事活动的最终举办。

（3）不可预估因素。由于节事活动具有诸多不可预估的因素，包括天气情况、活动内容变更、突发事件等都将耽误节事活动的总进程。例如，会议活动受邀嘉宾由于个人原因需要临时更换嘉宾，节事活动的进度安排将根据更替嘉宾的情况进行更改。如果找不到替代嘉宾，甚至有可能缩短会议日程，从而影响整个节事活动的时间安排。

此外，由于许多节事活动筹办时间较长（大型节事活动常常超过两年），期间可能会遇到各种不可预见的社会与自然因素，如罢工、内乱、汇率浮动、地震、洪水、传染疾病等。这些风险因素都有可能推迟节事活动的工作时间，从而影响整体进度。

2. 决定工作时间的方法

节事管理者需要根据节事活动的各种因素分析工作时间，工作时间常常具有许多不确定性，如何通过有效的估算方法进行分析，从而大大减少节事活动的时间成本，以利于更有效的时间规划呢？具体方法包括如下几种：

（1）经验类比法。通过比较以往或相似的节事活动，可以为估算节事活动时间提供更切实的参考。节事管理者可以由此了解筹备活动所需的基本时间以及举办活动最适宜的天数，进而结合自身活动内容作出调整。

（2）专家判断法。涉及大型或新型的节事活动时，由于对各项工作较难掌握，常需要寻求节事专家的帮助。如奥运会的时间安排需要咨询往届举办团队，从而为长达 7 年的筹备工作做更好的时间规划。

（3）"三时"估算法。该方法是根据活动筹备与举办的具体情况，按照活动完成的乐观时间（所有涉及的工作时间对完成该活动最为有利，即最短时间）、悲观时间（所有涉及的工作时间对完成该活动最不利，即最长时间）、正常时间，根据概率的方法得到平均值，从而估算最贴近实际的准确时间。

（三）决定工作顺序

1. 决定工作顺序的影响因素

节事活动的工作项目由不同的职能部门管辖，众多的工作任务存在平行、交叉、先后等复杂的关系。由于每个工作任务的时间长度不同，协调各种工作的先后顺序更加困难，因此，通过相应的依据，理清各项任务的逻辑（时序）关系十分重要。为保证每个需要预先完成的任务都得到合适的安排，节事管理者需要回顾节事活动的日程要求，然后根据这些要求按时间先后顺序列出所有活动。最终完成的日程计划是所有批次联系的任务的综合体。[①] 决定节事活动工作顺序的主要依据包括：

（1）工作项目的逻辑关系。节事活动的许多工作事项具备相应的逻辑顺序，例如开展节事活动的新闻推介会，筹备场地的工作任务需要经历选择场地→运输设备→布置场地→安排服务人员等基本的步骤，如果不能选择合适的活动场地，则会影响设备的运送，进而影响布置场地的工作任务。决定工作顺序时，需要考虑活动发生的自然顺序，理清每一项工作开始的必然条件，然后根据这些前后顺序分配工作任务的时间。

（2）工作项目的职责关系。工作分解后的各项任务需要落实到具体的个人或团队，并通过线性责任图对这些任务进行职责分配。每一项任务可能需要经过不同的职能部门负责执行、协助、审批、告知等工作，这些部门的职责关系协调以及工作效率也将大大影响工作的时间长度。例如，负责宣传的职能部门需要经过财务部门的审批，如果财务部门同时承担太多的工作任务导致该审批拖延，则会因此影响宣传工作的推进。在决定工作顺序的时候，需要考虑各部门协调关系与职责分配，尽可能协调各种工作的先后顺序，避免重复或拖延工作。

（3）工作项目的约束关系。决定节事活动工作的先后顺序还需要考虑工作开展的各种约束关系，这些约束条件包括资金的配备情况、员工构成情况、活动日程的硬性规定、赞助商的要求等内在与外在约束情况。如需要较多工作人员参与的活动纪念品制作工作，需要在招募志愿者之后才能更有效率地完成，因此该工作项目的时间安排应在活动的筹备后期。对于一些常规性节庆活动或体育赛事，其活动日程通常为固定的日期，因此所有工作的时间安排应以活动开展时间为指标，然后按各项工作顺序确保活动如期开展。

[①] Getz D. Event Management & Event Tourism. New York：Cognizant Communication Corporation，1997.

2. 决定工作顺序的方法

诸多节事活动相关的项目管理软件，如 Microsoft Project、Events Perfect、Event Pro 等可以整合节事活动的各项工作信息，计算多个关键路径时间，包括最早、最晚以及最有可能开始的时间，可以帮助节事管理者更明确地了解如何利用现有资源进行工作分配。其主要运用的方法为关键路径法（critical path method，CPM），该方法是基于数学计算的项目计算管理方法，能够将节事活动各项工作用逻辑关系（结束—开始、结束—结束、开始—开始和开始—结束）进行分析与连接，从而计算活动各项任务的时间特点（见表9-4）。根据不同的表达方式，关键路径法可以分为节点法（precedence diagramming method，PDM）与箭线法（arrow diagramming method，ADM）两种（见图9-4、图9-5）。

表9-4 婚礼筹备工作网络图绘制

序号	工作代号	工作名称	紧前工作	所用时间（/天数）
1	A	婚礼预约	C, D, E	2
2	B	婚礼场地与人员预约	F	1
3	C	婚礼各项工作负责人确定	G	2
4	D	婚礼化妆与服饰确定	H	2
5	E	婚宴预约与道具购置	F	2
6	F	主题与伴郎、伴娘确定	G	4
7	G	婚礼场景布置与规划	I, C, D, F	2
8	H	婚礼当天操作流程确定	I, D	1
9	I	财务费用合计与支出状况	G, H	3

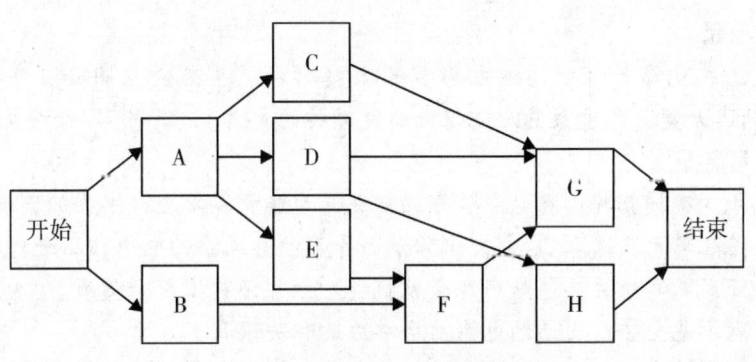

图9-4 婚礼筹备工作节点法示意

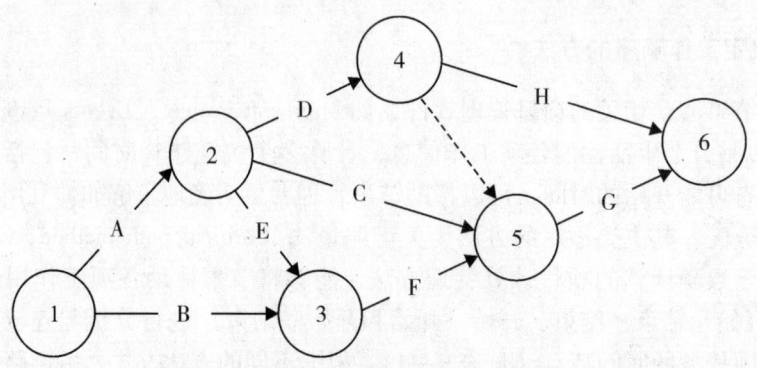

图9-5 婚礼筹备工作箭线法示意

(1) 节点法。使用节点表示活动的各项工作,一般用字母表示,通过箭线表示各项工作之间的各种逻辑关系,可以帮助节事管理者迅速理清各种逻辑关系,进而调整工作顺序。

(2) 箭线法。又名双代号项目网络图,节点表示前一项工作的结束,也表示后一项工作的开始,箭线表示活动(工作),通常只适合于表示"结束—开始"的逻辑关系。

案例9-1　　　　　　　　　戛纳电影节筹备工作

戛纳电影节(Festival de Cannes)始于1946年,由法国南部城市戛纳常年举办,是国际上最具影响力的电影节之一。该活动在每年5月中旬举办,为期12天左右(见表9-5),通常于星期三开幕、第二周星期天闭幕。电影节期间,除评比参加竞赛的电影与优秀电影工作者之外,还举办各种各样的平行活动,主要内容包括:

正式单元

(1) 正式竞赛长片:戛纳电影节的主要内容,包括金棕榈奖(年度最佳影片)、评判团大奖(年度最具原创性或研究精神的影片)、最佳男/女演员、最佳导演、金摄影奖等。

(2) 正式观摩长片:在电影节期间播放,为非竞赛单元,不参加奖项角逐。

(3) 关注单元:选取20部文化背景迥异、独具风格的电影作品进行展出。

(4) 正式竞赛短片:包括短片金棕榈奖、短片评判团奖等奖项。

(5) 电影基金会:由戛纳电影协会举办的相关项目。

平行单元

(1) 国际影评人周。

(2) 导演双周。
(3) 戛纳经典。(见图 9-6)

表 9-5　第 64 届戛纳电影节活动日程安排

时间	活动/放映
5月11日	开幕片《午夜巴黎》亮相 第 64 届戛纳电影节开幕式 短片角、电影市场及国际电影村开幕
5月12日	竞赛片《睡美人》《谈谈凯文》亮相 关注单元《无法安宁》《苦差事》亮相 戛纳经典开幕 海滩电影院开始放映影片 电影市场的制片人网络（Producers Network）启动
5月13日	竞赛片《教皇诞生》《青少年警队》亮相 关注单元《无父之城》《选美小姐》《阿里郎》亮相 电影基金会 Atelier 开放
5月14日	竞赛片《脚注》《米夏尔》（又名《迈克尔》）亮相 关注单元《再见》《乞力马扎罗之雪》《盆栽》亮相
5月15日	竞赛片《艺术家》《单车男孩》亮相 关注单元《停在铁轨上》《双面玛莎》亮相
5月16日	竞赛片《生命之树》《妓院回忆》亮相 关注单元《我们现在去哪里》《撒旦之外》亮相
5月17日	竞赛片《勒阿弗尔》《天主》亮相 关注单元《漂流人生》《辰巳》亮相
5月18日	竞赛片《忧郁症》《朱花之月》亮相 关注单元《爱情骗子》《奥斯陆，八月未央》《黄海》亮相 电影基金会评选开幕
5月19日	竞赛片《吾栖之肤》《一命》亮相 关注单元《国家行动》（又名《部长》）《北村方向》亮相 电影基金会评选
5月20日	竞赛片《为父寻仇》《亡命驾驶》亮相 关注单元《猎人》亮相 电影基金会颁奖

续表9-5

时间	活动/放映
5月21日	竞赛片《女人之泉》《安纳托利亚往事》亮相 关注单元《艾莲娜》亮相 官方评选短片竞赛
5月22日	闭幕片《被爱的人》亮相 评选影片重映 金棕榈奖颁奖典礼暨第64届戛纳电影节闭幕典礼 评审团新闻发布会

图9-6 2010戛纳电影节筹备现场

（部分资料来源：http://news.mtime.com/2011/05/06/1458582.html）

第二节 节事活动中的时间管理

一、时间管理的概念

任何一个节事活动（项目），都需要从时间、质量、成本三方面考量活动的成功。所谓节事活动的时间管理，指的是通过最有效时间完成节事活动各项任务的工作安排。时间管理的对象包含节事机构以及服务于该活动的个人，其核心内容是制定进度计划、协调并实施计划、控制计划确保其实施。在分解节事活动工作要素、分析工作时间、决定工作顺序的基础上，节事管理者需要根据进度计划进行合理安排。此外，作为活动任务的执行者，如何从个体出发有效管理个人时间，从而提升工作效率也是节事活动时间管理需要实现的目标。

二、个人的时间管理

对于个人的时间管理已有许多研究，其中利用便条与备忘录帮助个人协调时间是最早被推崇的个人管理方法。除此之外，通过事件的轻重缓急优先选择最高"产能"的工作，也是个人时间管理的常用方法。根据戴维·艾伦（David Allen）提出的GTD（Getting Things Done）方法，个人的时间管理需要经过收集、整理、组织、回顾与行动五个步骤。[1] 此外，通过19世纪意大利经济学家帕累托提出的80/20效率法则，也可以帮助节事活动的工作者更有效地管理时间。该理论的核心内容是生活中80%的结果几乎源于20%的活动[2]，为更有效力与效率地完成节事活动的各项工作，工作人员应该根据紧急性与重要性决定工作的优先顺序，进而获得最大的工作产出。根据这一原则，可以作出如下排序（见图9-7）：

A. 重要且紧急——必须立即做，如节事活动最后期限的项目，亟待解决、严重影响后续项目进程的工作任务。

B. 重要但不紧急——如节事活动的前期筹备会议、各项准备工作、规划与审议、团队建设、员工培训等。

C. 紧急但不重要——如咨询电话、志愿者咨询、不必要的会议等。

D. 既不紧急也不重要——只需要用闲暇时间来完成的工作。

---

[1] Allen D. Getting Things Done: The Art of Stress-Free Productivity. London: Penguin, 2002.
[2] 刘秀英：《对二八管理法则的诠释》，载《经济理论与经济管理》2004年第8期，第57～59页。

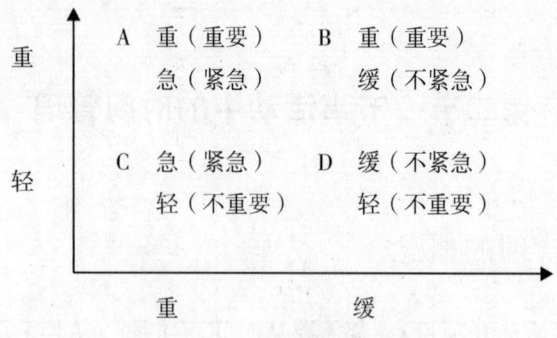

图 9-7 时间管理优先矩阵

(资料来源：汪村彦，2009)

三、时间管理的常用工具

(一) 甘特图

甘特图（Gantt Charts）是美国学者甘特在1917年提出的一种使用条形图编制项目工期计划的方法，是节事活动及各类项目进度计划和实施的主要参考工具（见图9-8）。由于其简单、明了、直观且易于编制，在现代项目管理尤其是节事活动管理中被广泛应用。甘特图横轴代表时间，单位可以是小时、天、周或者月，纵轴代表项目的任务、行为。通过这种二维平面图展示，可以帮助节事管理者实现以下目标：

（1）了解每一个项目工作的开始和结束时间。
（2）了解实际任务进展与目标的差距。
（3）了解资源利用情况。
（4）了解各项工作之间的逻辑关系。

(二) 里程碑

节事活动的里程碑式管理是一种目标导向模式的时间管理方式。节事管理者可以根据组织活动的主要关键事件，通过建立和检验各个里程碑式时间来确保活动的按时实施。这些里程碑时间常为活动项目的显著时间点，完成该里程碑可以对活动的发展有重要影响结果（见表9-6）。其一般可包括以下重要节点：

（1）活动启动。如活动申办、项目审批、经费划拨等影响节事活动立项的事件。
（2）管理模式建立。包括节事机构的建立、人力资源的配备工作等。
（3）合作团队建立。如与承包商签署合同、邀请活动重要表演或演讲嘉宾的确认、活动场地落实等。

序号	任务名称	开始时间	完成	持续时间	2013年9月 9 10 11 12 13 14 15
1	项目开始	2013/9/9	2013/9/9	1天	
2	选择场地	2013/9/9	2013/9/9	1天	
3	运送帐篷	2013/9/9	2013/9/9	1天	
4	搭建帐篷框架	2013/9/10	2013/9/10	1天	
5	搭建外围蓬布	2013/9/11	2013/9/12	2天	
6	铺场地地毯	2013/9/12	2013/9/12	1天	
7	搭建篷内天花板	2013/9/13	2013/9/13	1天	
8	搭建电源与灯光	2013/9/13	2013/9/13	1天	
9	制作帘布与特效	2013/9/13	2013/9/13	1天	
10	运送家具	2013/9/14	2013/9/14	1天	
11	布置家具	2013/9/14	2013/9/14	1天	
12	装饰帐篷	2013/9/15	2013/9/15	1天	
13	安排服务人员	2013/9/15	2013/9/15	1天	
14	运送鲜花	2013/9/10	2013/9/10	1天	
15	装饰桌面	2013/9/15	2013/9/15	1天	
16	检查与审核	2013/9/15	2013/9/15	1天	
17	活动开始	2013/9/15	2013/9/15	1天	

图9-8 某节事活动场地布置甘特图示例

表9-6 北京奥运会里程碑

里程碑事件	2001年	2003年	2005年	2008年
申奥成功	★			
组委会成立	★			
主题确定		★		
场馆建设完成			★	
开幕式				★

(4) 节事活动开展的重点项目。如开幕式、闭幕式、颁奖典礼等。

(三) 日程表

日程表是节事活动使用最广泛的事件管理工具，其不仅适用于管理者、工作人员，也适用于活动的嘉宾、媒体、参与者。日程表通常包含事件、时间、地点、活动参与者（包括表演者、演讲者、主持人）等信息，可以分为表格式与日期式两种（见表9-7）。

表9-7 2010年世界旅游日庆典暨广东国际旅游文化节日程

日期	时间	内容	地点
9月26日（周日）	09:30—11:30	世界旅游日庆典暨亚运会街道巡游活动	会展中心
	10:00—11:00	世界旅游日摄影展开幕	北京路步行街
	10:25—10:35	世界旅游组织官员致辞	北京路步行街
	10:35—10:45	世界旅游日摄影大赛获奖名单公布，并给广东省摄影大赛获奖者颁奖	北京路步行街
	10:45—11:30	剪彩仪式	北京路步行街
	11:30	开幕式结束	北京路步行街
	12:00	午餐	酒店
	14:30—15:20	世界旅游日庆典新闻发布会	酒店
	18:00—19:30	晚宴	酒店
	20:00—21:30	广州友好城市的文艺表演	中山纪念堂
9月27日（周一）	08:30—09:00	宣布世界旅游日摄影大赛结果，并给世界旅游日儿童绘画与写作比赛获奖者颁奖	广东省博物馆
	09:00—09:45	旅游、生物多样性和可持续发展高端对话开幕式	广东省博物馆
	09:00—09:45	嘉宾致开幕辞	广东省博物馆
	09:45—10:25	主题演讲——旅游与生物多样性	广东省博物馆
	10:00—11:00	泛珠三角商业推介会	酒店
	10:25—10:40	茶歇	广东省博物馆
	10:40—12:00	高峰座谈会	广东省博物馆
	12:20—13:45	午餐	酒店

续表 9-7

日期	时间	内容	地点
9月27日（周一）	15：00—16：30	学术研讨会——中国出境旅游与国民休闲计划	广东省博物馆
	17：00—18：00	晚宴	酒店
	20：30—22：15	广东国际旅游文化节暨世界旅游日庆典开幕仪式	增城广场
	20：30—20：50	嘉宾致辞	增城广场
	20：50—20：55	启动网络游戏：绿色地球	增城广场
	21：00—22：15	文化表演	增城广场
	22：30	品尝广东美食	增城广场
9月28日（周二）	10：00—12：00	2010广东国际旅游博览会	展览馆
	10：00—11：00	参观博览会展台	展览馆
	11：00—11：30	博览会杰出参展商授奖	展览馆
	12：00—13：30	午宴	酒店
	14：30—18：00	学术考察白云山风景名胜区	白云山
	19：00	晚宴，活动结束	酒店

（资料来源：2010年世界旅游日庆典暨广东国际旅游文化节官方材料）

通过日程表提供的信息，节事活动的管理人员与工作人员能更清楚地了解活动的进展情况，如设备，表演/演讲人员，服务人员需要到达的时间、地点，各项活动的内容简介，等等。此外，通过纵览节事活动的日程描述，可以针对各项活动内容的时间进行灵活调整，从而确保活动按时举办。

（四）检查表

为保证每项活动无遗漏地实施，常常可以通过检查表（checklist）的方式进行自我审核。这种监控手段可以确保任何工作事项都能 完成，也能确保所需要的物资、人力都能准确到位。检查表通常可以以项目、日期、个人单独列表，通过打"√"的方法将完成事项或需改进事项进行标注。（见表9-8）

表9-8 节庆活动营销工作筹备检查

姓名：		检查日期和时间：	
任务	检查 √/×	需改进的项目 √	备注
营销计划书			
活动表示、颜色、风格制定			
媒体资料袋（内含宣传资料与纪念品）			
社会媒体营销方案			
新闻发布会邀请			
网上宣传			
日程表制作			
……			

四、时间管理的控制

由于节事活动的时间受人为、物资、不可预估等因素影响（见本章第一节），节事活动时间管理的控制需要通过结合各种时间管理工具，分析实际进度情况，进而找出适当的调整与监管措施。根据不同类型节事活动组织管理、工作任务的特点，时间管理的控制可以包括以下几种类型：

1. 预先控制法

通过提早预估时间计划，针对可能造成的时间提前、拖延等情况制定相应的处理办法。如在活动工作审批中遇到拖延时，应通过加急报告、电话、会议等方式加快进程，从而推动整个节事活动项目的进展。在遇到因临时员工缺席导致降低工作效力、延长工作时间的情况时，应在人力资源规划中考虑这一因素，确定预备方案解决这一问题。

2. 比较控制法

这一种方法主要是根据以往相同或相似的节事活动的时间安排来制定、调整、完善节事活动的各项具体工作。通过历史性的经验总结，可以帮助节事机构更好地制定时间管理方案，明确完成各项任务的相应时间。此外，还可以通过不同部门工作效力的比较分析，了解各项工作的耗时情况，进而通过增加资源的方式调整各种事项的完成时间与先后顺序。

3. 现场控制法

此方法是节事活动时间控制的最主要也是最直接的方法，需要节事管理者根据各部门员工工作情况的日常观测跟踪，与时间进度计划进行比较，绘制实际进度网络图，从而分析与预期目标形成差距的原因。此外，还可以通过定期观测跟踪的方式对节事活动的整体进程（里程碑）进行检验，修正原时间计划出现的工作逻辑、时序、时间长度计划的问题。

本章小结

进度安排的主要工作内容就是通过一系列预期计划，协调与确保各个行为要素在指定的时间与地点得以实施。节事活动的进度安排设计需要经过识别工作内容→分析工作时间→决定工作顺序的过程。

时间管理的对象包含节事机构以及服务于该活动的个人，其核心内容是制定进度计划、协调并实施计划、控制计划以确保其能够实施。

节事活动时间管理的主要工具包括甘特图、里程碑、日程表、检查表等，其控制方法可以从历史比较、预测、现场管理三方面进行。

思考题

1. 以广州亚运会为例，对其进行节事工作要素分解（绘制 WBS 图），说明各个级别的相互关系。
2. 请说明作为节事管理者，其自身的时间管理工作有哪些。
3. 选取本章描述的 2～3 种时间管理工具，制作某节事活动的时间规划方案。

第十章　财务管理与节事赞助

学习目标

1. 掌握财务预算相关概念和知识。
2. 了解节事活动常见的收入与支出。
3. 学会对节事活动的经费进行管理。
4. 理解节事活动赞助的相关概念与意义。
5. 学会获取节事活动赞助的基本步骤与方法。

引导案例

澳大利亚堪培拉花展（Floriade）是每年一度在南半球举办的最大的花卉展（见图10-1）。每年9月中旬至10月中旬，正值春季的堪培拉迎来了百花盛开的季节。1988年，为庆祝澳大利亚200周年国庆日和堪培拉建市75周年，园艺设计师Peter和Chris创办了这个花展，随后花展成为每年举办的活动，深受市民喜爱。每年，堪培拉花展吸引超过40万来自世界各地的旅游者来到堪培拉的联邦公园，欣赏超过100万株的郁金香花，为该城市带来了商机与活力。花展期间，游客们还可以欣赏现场表演、文化庆典、园艺工作演示、花艺展示，参加娱乐活动和休闲活动等。

近年来，该活动出现了越来越多的商业行为，包括单次入场券可免费，这样为的是吸引更多的游客，以带来潜在的商机来增加赞助商。1999年，该活动有1个首席赞助商（St George银行）、6个一级赞助商、12个二级赞助商和9个支持商。所有的赞助商和支持商被列在节事活动的平面媒体，包括花卉节活动表、报纸广告、活动传单等。大多数赞助商和支持商都有相应的商标和图像，因此非常容易识别。除此之外，赞助商的名字和商标还被放置在活动的入口和其他两个主要通道处。表10-1列出了所有赞助商和支持商（赞助物资而非资金的赞助商）通过赞助该活动所获取的现场宣传回馈方式。其中：

- St George银行搭建了一个帐篷，里面举办各种投资宣传活动。
- Streets冰淇淋公司搭建了一个冰淇淋小卖铺。

- Telstra（澳洲最大的电信公司）放置了一系列的手机充电插座。
- 花园澳洲（在澳洲受欢迎的花园杂志和电视节目）搭建了一个帐篷出售纪念袋，并邀请嘉宾讲授花园护理知识。
- 柯达公司搭建了一个柯达胶卷小卖铺。

图 10-1 堪培拉花卉展

（资料与图片来源：堪培拉花卉展官网，http://www.floriadeaustralia.com）

表 10-1 堪培拉花卉展赞助商和现场活动①

赞助商	主营业务	现场活动
首席赞助商 　St George 银行	银行	帐篷、投资宣传
一级赞助商 　澳大利亚首都领地（ACT）政府 　堪培拉旅游与节事活动公司 　澳大利亚首都政府机构 　ACTEW 水力公司 　Streets 冰淇淋公司 　Ten Capital 公司	地方政府 旅游局 联邦规划机构 能源公司 冰淇淋公司 地方电视台	无 无 无 无 小卖铺 无

---

① Coughlan D, Mules T. Sponsorship Awareness and Recognition at Canberra's Floriade Festival. Event Management, 2001, 7 (1): 1~9.

续表 10-1

赞助商	主营业务	现场活动
二级赞助商		
可口可乐	饮料制造商	无
Novogen 公司	能源公司	无
柯达	影像制作与设备	小卖铺
澳洲花园	花园杂志与电视节目	帐篷，园林讲座
澳洲电信	电信公司	手机充电服务
快达票	票务公司	无
Totalcare 公司	维修公司	无
Canberry 住宿行业协会	行业协会	无
Yarralumla 护理机构	花园商店	无
堪培拉时代报纸	报纸	无
Star 安保公司	安保公司	无
2CC 公司	地方广播台	无
支持商		
加拿大航空	航空公司	无
绿科控股	能源与回收	无
大使馆汽车旅馆	汽车旅馆	无
导游租赁公司	旅游服务	无
凯悦酒店	五星级酒店	无
媒体监管公司	媒体监管	无
Menduni 花艺公司	园林服务	无
昆比安市政厅	地方政府	无
沙维勒公园套房酒店	四星级酒店	无

节事行业作为一个新兴的产业具有愈来愈浓烈的商业气息。如今，体育赛场、艺术节、庆典等到处可以看到赞助商的品牌标识。良好的赞助商管理可以帮助节事公司获取更多的利益，同时提升活动的品牌价值，赢得更多的观众，从而实现双赢的目的；然而，赞助商选择不当或广告太多也可能造成负面效果，降低节事活动的品质，失去其原有的目的。一个节事活动在举办过程中必然需要各种花销，如何通过更好的成本预算与经费控制，管理好支撑节事活动流动的"血液"——资金，是节事活动管理者需要考虑的问题。本章将结合财务管理和节事赞助管理两方面的内容，探讨如何制定节事活动的预算、管理活动经费、获取与协调节事赞助等问题。

第一节 节事活动财务预算

一、预算与预算管理

（一）相关概念

预算的制定可能是节事活动财务管理中最具挑战性的工作，因为它整个准备工作都是基于有限的信息和估测来做的。[①] 节事预算指的是按照节事活动结合管理目标、发展计划、经济资源配置等情况，合理预测节事活动筹备、实施至结束财务收支所编制的计划。它是一种可以被量化的计划方案，节事活动的预算可以被用来直观比较实际收入与花销和预期的收入与花销的差别。其主要目的是帮助节事活动资金得到更加科学合理的使用，使节事活动得以可持续发展。

从节事管理公司的角度看，在确保节事活动能够顺利举办的前提下，赢利也是其生存与发展的必要条件。例如，英国格拉斯顿伯里音乐节自1970年创立至今，已有超过40年的历史。该活动每年需要花费大量的资金邀请上百个来自英国本土和欧洲其他国家的著名乐队和歌手，但是通过良好的预算管理与财务成本控制，包括合理制定票价、寻求赞助商等，使得活动规模日益扩大，成为世界上最受欢迎的音乐节之一。如何通过良好的预算方案，为节事活动获取更多的收益，需要节事管理者在制定预算时更全面地分析市场需求，核算成本，从而确定整体的经费使用计划。

所谓预算管理，是指针对节事活动相关的经营活动和财务活动的未来情况进行预测并进行控制的管理行为。预算管理决定了节事活动每一个过程的经费花销计划，也决定了节事机构或者节事活动收入与支出的管理情况，因此，节事预算的制定需要从节事活动、环境、目标几个方面考虑（见图10-2）。其中节事活动的历史（经费管理情况）或相似的节事活动预算数据可以为其提供参考。预算的制定需要考虑实际的市场环境和资金环境。市场环境决定了观众的消费和赞助情况，进而决定了收入来源；资金环境决定了节事活动举办的经费情况，如活动启动资金为预先拨款、借款、协会经费、门票收入等。目标决定了节事活动财务管理的目的，预算需要根据这一目标要求进行调整，进而作出相应的预算计划。

[①] Goldblatt J. Special Events: The Roots and Wings of Celebration. 5th edition. Hoboken, NJ: John Wiley & Sons, Inc., 2008.

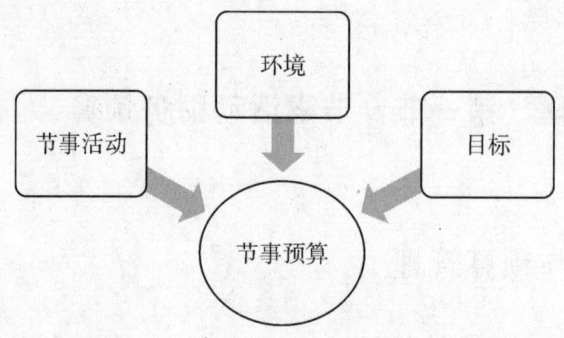

图 10-2 节事活动预算制定的影响因素

为了更有效地对节事活动财务进行管理,需要建立一个长期稳定的工作计划来确保各项工作有条不紊地实施。其基本步骤包括:了解经济环境;结合节事活动的总体目标,制定预算目标;在识别收入来源与支出类别后,结合实际情况制订预算计划,并在最后进行评估与修正。(见图 10-3)

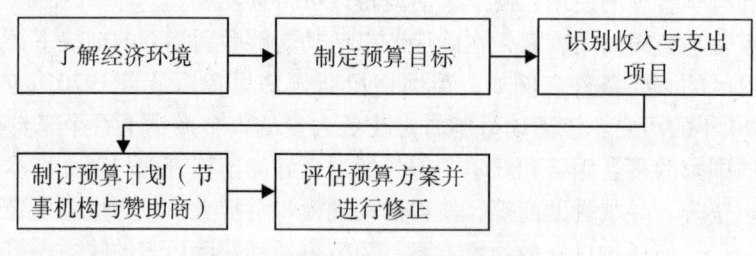

图 10-3 节事活动预算制定的步骤

(二) 预算的类型

通过预算管理,节事活动可以提高管理效率,优化资源配置,从而进一步实现节事活动管理的战略目标。根据不同的预算目的,节事活动可以具体可分为以下几种类型:

1. 利润导向型

该类型的节事活动收入大于支出。这种节事活动通常是由公司型的节事机构所策划,赢利是活动存在的主要目标。举办产品推介会,从而推广新的产品就是该类型节事活动的最典型例子。另外,有些专业性较强且以收取门票为主要收入渠道的节事活动如演唱会、职业联赛等,在其预算方案中,需要根据收支情况来合理制定票价,以便实现赢利的目的。利润导向型的节事活动应严格控制成本,并尽可能地寻求更多的资金来源，从而达到预期的目的。

2. 收支平衡型

该类型的节事活动收入与支出保持平衡。有些机构或公司举办节事活动并非以营利为目的，但又因为不能导致入不敷出，因此需要明确的预算方案来确保收支平衡。这种类型的节事活动常常由非营利性的组织或协会机构来筹办，其收入来源包括机构经费、节事赞助以及会员会费等。很多这种类型的节事活动需要大量的人力资源来完成，包括组织机构日常运营、会议组织安排等，因此行政开销在支出中占据很大一部分的费用。

3. 主办方亏损型

该类型的节事活动收入必然小于支出，从活动最初策划开始就打算将其作为一种"消费"行为。比如学校举办毕业典礼、政府举行市政活动、公司开展周年庆晚会，这些活动的共同特点是为了某种特殊目的而承办活动，通常是该机构成立、发展、管理等活动内容所需，赢利与收支平衡都不是其主要目的。

此外，根据预算制定的不同方式，可以分为收支明细预算和项目预算两种。

1. 收支明细预算

收支明细预算是了解节事活动具体收支情况的最好方式，该类型的预算可以帮助节事管理者迅速、直观地了解每一项支出与收入情况。当数量（如观众、演员）出现变化时，该预算方式可以迅速地作出调整。这种预算方式可以帮助节事策划者更全面地思考活动所需花销和潜在收入来源的方方面面，能够针对具体项目进行进一步的调整与修改，方便节事活动的执行与操作，从而实现有效管理。该预算的缺点是难以预估每一个项目的准确花销，容易产生误差，并且由于节事活动花销种类较多，明细表容易变得烦琐，不方便阅读。表10-2为Wye音乐节的收支明细。

表10-2 Wye音乐节收支明细[1]

支出	数量	单价[2]	总价	收入	数量	单价	总价
舞台搭建	1	15095	15095	赞助	1	2000	2000
校园管理	1	1000	1000	经费	1	1000	1000

---

[1] Wye音乐节为英国瓦伊学院划船俱乐部举办的大学生音乐节，该活动在2006年瓦伊学院校园举办，共有1666名大学生参加。

[2] 本预算表使用的单位货币为英镑£。

续表10－2

支出	数量	单价	总价	收入	数量	单价	总价
帐篷租赁	1	682.5	682.5	优惠票	600	12	7200
移动厕所租赁	1	1575	1575	全票	1066	18	19188
吊车租赁	2	188	376	T恤	50	15	750
夜间保安	20	12.5	250	眼镜	200	5	1000
保安	234	14	3276	食品摊位	4	250	1000
保安主管	14	16	224	其他摊位	5	50	250
现场服务人员	150	6	900	活动	500	1.5	750
舞台工作人员	75	6	450	停车	500	1	500
栅栏维护人员	80	6	480	吧台	1666	5	8330
停车指引人员	48	6	288				
清洁人员	180	6	1080				
杂务工	1	100	100				
住宿	20	20	400				
标题设计	1	1500	1500				
保险	1	915	915				
偶然开支	1	3500	3500				
海报	1	250	250				
门票制作	2500	0.18	450				
纪念品腕套	2500	0.15	375				
纪念品（员工）	100	0.58	58				
T恤制作（50件）	1	672	672				
眼镜	216	1	216				
印刷	1	1000	1000				
吧台租赁	1	200	200				
机构人员车旅费	1	50	50				
电话	1	100	100				
复印	1	20	20				
合计支出			35482.5	合计收入			41968
总盈余			6485.5				

（资料来源：根据英国瓦伊学院划船俱乐部（Wye College Boat Club）网站上发布的文件整理而成。网址：https：//www.union.ic.ac.uk/meetings/files/paper2－287－2625.pdf.）

2. 项目预算

项目预算是基于活动各项目安排所规划的预算，包括媒体、住宿、交通、餐饮、现场布置、材料设计等。该预算的特点是可以更有的放矢地针对具体工作进行预算规划。通过各项工作的经费安排，节事管理机构可以将经费划拨给各职能部门，并由职能部门控制管理经费的各项支出情况。这种预算方式可以将组织结构与预算方案更有机地结合，从而寻求更有效的调配资源方式。其缺点是容易出现重复支出，造成资源浪费，需要各部门更密切配合，减少因沟通不良所造成的成本增加情况。表10-3是某次会议的项目支出预算方式，这种类型的节事活动常为主办方亏损型，即不以赢利为目的，而是通过政府拨款和赞助的方式获得收入，因此如何通过合理的支出预算减少成本，是该类型活动预算必须着重考虑的问题。

表10-3 ××市××国际会议项目支出预算

项目	主要内容	数量	单价	总价
媒体宣传费用	主持费	1	50000	50000
	电视专题报道费	1	60000	60000
	平面媒体专题报道费	1	30000	30000
	媒体记者费	40	1000	40000
	小计			180000
住宿	嘉宾豪华间	15	500	7500
	标准房	50	450	22500
	小计			30000
场地租用	会议厅租用价格（天）	1	25000	25000
	小计			25000
交通	巴士	3	1800	5400
	嘉宾机票	25	3400	85000
	接机用车	1	5000	5000
	工作人员交通往来报销	20	300	6000
	小计			101400

续表 10-3

项目	主要内容	数量	单价	总价
餐饮	欢迎晚宴	10	2000	20000
	茶歇	400	35	14000
	午宴（自助）	40	2000	80000
	晚宴	35	2000	70000
	工作人员餐费	60	40	2400
	小计			186400
设计、印刷费	邀请函	30	300	6000
	证件	400	6	2400
	会务指南（12页，封面彩色，内文黑白）	400	7	2800
	文件汇编（论坛发言稿）	400	8	3200
	大会餐券印刷（14日晚、15日午、晚）	400	5	2000
	会议资料袋印刷（环保袋）	400	9	3200
	小计			19600
新闻发布会	背景板10.8米×2.6米（太空架、喷画）	1	6500	6500
	水牌租用	6	60	3600
	签到处布置	1	1500	1500
	欢迎、指示牌	2	900	1800
	主题横幅	1	250	250
	主席台盆花	1	300	300
	指示牌喷绘			32
	小计			13982
现场布置	酒店外指示标志牌	1	3000	3000
	欢迎、指示牌	2	900	1800
	签到处（背景板、太空架、喷画）	1	3500	3500
	签到用品（签到笔、签到簿）	10	80	800
	会场植物	60	40	2400
	嘉宾胸花	100	8	800
	大会背景板	1	26500	26500

续表 10-3

项目	主要内容	数量	单价	总价
现场布置	灯光	1	酒店提供	0
	音响	1	酒店提供	0
	讲台	1	酒店提供	0
	主席台布置	1	酒店提供	0
	论坛布置	1	酒店提供	0
	7000～10000 流明投影，电脑总控		14500	0
	大会纪念品	400	250	100000
	笔记本、笔	400	5	2000
	现场布置所需配件	1	7000	7000
	现场布置人工、运杂	1	12000	12000
	小计			121000
考察旅游	旅行社打包价格	1	20000	20000
	小计			20000
会务费	嘉宾演讲费用	4	20000	80000
	小计			80000
会议策划执行费	整体策划、设计费用	1	65000	65000
	大会执行方案策划费用	1	8000	8000
	现场执行、监理（含人工、午餐费用等）	1	25000	25000
	工作人员劳务费	35	1500	52500
	小计			150500
合计				927882

（注：该预算经费为虚拟数额，与实际花费有出入）

（二）节事预算的作用

对节事活动进行预算管理的最终目标就是积极提高与改善节事活动机构/公司的经营管理水平，使其实现良好的可持续发展。这是一种通过量化方式表现的战略计划，以节事活动总体目标为导向，涉及节事活动管理过程中的方方面面，控制着相关价值/资本活动。总体来说，它具有以下作用：

1. 尽早实现节事管理目标

通过具体量化工作计划，可以帮助节事管理者提早考虑各种可能的情形，并作出完善的详细计划。各员工、职能主管以及节事总策划人可以根据节事预算负责与管理各项工作，使活动行为有据可依，进而帮助节事活动更好地实现管理目标。

2. 提高节事活动绩效

通过节事预算管理对各项工作目标的预测、组织、实施、评估，可以帮助节事机构/公司各个项目目标的实现，不断提高和优化各职能部门的工作表现，有效激励员工，进而对节事活动的绩效进行更有针对性的管理。

3. 促进节事机构内部沟通

节事预算能够帮助协调节事机构的各项活动，通过各职能部门的通力合作实现节事预算计划，可以促使节事活动管理者全盘考虑整个价值链之间的相互联系，有效促进各部门之间的沟通，从而使得资源得以有效配置；同时，通过相关部门信息的反馈，节事活动管理者能及时地获知预算在执行过程中出现的问题，从而对其进行相应的调整，减少资源浪费的情况。

4. 提升节事管理的控制与协调功能

在执行过程中，节事预算可以帮助节事管理者不断调整未来经营管理活动，使之与节事活动内外部的环境相适应；同时，也能帮助节事管理者根据节事预算计划更好地监督各个职能部门与人员，使之按照既定目标执行工作，做好及时的监管。

二、节事活动收入与支出

利润导向型、收支平衡型和主办方亏损型的节事活动，不管出于何种目的，都要确保节事活动减少开支，增加收入来源。良好的财务管理是确保节事活动正常运行的基本保障。要准确实现节事活动经费管理的目的，明确节事活动收入与支出的主要项目和潜在可能十分关键。

（一）节事活动收入

在中国，许多地方节庆活动多以主办方亏损的形式出现，这种由政府主导的节事活动管理不利于节事活动本身的发展，也因此增加了政府财政开支。良好的节事活动管理应该能够寻求更多的融资可能性，从而减轻节事活动筹办单位的负担。表10-4总结了节事活动的收入来源以及对应的节事活动类型。

表 10-4　节事活动收入来源与活动类型

收入来源	收入对象	节事活动
赞助	企业、机构	体育赛事、文化节庆等具有商业、社会价值的节事活动
门票	观众	体育赛事、文化节庆等具有观赏价值的节事活动
商品	观众	可以在现场出售纪念商品的节事活动，如纪念 CD、T 恤等
广告	企业	体育赛事、文化节庆等具有商业价值的节事活动
物资	政府、企业、机构	所有节事活动
电视转播权	电视台	体育赛事、颁奖晚会等具有商业价值的节事活动
津贴	政府	政府部门举办的节事活动，如地方节庆、会议等
组织经费	协会	协会举办的会议、节庆活动
捐款	个人、企业	具有公益性质或个人情感的节事活动，如校友会、赈灾活动等
租金	企业	具有足够空间，可供企业搭棚售卖商品的节事活动

（1）赞助。赞助是大多数节事活动可以获取的资源，许多企业、机构为了提升知名度、培养顾客忠诚度、增加企业社会责任感，常常希望通过赞助节事活动来实现这一目的。

（2）门票。为确保节事活动的顺利运行，门票是节事活动有效调控收入总额、保持收支平衡的主要方式。对于具有观赏价值的节事活动，如主题展、音乐节等，通过门票价格制定和数量的调控，可以更好地控制现场人流量，从而有序管理活动现场。

（3）商品。为增加节事活动的盈利，节事活动管理者还可以根据活动主题出售纪念商品，从中获取额外盈利。

（4）广告。对于一些具有商业价值的节事活动，许多企业在节事活动期间利用电视媒体、平面媒体、活动现场等渠道投放广告，以迅速提高知名度。其与赞助的区别是不由节事活动机构统一管理。

（5）物资。节事活动的供应商或合作单位，如酒店供应商、活动场地租用商常常会以提供物资（如桌椅、音响设备）的方式来资助节事活动，从而有效地减少了节事活动举办的成本。

（6）电视转播权。对于体育赛事、颁奖晚会等具有极高收视率的节事活动，电视台往往会花费大量资金购买活动的转播权。如美国 ABC 电视台每年花费 6500 万美元购买奥斯卡颁奖晚会的转播权，3 个小时颁奖典礼的转播费用加上近 1200 万美元的广告费，足够支持电影艺术与科学学会一年的花销。

（7）津贴。为宣传地方文化或举办某种庆典，各地常常举办各种文化节与会议，政府常常是这些活动的主要出资机构。

（8）组织经费。为加强各种非政府组织（NGO）与协会成员的沟通与联系，这些机构常常使用组织经费举办各种活动。这些经费通常来源于会员所缴纳的会费，其余经费主要用于机构的日常行政管理。

（9）捐款。为促使节事活动的举办，许多个人或企业愿意以无偿的方式捐助节事机构，这些活动常常具有公益性质或个人情感，如学校寻找杰出校友、赈灾晚会寻找企业捐款等。

（10）租金。对于一些有开放场地的节事活动，在不影响活动举办与整体美观的情况下，节事机构可以将部分场地租赁或转租给企业，从而为其创造销售机会，如零食和饮料小卖铺等。

（二）节事活动支出

节事活动项目较多，因此其支出类别也多种多样。为能进行更全面的预算管理，识别支出项目十分关键。总体来说，节事活动支出可以分为固定支出与可变支出两种。固定支出是节事活动的常有固定花销，其支出项目与数额不会因为参加人数的变化而发生改变，如场地租赁费、演出费等，该类型的支出通常在节事活动举办之前就可以得到较为准确的花费数额，比较容易进行预算规划。可变支出容易受各种因素的影响而发生改变，最显著的是受到参加人数的变化而改变，如餐饮费和传单制作费会因为人数的不同而产生变化。这种类型的支出是节事活动可调整的花销方式，节事管理者可以结合门票等情况作出适当调整。

节事活动支出具体可以分为五种类型（见图 10-4）：

（1）场地费。由于节事活动常常需要聚集大量的人群，因此需要租借如体育场、酒店会议室、展馆等具有空旷空间的场地，节事活动的各项活动包括演出、就餐、会议等可以利用这些场地开展工作。这种类型的支出通常能够在活动前得知价格，是活动中较易估算的支出，可变性较小。

（2）制作与印刷费。作为宣传、现场指引、登记注册等工作的必需品，每个节事活动都需要有一笔经费用来印刷和制作相应的纸质文件。为了增加统一性，诸如纪念品、宣传单、宣传手册、邀请函、胸牌等通常根据节事活动的 logo 与主题统一设计与制作。

场地费	制作与印刷费	嘉宾与表演费
·房间租赁 ·展馆租赁 ·午/晚宴场地租赁 ·活动空间租赁	·纪念品制作费 ·宣传板等宣传制作费 ·文具 ·传单 ·登记表 ·宣传手册 ·门票/邀请函 ·节目单 ·胸牌	·嘉宾演讲费 ·表演费 ·被邀请人差旅费 ·被邀请人餐饮费
舞台费	餐饮费	行政费
·音响设备 ·广播设备 ·灯光 ·技术员费用 ·舞台设计、搭建费 ·舞台美化（植物、装饰）	·酒水 ·晚宴 ·午餐 ·茶歇 ·主题活动餐饮	·工作人员工资 ·复印费 ·传真/电话费 ·邮费 ·日常办公文具 ·保险费 ·交通费 ·商品费

图10-4 节事活动支出类型

（3）嘉宾与表演费。根据节事活动的类型与活动内容不同，进行颁奖、演讲、致辞等工作的嘉宾以及活动表演的表演者常常会被邀请到节事活动中。为此，节事机构需要支付这些人的差旅费、演讲/表演费以及食宿接待费等费用。

（4）舞台费。这一部分费用主要涉及活动现场有关的设备与布置。其包括各活动所需的灯光、音响费用，舞台搭建与美化费，以及技术人员的薪酬，等等。

（5）餐饮费。对于负责观众餐饮的节事活动，节事活动还需要预留一部分资金支付包括酒水、茶歇、午餐、晚宴等多种类型的餐饮费。这一部分的费用常和观众数量直接相关，因此需要及时向负责人员反馈人员信息，从而作出最合适的餐饮方案。

（6）行政费。为确保节事活动的正常运行，活动支出中需要包含支付节事活动运行的各职能部门工作人员的工资；此外，行政管理的日常花销，包括复印、传真、邮费、日常办公文具、购买商品等也是必然的支出。为减少节事活动的风险，保障员工的权益，节事机构还需要为所有的工作人员（包括志愿者）支付保险费用。

第二节 节事活动财务控制

一、节事活动财务控制的方法

节事活动财务控制是利用有关信息与手段，在财务管理的过程中，对节事活动的财务管理施加影响，从而实现财务预算目标的环节。管理者可以通过保本点分析、现金流量分析、报告与定期会议等方式对财务管理进行及时监控。

（一）保本点分析

保本点客观规定着每个企业必须最低限度地向社会提供并被社会所接受的产品的数量。[①] 控制成本与收入的重要方式是对其作保本点分析（见图10－5）。作为节事管理者，应该了解节事活动收支平衡的最低营业额，经常对其保本点进行分析和研究，从而取得良好的经济效益。其计算方式为：

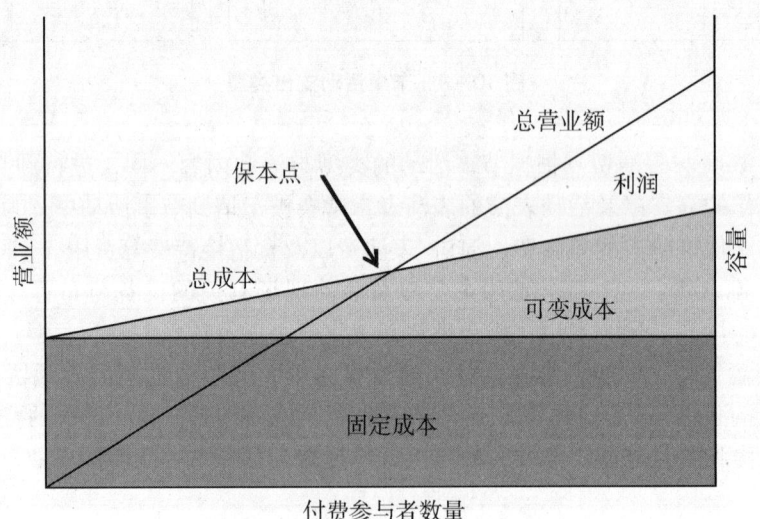

图10－5 节事活动保本点分析

---

① 王炜：《基于经济成本的保本点分析法初探》，载《商业研究》2004年第5期，第56～58页。

$$\text{节事活动保本点} = \frac{\text{固定成本}}{\text{单位营业额} - \text{单位可变成本}}$$

由于节事活动经常会有诸如节事赞助、津贴、捐助等固定收入，因此针对这种情况，可将保本点计算方式更改为：

$$\text{节事活动保本点} = \frac{\text{固定成本} - \text{固定收入}}{\text{单位营业额} - \text{单位可变成本}}$$

如一个音乐会固定成本为10000元，每位观众收益为100元，单位可变成本（酒水、纪念品）为50元，其单位边际收益＝单位营业额－单位可变成本＝50元，因此可计算得出节事活动保本点为200元，即节事活动需要至少200人参加以确保收支平衡。表10－5是以售票与赞助为主要收入来源的某音乐会的保本点分析。

表10－5 某音乐会保本点计算分析

（单位：元）

	亏损	保本点	盈利
人数（人）	180	200	220
收入：			
门票 ¥130/人	23400	26000	28600
赞助 ¥2000	2000	2000	2000
合计	25400	28000	30600
支出：			
可变支出：			
纪念品 ¥20/人	3600	4000	4400
酒水 ¥10/人	1800	2000	2200
固定支出：			
场地费 ¥2000	2000	2000	2000
制作费 ¥3000	3000	3000	3000
演出费 ¥6000	6000	6000	6000
行政费 ¥6000	6000	6000	6000
其他 ¥5000	5000	5000	5000
合计	27400	28000	28600
总盈利	－2000	0	2000

(二) 现金流量分析

节事活动在出售门票、获取赞助与经费时会有大量的现金收入,同时,在支付节事活动各项工作安排的时候,包括支付制作费、员工工资、演出费等需要不定期地使用资金。现金流量分析可以记录与反映节事活动在不同时期中,节事公司所具有的现金和现金等价物流入与流出的情况,可以方便节事管理者直观了解节事活动的财务状况,从而更好地估量资金情况,对节事活动的各项工作有更准确的把握。现金流量分析可以根据时间不同,通过曲线表的方式直观了解现金收入与支出的情况(见图10-6),从而对未来现金流充裕期与紧张期作出预测。

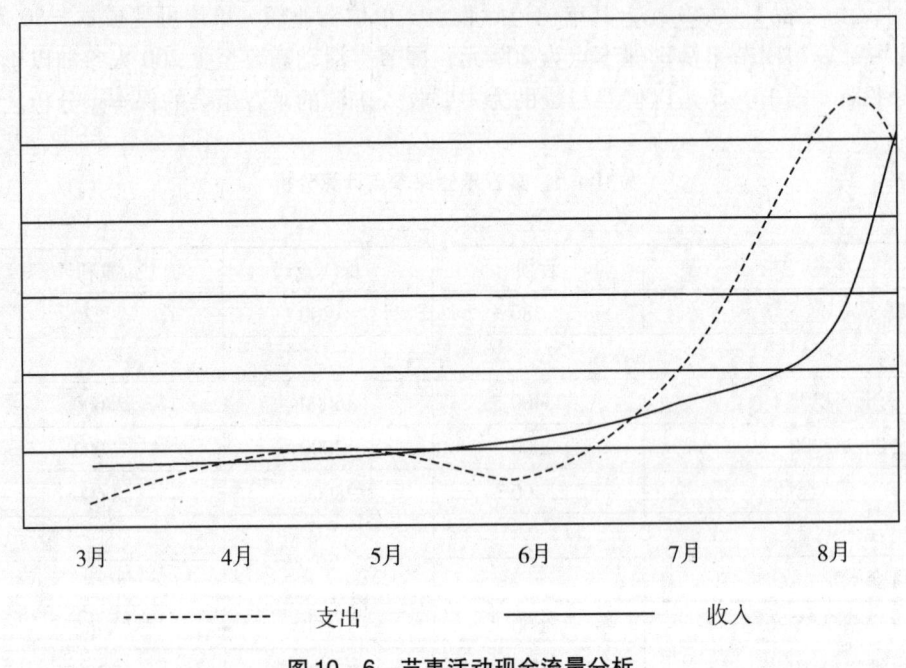

图10-6 节事活动现金流量分析

(三) 报告与定期会议

确保节事活动经费管理的各项工作顺利进行,需要各职能部门适时了解最新信息,并对经费使用情况进行总结与汇报。针对一些大型的节事活动,如需要一年以上准备时间的节事活动,节事机构需要各职能部门递交季度/年度经费使用情况报告,从而使节事管理者更准确地掌握总体经费的使用情况。此外,定期会议也是一个增加沟通、提高经费管理效率的方式。例如,澳大利亚悉尼同性恋大游行(Sydney Gay and Lesbian Mardi Gras)的活动筹备委员会在筹备期间每个月会定期开会,针对收入与支出情况、现金流、现金在银行存款信息、会员费、员工薪酬等问题进行信息更新与讨论。

二、如何决定节事活动的门票价格

全世界最受欢迎音乐节之一的英国格拉斯顿伯里音乐节，其门票价格从 1970 年 1 英镑/张，涨到 2008 年的 155 英镑/张，但即便如此，每年仍有 18 万人争相参加，门票在节事活动机构开放售票的 2 小时内售罄。

节事活动的受欢迎程度可以从门票的售卖情况中表现出来。然而，如果忽视了市场与节事活动本身的价值，过高地制定门票价格则有可能无法吸引足够多的观众，从而达不到保本点，以致不能收支平衡；相反，过低的门票价格也可能导致人流过多、不能创造更多的盈利等问题。因此，如何结合各种因素并适当制定门票价格是节事管理者需要注意的问题。门票价格的制定取决于以下几个因素（见图 10－7）：

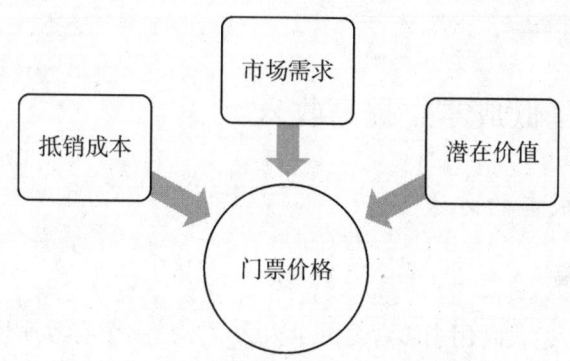

图 10－7　节事活动门票价格决定因素

1. 抵销成本

对于非公益性或具有特殊目的的节事活动，保持收支平衡或赢利是节事活动举办的基本要求，因此大多数节事机构通过收取门票抵销节事活动所花费的成本。在保本点分析时，除对人数进行预估之外，还应及时调整可变收入——门票的价格。当人数受限，如在体育场馆只能容纳 1000 人，而保本点人数需要 1100 人的情况下，为保证收支平衡，节事管理者应适当调高门票价格。

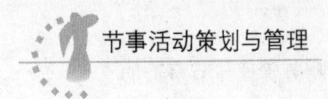

2. 市场需求

节事管理者需要清楚节事活动本身的市场价值，并对经济环境、相似节事活动门票价格、往届活动参与情况等进行全面的了解，以此为依据进行门票价格的制定工作。一些已具有品牌效应的节事活动，如奥运会、知名音乐节与艺术节、颁奖晚会等，具有极多忠实的观众，他们当中很多人愿意支付高额的票价购买活动入场券。总体来说，门票价格的制定与市场需求成正比，然而也要同时考虑同类型节事活动的价格制定情况。

3. 潜在价值

门票价格的制定要考虑这些节事活动所带来的潜在价值，包括参加观众所吸引的赞助商、广告商、合作商等。如针对年轻群体的节事活动，他们不能支付过于高昂的门票费用，但是因为他们的参与可能会吸引许多赞助商赞助活动，其带来的收入远大于门票价格所创造的收入。因此，门票价格的制定不应仅考虑抵销成本与市场需求两个因素，而应该更深入地看到参加群体所带来的其他潜在价值，衡量人数与门票价格之间的平衡。

三、如何降低成本、提高收入

（一）降低成本的方法

1. 雇用志愿者

正如第八章所述，聘用志愿者是减少人力成本的一个有效途径。因此，节事管理者可以通过寻找想要获得工作经验、为社会贡献一份力量等有各种合理目的的志愿者，并以较低成本的回馈方式（如赠送开幕式预演门票）回报志愿者。

2. 寻求物资赞助

由于不是所有的企业与机构都愿意花钱赞助节事活动，因此节事管理者可以改变思路，通过寻求物资赞助的方式得到企业与机构的帮助。这种物资赞助通常不需要花费企业或机构的成本，却能为节事机构省下很多的费用。例如，设法让愿意赞助的酒店提供桌椅、音响设备等。

3. 租赁替代购买

购买物资的花费大大高于租赁，对于一次性的节事活动，节事机构可以考虑寻求相关单位与企业租赁必要的设备以减少花销，如舞台搭建架、灯光设备等。

4. 常备物资中心

对于定期举办节事活动或举办多个节事活动的节事机构，应设立一个常备物资中心，用来管理节事活动所需的各种物资，从而实现节事活动设备的重复使用和共享。

5. 寻求有效的宣传方式

宣传费用常常是节事活动较大的花销之一。节事管理者应充分考虑各种宣传方式的有效性与回报率，选择成本最低且最有效果的方式进行集中宣传，尤其要考虑节事活动观众群体的类型，选择其最常用的媒体进行宣传。例如，通过网络媒体（微博、微信等）方式针对年轻群体展开推广宣传。

（二）提高收入的方法

1. 门票分类定价

考虑市场需求与成本等方面的因素，在人数总量有限的情况下，将门票分类销售是提高收入的最佳方式。例如，将门票分为A、B、C、D不同区域，根据距离舞台的距离售卖不同价格的门票。

2. 售卖纪念品

利用创意制作更多有纪念意义或在活动现场有实际用途的商品，通过现场售卖这些商品来提高额外收入。

3. 出售转播权

争取将节事活动的转播权出售给电视台，不仅可以从中获取转播权的费用，也可以借此宣传节事活动，吸引更多来自世界各地的观众。

4. 增加赞助方式与数额

增加赞助的方式与数额，充分重视赞助在节事活动中的作用，考虑潜在赞助商的诉求，量身制作赞助申请材料。

第三节 节事活动赞助的概念与作用

一、节事活动赞助的概念

节事活动赞助是一种为实现营销目的，在赞助商与节事机构（被赞助商）之间进行相互交换的活动。[①] 赞助商通过提供资金、物资、人力等方式，在节事活动中试图换取商业或经济优势。从本质上说，赞助主要具备以下特征：

(1) 是一种营销工具，宣传和推广企业、机构等赞助商的品牌和产品。
(2) 是一种商业转换，在赞助商与节事机构之间进行有商业目的的利益转换。
(3) 是一种营利方式，为赞助商与节事机构创造额外价值。

赞助与广告不同（见表10-6），广告是比赞助更直接的营销方式，与节事机构没有合作关系；而赞助是一种通过双方合作，从而实现"双赢"甚至"三赢"（节事活动—赞助商—观众）局面的方式。通过节事活动统一的营销管理，可以使节事活动不被那些与活动形象不符的广告淹没。通过赞助节事活动，观众更能够建立对企业的好感，有利于企业实现建立企业品牌与形象，赢得顾客忠诚度与并达到推广产品的目的。

表10-6 节事活动赞助与广告的区别

方面	赞助	广告
目标	以提升企业形象、顾客忠诚度为主的商业回报	推广产品/企业为主的商业回报
顾客态度	感激，好感为主	认为是理所当然，可能会产生反感
方式	直接或间接宣传	直接宣传
管理	节事机构对宣传营销具有控制权	节事机构对宣传营销没有控制权

[①] Walliser B. An International Review of Sponsorship Research: Extension and Update. International Journal of Advertising, 2003, 22 (1): 5~40.

二、节事活动赞助的作用

在过去的 20 多年里,赞助已经成为一种比较有效的市场营销方式,大量的节事活动通过寻求赞助商来增加资金、获得更多媒体关注、丰富活动内容和提高收入。对于观众而言,更为丰富的活动内容以及赞助商的各种人性化的服务和优惠活动,可以帮助他们更好地参与节事活动。对于企业来说,他们需要通过节事活动来增加社会关注度、提升企业形象、推广新产品以及建立顾客忠诚度。因此,通过赞助这种行为,可以有效整合实现双方的目标,从而实现"三赢"的目的。

节事活动赞助的作用主要有:

1. 建立/提升企业形象

每个企业都希望通过平面或网络媒体来增加曝光度。良好的节事活动宣传可以帮助企业快速建立或提升企业形象,向大量人群推广企业的标志、文化、产品、服务。节事活动的纪念商品、指引牌、门票、服装、宣传手册等都会提供大量的赞助商信息,这些铺天盖地的信息传递给在场或电视机前收看节事活动的观众,从而达到营销推广的目的。例如,F1 方程式赛车的赞助形式最为典型,在比赛有限的时间里,观众可以从活动参与者(车手与工作人员)、赛车、比赛场地和设施上见到赞助商的品牌标志(见图 10-8)。

图 10-8 F1 活动赞助商推广方式

(图片来源:F1 官网,http://www.formula1.com/gallery/race/)

对于推广企业形象重于推销产品的赞助商,如银行、保险、烟草、金融、电信等,他们通常与节事活动没有直接联系,但需要通过赞助各种节事活动来建立或提升企业知名度以及打造有社会责任感的企业的形象。如参加摇滚音乐节的观众群体常为爱热闹、乐于寻求刺激的年轻群体，其与啤酒的顾客群体有很大的重叠。啤酒公司通过赞助这类节事活动，可以帮助其建立企业激情活力的品牌形象，容易在观众群体中实现共鸣，从而提升观众对企业的好感。

2. 建立顾客忠诚度

顾客忠诚是指客户对企业的产品或服务的依恋或爱慕的感情，它主要通过客户的情感忠诚、行为忠诚和意识忠诚表现出来。[1] 节事活动可以帮助企业树立正面的理念与形象，从而得到顾客的认同，顾客通过对产品的重复购买行为建立对企业的忠诚度。例如，麦当劳与可口可乐公司乐于通过赞助体育运动来树立健康饮食的企业形象。

当企业试图通过市场细分进行营销推广时，不同类型的节事活动——具有明显特征（共同兴趣、爱好、年龄、文化背景等）的观众可以帮助企业快速定位目标顾客群，进而进行有效的推广。此外，通过节事活动为赞助商和顾客提供优惠/特殊服务，也是一种建立顾客情感忠诚的有效途径。例如某足球比赛，赞助商某汽车公司为该观看赛事的该公司客户提供了专属的停车场地，为顾客解决了停车难题。这样的行为可以增强顾客对企业的好感以及身为企业顾客的优越感，从而建立顾客忠诚度。

3. 推广新产品/服务

对于一些新建立、新拓展或变更的企业或企业产品，迫切希望通过集聚效应让观众迅速了解企业的最新信息，而节事活动正是实现这一功能的较佳平台。例如，中国凉茶企业加多宝在2012年正值企业更名期，在加多宝与王老吉两家公司陷入品牌之争时，中国歌唱比赛节目"中国好声音"的节目制作找了加多宝作为该活动的冠名赞助商。虽然赞助金额高达6000万元[2]，但是"正宗好凉茶、正宗好声音"的广告语通过热播的电视节目深入人心，对该企业在转型期快速重建企业形象和重塑产品品牌起到了关键作用。

4. 提供销售的机会

节事活动通常会持续一定的时间，因此参加者会有各种消费需求，如手机充电，购买饮料、零食、纪念品、服装道具，等等。这些散布在活动现场的小卖铺不仅可以满足消费者的各种需求，提供便捷服务；还可以帮助商家销售相关产品与服务，实现赢利的目的。这种赞助回馈的方式为节事活动赞助商提供了产品试用、推

---

[1] 宋美义：《客户为何而忠诚?》，载《企业管理》2012年第3期，第14～15页。
[2] 李菁：《"中国好声音"的商业模板分析——舞台的诱惑》，载《三联生活周刊》2012年第44期。

广、销售的机会，是一种更直接的宣传方式。观众可以在现场了解企业产品的相关信息，留下对产品的直观印象，进行现场消费或建立未来消费意向。

5. 回馈员工

对于一些极具观赏性、娱乐性且需要门票入场的节事活动，如音乐会、体育比赛等，节事活动策划者常常通过赠送门票或提供优惠门票、特殊通道、停车场地等方式来吸引赞助商。这种类型的活动不仅吸引了普通的观众群体，吸引了赞助商公司的员工，有些活动甚至会出现一票难求的情况。企业往往愿意通过赞助节事活动来换取某些特权，为员工创造机会，从而以回馈员工的方式建立与加强企业职员的归属感与自豪感。

另外，正如本书第八章所述，为感谢节事活动的员工，尤其是提供无偿服务的志愿者，节事机构常常会寻求赞助商为这些员工提供回馈，从而减少因薪酬支付所带来的成本。例如，寻找服装赞助商来为志愿者制作工作或纪念服装，寻找食品/饮料赞助商为员工提供优惠或消费券，等等。

第四节　如何获得节事活动赞助

随着节事赞助的日益普及，每天都有成千上万的节事活动想要通过自身的吸引力获取企业的赞助。然而，除了像奥运会、世界杯这种极具观众效应的大型节事活动外，大多数节事活动机构需要通过对潜在赞助商进行足够的调查，并根据情况量身定制节事赞助策划方案，才能吸引企业对节事活动进行赞助。作为一名节事策划者，必须了解节事赞助获取的相关步骤与方法，从而使自身策划的节事活动脱颖而出，得到更多的企业支持。

一、获得节事活动赞助的基本步骤

不同企业，其具体情况包括企业发展与产品推广阶段、企业与产品类型、与节事活动的合作关系等均不相同，因此对赞助节事活动的态度有很大的区别。有些喜欢通过赞助活动提升企业形象，建立一个良好的社会责任企业形象；有些喜欢推广新产品，通过在节事活动现场销售或介绍新的企业产品是吸引其赞助的关键。为更好地了解企业诉求，并通过满足对方要求获得节事赞助，节事活动机构需要经过调研、策划、审批与执行四个阶段（见图10-9）。

图10-9 节事活动赞助的基本步骤

（一）调研阶段

为了使节事机构更加有的放矢，找到符合节事活动形象并可能对节事活动感兴趣的潜在赞助商，节事管理者需要在审视节事活动筹办条件与前景的基础上，对赞助商做深度调研，以此了解企业的基本情况与主要诉求。因此，对潜在赞助商进行调研时，应该着重考虑以下问题：

（1）节事活动是否具备满足赞助商诉求的条件？节事活动是否可以投放平面广告或其他类型的广告？是否可以有优惠的票价？是否可以为赞助商提供相应的特权？

（2）赞助商的企业形象是否与节事活动的形象相符？有没有存在负面影响或者被禁止的赞助企业？如烟草公司由于企业性质的原因，通常不能作为赞助商出现在绝大多数节事活动中。

（3）节事活动的利益相关者是否同意寻求该赞助商？节事活动涉及除节事主办机构之外的其他利益相关者，如协办单位、其他赞助商等，因此，为满足与维护这些利益相关者的权利，节事活动机构应征求其他机构的同意，避免利益冲突。如寻找其他赞助商的竞争者，将损坏双方的利益，甚至破坏节事机构与原赞助商的合作关系。

（4）潜在赞助商处在怎样的发展阶段？节事机构要针对不同类型的企业发展阶段，如新型企业、成熟企业，了解其所需要的企业诉求。

案例10-1　　　　　　　　　　F1活动赞助商

作为"世界三大体育赛事"之一的世界一级方程式锦标赛（F1），是世界上最高等级的赛车赛事，具有极高的商业价值，每年约有5300万观众在现场或通过电视收看这个节事活动。F1被称为最昂贵的运动，例如法拉利车队为参加F1比赛，需要同时使用两辆车，花费109天进行跑道测试，花费约为1350美元/英里，平均400英里一天，总花费约为8800万美元。为保证车队的正常运行，赞助商成为该活动的最主要收入来源。据《欧洲商业杂志》报道，F1赛事平均一支车队需要花费2500万美元，其中90%的资金来源于赞助。

F1的赞助商按照行业可划分为汽车制造、烟草、石化、IT、汽车工业、饮料、电信、金融、媒体和其他共十大类。这十大类又可按照与F1运动的关联度高低分为技术赞助商和商业赞助商（见图10-10、表10-7）。由于行业自身的特点不同，他们对F1的赞助目的也不尽相同。技术赞助商主要以提供赛事所需产品为主要赞助形式，包括汽车制造、石化、IT、汽车相关产业等。对于一些大车队，技术赞助商在提供产品的同时，还要提供一些现金赞助，例如壳牌、普利司通与法拉利的合作，但从根本上讲还是以提供产品服务为主，着重推广产品。商业赞助商的产品与F1并无直接关联，像烟草、饮料、电信、金融、媒体及其他各种类别的企业都可归于此类。他们赞助的目的是通过与F1这项高端赛事结合，确立或提升其高端产品的定位，打开国际市场和提高品牌在全球范围内的知名度等。

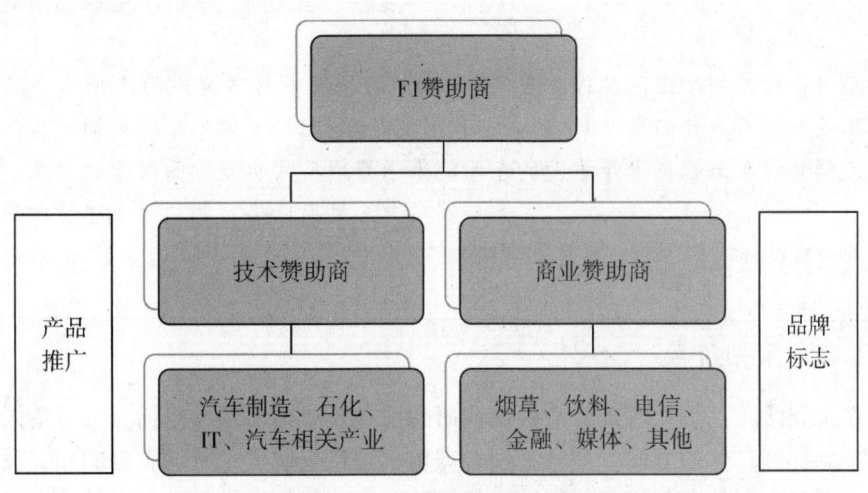

图10-10　F1赞助商的类别

表10-7　F1赞助商赞助金额排名表

(单位：亿欧元)

行业	年赞助金额	赞助商数	行业最大赞助商	年赞助金额
汽车制造	6.8	10	丰田	1.40
烟草	2.1	5	万宝路	0.70
石化	2.0	10	马来西亚石油公司（Petronas）	0.32
IT	1.15	76	惠普	0.29
汽车相关产业	0.95	39	米其林	0.48
饮料	0.90	9	红牛	0.84
电信	0.73	10	沃达丰	0.35
金融	0.48	4	苏格兰皇家银行（RBS）	0.25
其他	0.52	67	联邦快递	0.06
媒体	0.12	2	时代	0.10

壳牌赞助F1已有超过55年的时间，它所带来的市场每年在不断地增长。我们为F1的活动带来了最先进的产品和技术；同时，F1给我们的壳牌带来全球的机会，加快我们和客户沟通的频率，是我们最佳的一个平台。

——胡安·卡洛斯·佩雷斯，壳牌全球赞助总监[①]

我们的目标非常明确，即将企业品牌整合推广到全球。为了实现这个目的，我们就要有F1这样的一个平台，帮助我们提高品牌的知名度。

——彼得·哈里斯，沃达丰全球赞助副总裁

西门子作为一个国际品牌，我们参与F1的原因多种多样，西门子这个品牌遍布190多个国家，我们赞助F1的一个原因就是考虑到F1的形象。我们认为，团队精神、创新以及工程技术等方面的东西能够很好地反映出我们西门子的形象。

——罗尔夫·贝斯旺格，西门子全球赞助副总裁

（部分资料来源：史晨雨、陈锡尧，2008）

（二）策划阶段

在策划阶段，节事管理者应根据调研的情况及节事活动的目标，针对不同的赞助商策划详细具体的方案。节事管理者需要了解各企业关于赞助管理的相关政策与要求，量身定制符合其规定的赞助策划书。其中，如何通过新颖、有效的方式，挖掘活动本身更多的"回馈"方式来吸引赞助企业，是节事活动机构首要考虑的问题。节事活动可以提供给赞助商的主要回馈方式有：

1. 媒体曝光

节事活动可以通过电视媒体、平面媒体与网络媒体来宣传赞助商。具有知名度的电视媒体可以大大提高节事活动的曝光率，将活动推广到节事活动现场之外更多收看电视节目的观众当中。因此，为了提升企业的曝光率，与节事活动相关的合作单位——赞助商愿意通过赞助节事活动来提升企业的知名度。此外，通过在节事活动各个环节的赞助商标志推广，增加赞助商的媒体曝光率，也是节事活动回馈赞助商的最主要方式。

2. 整合营销

赞助活动可以通过节事机构结合各个不同类型的赞助商进行交互式推广，将同

---

① 摘自2005 F1全球商业峰会访谈。

一领域或等级的赞助商进行捆绑式推销，进而达到整合营销的效果，这是传统广告活动难以做到的。

3. 答谢活动

为节事活动的赞助商举办答谢会、联谊会等各种答谢活动，可以在不同赞助商之间搭建沟通与合作的平台；同时，这也是回馈员工的重要方式。

4. 产品推广

允许赞助商利用节事活动的平台派发样品、开展推介会、现场提供咨询服务等方式推广其产品，使其达到最有效的推广效果。

此外，节事管理者还需要思考不同级别赞助商的区分与定位，包括冠名赞助商、一级赞助商、二级赞助商、三级赞助商等。节事管理者需要合理设计不同级别赞助商的赞助策划方案（赞助商所能获得的具体利益），并根据不同赞助类型进行定价，以便企业进行选择。

（三）审批阶段

审批是从企业的角度，考量节事活动是否值得投资，应选择何种赞助方案的阶段。如今，随着广告与营销方式的日益广泛，为了寻求新的刺激点，在企业竞争中脱颖而出，企业需要借助节事活动来实现营销目的。因此，审批阶段，赞助商应着重考虑以下几方面。

1. 潜在市场价值

节事活动吸引的观众类型很大程度决定了赞助商是否有意投资该活动。良好的市场细分使得赞助商可以有的放矢地针对潜在顾客做营销推广，因此潜在市场类型是否符合企业要求是赞助商会首要考虑的问题。此外，观众的人数——节事活动的规模也决定了市场价值的高低，赞助商在选择是否赞助、赞助等级的时候会相对考量投入与回馈的情况。

2. 与顾客的关系

除了企业标志通过节事活动宣传之外，越来越多的企业更看重通过节事活动与顾客或潜在顾客建立关系，得到消费者的好感（如体现出企业社会责任），以及通过为其提供便利或优惠等方式得到他们的认同，等等。

3. 适应自身需求

根据企业的不同成长阶段（诞生期、婴儿期、青年期、成熟期），企业需要考量节事活动是否能最大程度地满足企业当前阶段的自身发展需求,如诞生期的企业需要在顾客中快速树立企业形象,因此通过标志、产品介绍等方式尽可能介绍赞助商是其希望得到的回馈方式;而对于成熟期的企业,如何通过更多元的方式,让企业与顾客建立情感,让产品与某种生活态度或价值观得到共鸣,从而提升企业的形象是企业需要的回馈。(见图10-11)

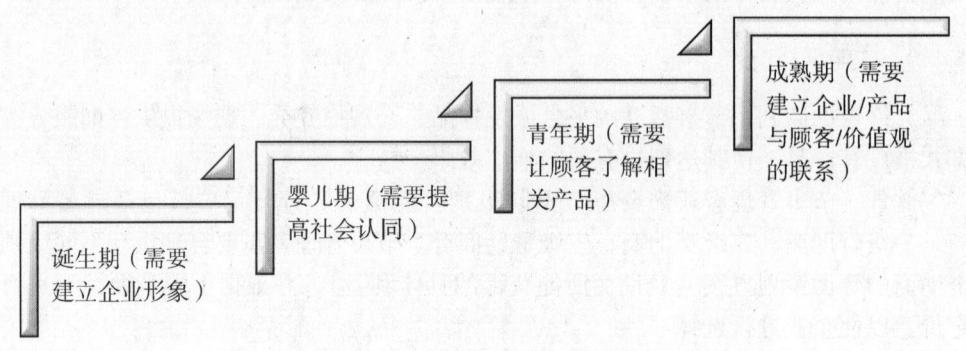

图10-11 节事活动赞助商需求

(四)执行阶段

执行阶段是在赞助商与节事机构双方达成共识的情况下,履行双方义务,并维护双方权利的阶段。执行阶段需要考虑的问题包括合同的签订与实施、经费的使用与监管、活动现场布置与管理、观众管理、媒体监管、公共关系管理、绩效评估,等等。明确每项工作的时间、内容、经费使用情况,可以帮助节事管理者更好地执行与赞助相关的各项工作。

二、如何撰写节事赞助策划书

节事赞助策划书是获取节事赞助的重要文案,旨在提出与回答赞助商感兴趣的问题,从而吸引其赞助节事活动:

(1)这是一个什么样的节事活动?

(2)企业可以从中获取什么利益?

(3)企业需要花费多少?

节事赞助策划书内容框架主要如下:

(1)序言。

(2)赞助策划书概况。

(3)节事活动介绍(时间、地点、观众、历史、往届评估分析等)。

(4) 节事活动与企业的关联性（形象、目标、任务、市场等）。
(5) 营销计划与研究方案。
(6) 赞助方案（不同等级的赞助回馈情况）。
(7) 赞助商投入情况。
(8) 赞助评估。
(9) 附录（节事活动、合作赞助商的相关介绍等）。

案例 10-2　　第 34 届澳大利亚货车拉力赛赞助策划方案

2009 年 3 月举办的澳大利亚货车拉力赛在澳大利亚吉朗举行。该活动自 1976 年创办以来，已成功举办 34 届，在该国内享有良好的声誉。为吸引企业赞助该活动，节事管理机构——澳大利亚货车协会将赞助方案根据不同价格分为七个等级，其投入与回报分别是：

$50.00
- 官方活动标志
- 活动广播

$100.00（以上基础上增加）
- 网站标志
- 小奖杯上添加企业标志
- 车展入场券
- 纸质感谢证书

$250.00（以上基础上增加）
- 允许进入活动现场（单人）
- 部分奖杯上添加企业标志
- 协会刊物与网站上投放广告
- T 恤上印制企业小标志
- 活动 T 恤
- 活动场地放置企业宣传板（企业自行提供）
- 框制感谢证书

$500.00（以上基础上增加）
- 允许进入活动现场（双人）
- 主要奖杯上添加企业标志
- 允许现场投放广告
- T 恤上印制企业大标志
- 活动纪念袋

- 允许企业提供免费样品或广告在活动纪念袋中
- 车展上摆放企业商品售货/宣传亭（2张工作牌）

$1000.00（以上基础上增加）

- 主要奖杯上添加企业标志
- 邀请企业现场颁奖
- 活动商品上投放广告
- 官网放置企业网站链接
- T恤上印制企业大标志（彩色）
- 额外的活动纪念袋
- 车展上摆放企业商品售货/宣传亭（额外2张工作牌）

$2000.00（以上基础上增加）

- 冠、亚、季军奖杯添加企业标志
- 活动官方刊物上刊登半页的企业广告
- T恤背后印制大的企业标志
- 额外的活动纪念袋
- 车展上摆放企业商品售货/宣传亭（额外4张工作牌）
- 大的框制感谢证书

$3000.00 首席赞助商和冠名赞助商，共2家（以上基础上增加）

- 冠、亚、季军奖杯添加企业标志
- 活动官方刊物上刊登一页的企业广告
- T恤正面印制大的企业标志（彩色）
- 大的企业标志印制在所有的广告和宣传手册中
- 额外的活动纪念袋
- 提供2天的酒店住宿
- 车展上摆放企业商品售货/宣传亭（额外4张工作牌）

（资料来源：http://www.vanning.org.au/nats2009/Sponsorship%20Proposal%202009.pdf）

本章小结

节事活动根据目标不同，可以分为利润导向型、收支平衡型与主办方亏损型。节事管理者应根据不同类型的情况，做出相应的预算方案。

良好的财务管理是确保节事活动正常运行的基本保障。要准确实现节事活动经费管理的目的，需要明确节事活动收入与支出的主要项目和潜在可能。

节事赞助是一种有效提高节事活动收入，同时是推广企业的有效的营销方式。通过赞助行为，可以有效整合实现双方的目标，从而实现活动、企业、观众"三赢"的目的。

> 思考题

1. 假设你所在学校即将举办一场校友会，请你为该活动做一个详细的预算方案，根据具体的活动内容，考虑可能的收入来源与支出情况。

2. 请分析以下节事活动的参加者（潜在客户），列出 5 个愿意赞助的赞助商，并说明原因。

（1）巴黎时装周。

（2）大学歌唱比赛。

（3）国际医疗器械会议。

（4）广州马拉松比赛。

（5）大型交响乐演出。

3. 请选择一种节事活动类型，针对某食品公司撰写一份赞助策划书，内容应包括本章策划方案大纲的相关内容。

第十一章　现场与物流管理

学习目标

1. 学会如何根据节事活动需求进行选址。
2. 掌握现场布置与人员管理的内容与常用技巧。
3. 掌握节事活动物流管理的相关工作。
4. 理解绿色节事活动的相关理念。

引导案例

澳大利亚昆士兰皇家展（EKKA）始于1876年，是布里斯班每年一度以全国农产品为主题而组织的深受大众欢迎的节事活动。它作为昆士兰州最大型的活动，每年吸引了超过40万来自世界各地的观众参加，旨在展示昆士兰文化、农产品、资源和创造精神。活动持续10天左右，内容包含了各种以农业为主题的全国比赛（农作物评比、剪羊毛、安马蹄铁、宠物大赛等）、颁奖典礼、教育展、动物展、农产品展、嘉年华、马术表演等，充分调动了观众的参与度。

此外，由于EKKA活动类型较多，占地面积较大，节事机构选择位于市郊所属农业协会的鲍恩公园举办。该公园距离市中心2千米，占地22公顷，观众可自驾车、乘坐公交车、火车直接到达。此外，为了更好地管理活动现场，该组织单位安排了以下措施：

（1）设置展览区。展览区分为农产品展、教育展、动物展、科技创新产品展，让观众在不同展区欣赏各展商带来的展品。

（2）搭建看台。看台分为马术比赛表演、安马蹄铁比赛表演、剪羊毛比赛表演、宠物大赛表演看台等，分流现场观众。

（3）设置观众互动区域。在动物展中，增加更多观众参与互动的方式，如采用开放式羊群展览区，观众可以现场购买饲料饲喂动物，同时也可以近距离与动物接触拍照。

（4）设置多种类型咨询服务台。由于现场人群尤其儿童较多，容易出现儿童走散的情况。为更好地为家长提供服务，该活动现场设置儿童活动区、丢失儿童认领区、活动展馆咨询区等多种类型的咨询服务台，最大可能地为观众

提供服务。(见图11-1)

农产品展示

观众与动物互动

安马蹄铁比赛

丢失儿童认领

图11-1 澳大利亚昆士兰皇家展(EKKA)

(摄影：郑丹妮)

(部分资料来源：EKKA官网，http://www.ekka.com.au)

节事活动现场呈现的一切有形与无形的元素，包括展品、舞台、工作人员、服务等，都需要由节事管理者精心的策划、管理来完成。如何根据不同主题的节事活动，设计吸引观众的活动现场或活动内容，准备各种所需的物资，并对工作人员、观众等进行现场管理是本章要讨论的问题。

第一节 节事活动的选址

一、选址因素

节事活动的选址决定了节事活动后续各种要素设计与策划的方向。适宜的选址可以减少节事管理者很多的协调和调度工作，也可以最大可能地减少活动成本；相反，错误的选址有可能给节事活动的举办造成极大的负面影响，如选址场地不能容纳所有观众，不能提供活动所需的设备，气候不适宜户外活动，等等。节事活动的场地并不只是一个空的露天场地或房间，而是需要满足与节事活动相关的各种要求，需要根据活动主题的内容进行选择的，主要考虑的因素有：

1．承办历史

需要考察该场地是否曾经举办过类似的节事活动，是否在承办活动中享有较好的声誉。一个已证明曾经成功地举办过多种活动的场地，可以节省大量的物力、人力与时间。因为具备多年的经验，场地的管理者对于租赁节事活动场地并配合节事活动的开展已经是轻车熟路，设备与人员等也相对齐全。因此，节事管理者可以与场地管理者进行快速有效的沟通，更好地共同管理活动现场。

2．场地大小

该因素是活动选址的关键。节事管理者必须对活动观众人数进行严谨的预测，选择能够容纳足够观众的场地来举办活动。场地大小的考虑方面包括观众台、舞台搭建、停车场、展台、临时厕所搭建等相应空间的需求数量与单位规模。

3．交通

活动场地交通的便捷性很大程度影响了观众的参与度。尤其对于公众参与要求较高的节事活动，节事管理者应尽可能选择公共交通容易到达且停车场地较大的活动场地。

4. 厕所与其他附属设施

根据活动参加的人数,节事管理者应评估厕所等服务设施所需的数量,并检验场地是否能够达到相关的要求。

5. 出入口与急救设施

为减少活动风险,出入口的大小、数量、紧急通道以及急救设施等因素是活动选址必须考虑的因素。在活动开始或结束时,人流常常会在出入口处大量集中,为保证合理控制人流,避免因人群集中而导致的踩踏事故,节事活动管理者需要仔细考察活动场地这一部分的设施。

6. 餐饮设施

大多数节事活动的时间多于一天,节事管理者需要考虑观众的餐饮问题,考察场地内或周边是否有足够的餐饮场地与设施来满足活动的要求。

7. 供电/供水系统

节事活动的舞台、娱乐表演、音效、灯光等表现形式都需要电力、水力来实现,因此活动场地能否在要求的地点提供电和水,是节事管理者在场地选择时要考虑的因素。

8. 天气

对于大多数室外的节事活动,天气条件决定了活动是否可以如期举办。例如,露天的音乐会常常因为下雨天而延迟或取消,因为雨天可能会导致舞台漏电等危险。为了保证活动能够顺利进行,选址时应考虑该地区活动举办时的天气条件,同时要考虑针对天气变化所需要预备的调整措施(如是否准备好足够的临时帐篷等)。

二、场地类型

节事活动的场地有许多类型,有些是专门针对举办活动而建立的场地,有些是具备其他功能临时采用的活动场地,也有因为具备符合节事活动主题或某种要求而采用的场地。节事活动大多数所选用的场地都具备易于安装与拆卸设备、舞台、装饰的特点。根据场地相对节事活动的不同情况,具体可以分为标准、非标准和特殊场地三种类型。

(一) 标准场地

节事活动的标准场地是大多数节事活动举办所选择的场地,一般具有以下特点:

(1) 专门为举办节事活动而建立,平时运营主要以承办各类节事活动为主。

(2) 是周期性节事活动的固定场所,如定期举办展览、体育比赛、节庆活动等。

(3) 具有专门的人力资源对场地进行管理,包括场地维护、保安、推广、技术人员等。

(4) 具有活动举办所需的基本设施。

(5) 易于针对活动类型与内容进行调整,方便拆建各种设施。

目前,较常见的标准场地(见图 11-2)有:

图 11-2　节事活动的标准场地

(摄影:郑丹妮)

(1) 会议中心。
(2) 展览馆。
(3) 酒店宴会厅。
(4) 社区活动中心。
(5) 礼堂。
(6) 体育馆。
(7) 游乐场。

（二）非标准场地

为了让活动更具吸引力与创造力，节事活动管理者常常会试图寻找一些独具匠心的活动场地。这些场地并非为了举办节事活动而建立，有其他固有的日常运营项目或者其他功能；同时，它们又具备承办节事活动的基本条件，场地设施容易根据活动要求进行调整。一般非标准场地有以下几种（见图11-3）：

图11-3　节事活动的非标准场地

(摄影：郑丹妮，部分来源于网络)

（1）博物馆。
（2）公园。
（3）未举办体育赛事的小型体育馆。
（4）临时搭建场地。
（5）教堂。

（三）特殊场地

特殊场地区别于非标准场地的主要特点是其不易于改造成节事活动的场地。这类场地通常具备特定的功能，不易于腾出空地给节事机构举办活动。它们可能是具有特殊意义的纪念地、城市的基础设施或者本身对于观众具有一定吸引力场的地等。节事管理者需要花费大量的时间与成本对活动场地进行改造，但因其独特性与新颖性，常会得到非常好的效果，受到观众较高的评价。同时，由于需要考虑的因素与服务设施较多，这类场地的现场布置与管理对于节事管理者也是极大的挑战。这类特殊场地（见图 11-4）诸如：

图 11-4 节事活动的特殊场地

（摄影：郑丹妮，部分来源于网络）

(1) 机场。
(2) 历史古迹。
(3) 仓库。
(4) 工厂。
(5) 街道。
(6) 沙滩。
(7) 停车场。

案例 11-1　德国关税同盟煤矿工业区的节事活动

德国关税同盟煤矿工业区（Zollverein Coal Mine Industrial Complex）位于德国埃森北部，是德国鲁尔矿区的典型代表，是著名的历史性工业纪念物。这一地区很长时期内都是欧洲最现代化的炼焦场，每天出产1万吨煤。然而，由于钢铁危机与快速减少的煤耗需求，这个炼焦场于1993年6月30日停止运作。2001年，该煤矿工业区被联合国教科文组织评为世界文化遗产，并于同年成立了关税同盟发展责任有限公司。为实现该地良好的转型，Zollverein开发了偏重商业休闲的行业方向，具体措施包括：

● 动力机房改造成德国北莱因-威斯特法伦州（或可参考德国地名标准译名）的设计中心，隶属于埃森大学。

● 冲压车间改造成鲁尔区最有品位的餐厅。

● 厂房车间改建成上演流行歌舞剧的大型剧场，常用于举办各种会议与节事活动。

● 引进众多艺术与创意、设计产业公司，成为其办公场所与作品展览场地。

● 定期举办国际会议与活动，如世界设计论坛、混合文化节、鲁尔文化庆典演出等。

目前，德国关税同盟煤矿工业区已经成为该地举办节事活动（包括私人派对、婚礼、公司年会、展览、产品发布会等）的首选地。随着文化产业的不断发展，它目前成为了德国工业艺术与现代设计产业中心，同时还是极受欢迎的节事活动举办地与旅游目的地，每年吸引世界各地60多万游客前来参观。

（资料来源：徐春燕、李茜，2009）

第二节 现场布置与人员管理

一、场地布置

场地布置并不仅仅是搭建一个活动舞台,而是需要综合考量活动从开始到结束期间观众、演员、工作人员需要进出与使用的各种设施的搭建。它涉及舞美设计与场地功能分区等工作。一般节事活动的场地可以分为以下几个功能分区:

(一)舞台区

几乎所有的节事活动都有一个视线集中点——舞台区。舞台区可能位于活动场地的中心或最前方,目的是能够让所有观众在无视线干扰的情况下欣赏节事活动的表演、娱乐活动、演讲、产品展示等活动。此外,舞台区是舞美设计着重考虑的区域,需要考虑背景板、灯光、音响、投影、装饰、鲜花等各方面的因素。

1. 灯光设计

舞台灯光主要具备照明和特效功能。由于成本相对低廉,灯光常常被作为烘托舞台背景与表演人物、制造各种特效的主要手段。因此,在设计灯光时,应考虑灯光位置、类型(激光灯、帕灯、LED 效果灯)、灯光使用时间与方式、灯光颜色等因素。

2. 声音设计

声音设计包括对外的音响设备搭建,声音监控、录制、转播等工作,其设备主要包括话筒、调音台、扩音器、音箱等。舞台的音响设备可以帮助观众更清楚地听到舞台上所发出的任何声音,包括音乐、演讲、各种烘托现场的音效等。声音设计要考虑活动场地的大小以及活动的类型。如在空旷的室外举办摇滚音乐会,音量与音效应不同于室内演讲的声音设计。音响设计能对观众的体验产生很大的影响,过于嘈杂的声音容易让参加者情绪亢奋或烦躁;相反,声音太小或过于低沉则不易让观众接收到舞台上的所有信息。(见图 11-5)

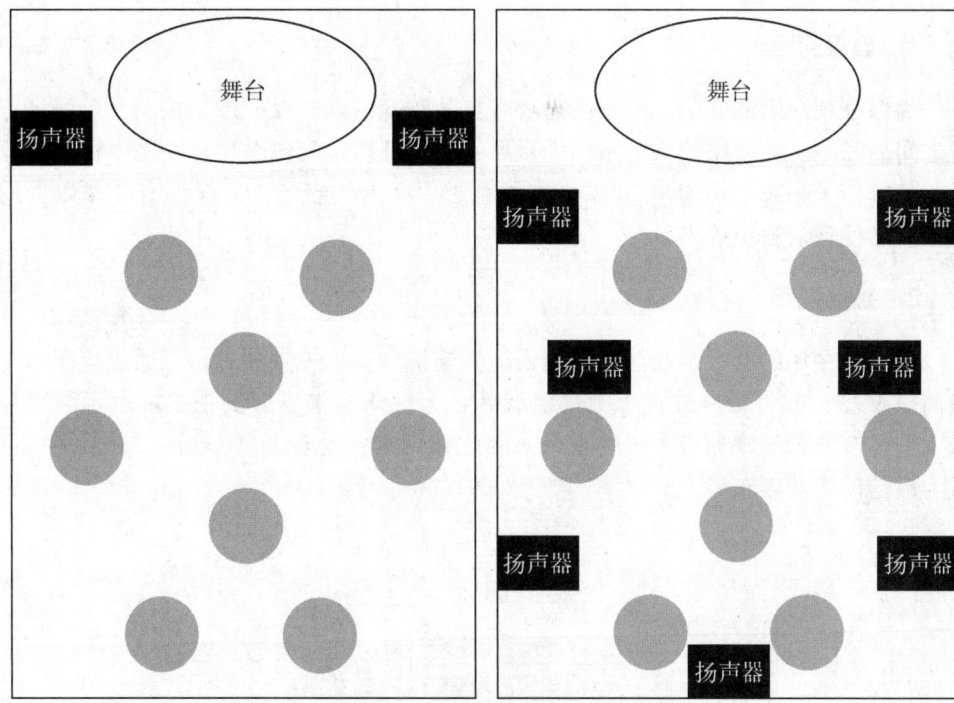

图 11 -5　活动现场扬声器布置示例

3. 特效设计

舞台的特效设计常常是节事活动的点睛之笔，体现了节事策划者的创新与专业能力。随着节事行业的日渐成熟，各种特效的运用与舞台的科技技术层出不穷，如通过 LED 背景视频版与现场场景结合，实现亦幻亦真的效果。另外，通过烟花、干冰、气泡等能烘托舞台气氛，也是增加舞台特效的方法。

（二）观众区

观众区的搭建需要考虑根据参加者的不同类型进行功能分区，通常可以分为贵宾席、观众席和媒体席三种。贵宾席通常为靠舞台最近、视野最好的区域，有时还会提供更好的桌椅和茶水。观众席通常要考虑实际参加的人数，结合场地的面积进行布局。媒体席的选择与设置通常要考虑媒体拍摄新闻照片或图像的角度，通常会安排在会场最后或二楼前排区域，同时提供足够的电源供其使用。总体而言，观众区的搭建要注意以下几点：

1. 确保间距

为保证观众席的安全，节事管理者在搭建观众区的时候应严格按照要求保证座位之间的间距。通常座椅式的室内观众席，应保证椅子两侧距离在 5 厘米以上，椅子与前排椅子距离不小于 90 厘米。容纳超过 400 人的会场，应保证有 3 条以上的过道，方便观众自由进出。

2. 确保视野

应确保在场的所有观众能够看到表演、演讲和其他视频展示，可通过让座椅与墙面呈 V 型，或将舞台放置于中央最低处，为观众提供更好的视线。由于演唱会或大型体育赛事经常拥有大量的观众，因此体育馆式的观众席布局（见图 11-6）成为最佳的观众席布局。

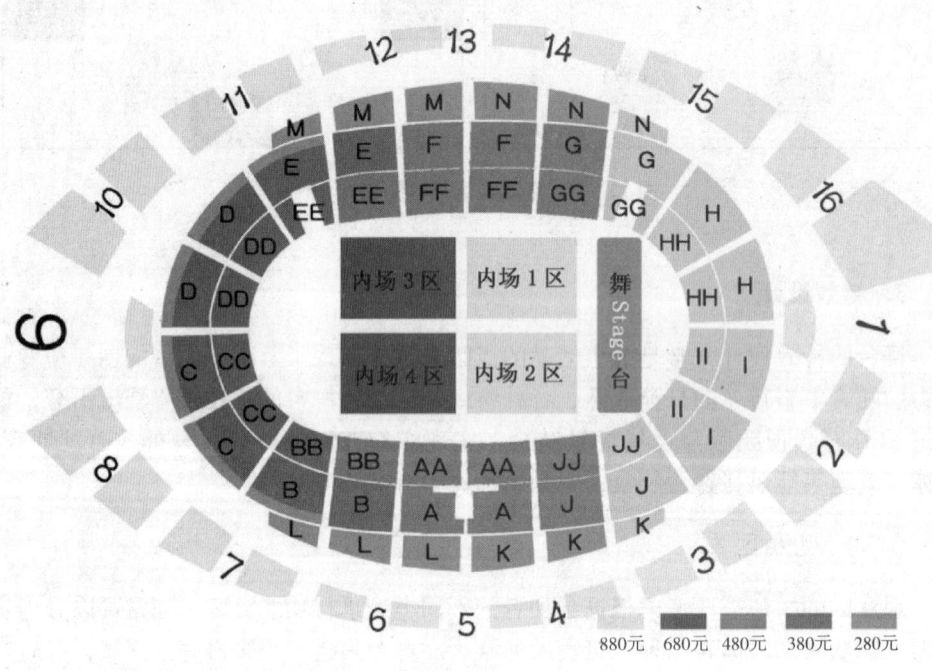

图 11-6　广州天河体育馆观众席布局

（图片来源：http://www.damai.cn/）

3. 确保灵活性

由于节事管理者不可能准确预测观众人数，为方便对现场进行及时调整，通常搭建的观众席选择极易拆建的座椅。如果场地为固定座椅，则应提前考虑是否有增加临时座椅的空间，或者集中安排观众入席，更好地利用观众席空间。

4. 确保安全

应确保观众席（看台）足够承载现场实到的人数重量，合理安排各种安全设施，包括观众围栏、紧急通道、紧急出口、防火设备等。

（三）服务区

为更好地服务活动现场，节事管理者在搭建舞台和观众台的时候，也需要考虑增设相应的配套设施（见图11-7）。这些设施包括：

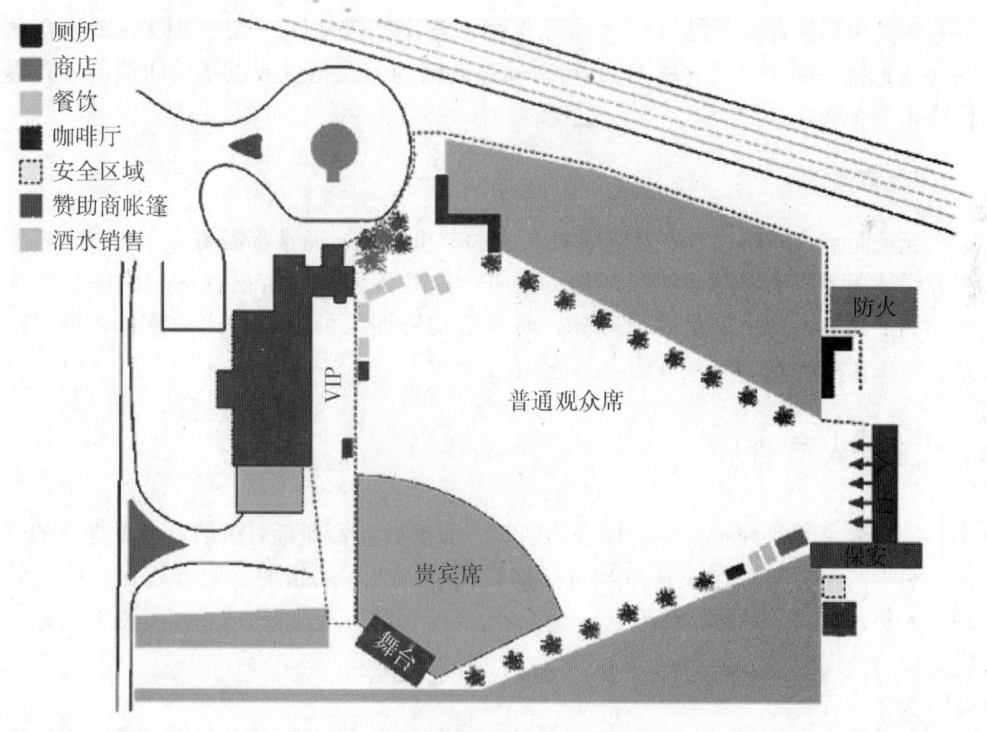

图11-7 某露天活动现场布置

1. 餐饮

餐饮区可以供应饮料、小吃、酒水、主食等。其中，酒水供应需考虑活动性质与参加人群的特点，由于节事活动酗酒行为常会导致各种风险，因此应对这一类型的商铺进行控制。另外，餐饮的商铺也可以采取赞助回馈的形式无偿或低价租赁给企业。

2. 厕所

活动场地的厕所可分为固定厕所与流动厕所，应根据人数比例考虑厕所的数量。为避免活动现场的人流拥挤，通常每150名观众需要提供一个厕位。同时，女性专用厕位应当比男性所用更多，一般超出二分之一左右。此外，厕所分布的位置也应有合适的考虑，通常距离整个活动场地的节点性位置（如出入口或人流集中的区域）有一段距离。

3. 商品

商品包括活动纪念品（纪念CD、T恤、照片等）、周边产品、现场活动所需用品（望远镜、帽子、荧光棒等），可以通过商铺的方式租赁或以赞助回馈的方式提供给相关企业。

4. 咨询区

无论是室内小型活动，还是室外大型的节事活动，通常都需要一个或多个咨询服务区或服务点为参与者提供相应的服务。这些咨询区通常设置在较为醒目的区域，如活动出入口、观众席周边等。通常活动咨询区可以提供活动信息咨询、指路、简单医疗、现场寻人等相关服务。

二、人员管理

现场人员的管理是指在现场活动期间，节事活动管理者对活动参与者提供的咨询、引导与监管等工作，其内容包括嘉宾接待、出入场指引、服务咨询、应急管理、人员疏散等。具体措施有：

（一）嘉宾接待安排

对于邀请了特殊嘉宾的节事活动，节事管理者应安排陪同人员、礼仪、翻译等工作人员做好现场的接待工作。

活动入口处安排礼仪人员邀请嘉宾签到，可选择使用签名纪念板、签名本等方式。

设置嘉宾休息室，为嘉宾提供活动开始前交流与休憩的场所。工作人员应在休息室内提早准备好茶点与酒水供其使用。

嘉宾席的座位安排应遵循国内与国外的座位安排礼仪，按照嘉宾的职务、社会地位或声望进行排序，通常以中间座位为点，面向舞台，以左为上、右为下的原则进行排列。

（二）观众组织管理

在节事活动入场处，通常开展观众入口登记、检票或签到工作；同时也可以现场发放关于节事活动的相关资料，如场地地图、座位指引图、活动日程信息、赞助商资料等。

为确保活动安全，大多数节事活动还需在入口处设置安全检查门、保安人员等对到场观众进行安全检查，从而保证所有人的人身安全。

为方便观众快速到场就坐，应在显要位置设立交通指引牌，并在主要路口和观众席区域安排现场协调员进行现场指引。

针对有特殊要求的观众（如残障人士），现场应有专门的设施与工作人员为其提供各种便利与服务。

（三）表演者管理

节事管理者应掌握表演者的有效联系方式，在活动（或彩排）开始前告知表演者活动开始的时间与地点，确保表演活动的顺利进行。

某些表演者的薪酬支付选择活动现场支付的方式，节事管理者应提早准备好这部分的现金，在财务管理预算时进行注明。

舞台搭建与活动效果的沟通需要技术人员与表演者进行沟通确认，从而确保现场各项灯光、特效等能够按其要求实现。

（四）工作人员管理

现场工作人员主要包括节事管理者、技术人员、服务人员、临时工作人员、志愿者等。

各职能岗位的现场工作人员，应按照人力资源规划方案，通过各部门管理者进行统一协调与监管，并协助解决各种现场出现的问题。

所有现场工作人员应在活动开始前的培训中进行现场勘查，确保各类型工作人员熟悉自己的工作区域，同时也了解活动场地的基本情况。

通过对讲机、内部工作人员联络簿等工具，确保各部门工作人员之间沟通顺畅。

第三节 物流管理

一、物流管理的概念

对于后勤与非后勤人员，最困难的一件事情就是能根据清单看出什么物资没有准备到位。[1] 物流是供应链流程的一部分，是对货物、服务及相关信息从起源地到消费地的有效率、有效益的正向与反向流动和储存所进行的计划、执行和控制，其目的是满足顾客要求。[2] 节事活动的物流管理包括顾客、产品、设施到活动现场的供应，它通常有明确的筹备、执行和终止过程，需要根据节事活动计划对物资、设备的品种、数量、期限等进行时间和地点的规划。无论何种活动，节事管理者需要清楚了解活动所需的各项物资是否准确到位，从而对活动现场的所有情况进行有效控制。

物流计划并不仅仅是一张物资清单，而应包括物资供应、交通运输、流动控制、信息传递等与后勤管理相关的各项工作，它将作为工作指导手册，确保节事活动现场所需的物资准备齐全，同时能够更有效地完成各项工作。其内容可包括[3]：

(1) 一份负责人员联系名单。
(2) 一张活动现场地图。
(3) 日程表，包括时间线和甘特图（详见本书第九章）。
(4) 一份紧急事件计划方案。
(5) 分包商的详细信息，包括所有时间约束。
(6) 现场工作人员联络方式，包括保安和志愿者的联系方式。
(7) 评估表（调查问卷）。

二、节事活动物流管理的内容

根据节事活动举办的前期、现场、结束三个不同阶段，物流管理主要分为观

---

[1] Pagonis W G. Moving Mountains: Lesson in Leadership and Logistics from the Gulf War. Cambridge, MA: Harvard Business School Press, 1992.
[2] Council of Logistics Management Official Website, http://www.cscmp.org/.
[3] Allen J, et al. Festival and Special Event Management. Milton, Australia: John Wiley & Sons Australia, Ltd., 2005.

众、节目以及设备三个方面的供应工作，活动现场的物流管理，活动结束撤台、清理与解除合同等方面的工作（见图11-8）。

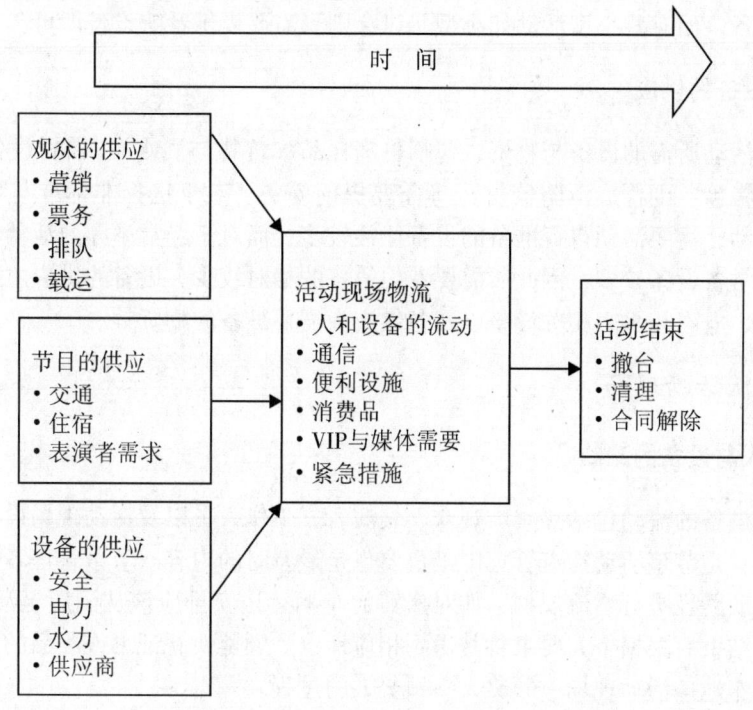

图 11-8　节事活动物流管理系统①

（一）活动前期

1. 观众的供应

观众的供应包含了需要在节事活动前提供给活动参与者的方方面面，如营销宣传所需的传单、门票的影印，为减少观众排队时的负面情绪而提供的食物，运载乘客所需准备的大巴车，等等。

2. 节目的供应

所谓节目供应，指的是节事活动为观众提供的产品（活动）内容所需的各项

---

① Allen J, et al. Festival and Special Event Management. Milton, Australia: John Wiley & Sons Australia, Ltd., 2005.

体验。为制造各种活动体验，节事管理者需要准备各种物资——满足实现。例如，文化节庆活动的各种文娱表演的道具、体育赛事运动员参加比赛所用的器材、会议的话筒和灯光，所有的细节均需要全面地进行考量。有些节事活动需要多达几百件的物资准备，而有些小型活动如小型研讨会则只需要提供音响设备即可。

3. 设备的供应

节事活动所需的设备与物资，包括可消耗品（食物与酒水）、器材设备（如现场搭建的帐篷、围栏、消防器材）等需要提前筹备。对于选择非标准与特殊场地的节事活动，需要活动自行准备的设备往往较多；而对于经常举办的活动场地，由于其自身常备设备较多，因此所需要专门筹备的相对较少。设备的供应主要可分为安全设施、电力与水力相关设备以及各供应商需要准备的物资等。

（二）活动现场

1. 人与设备的流动

人与设备的流动包括嘉宾、观众、表演者、工作人员以及活动现场设备的各种流动管理，是节事活动物流管理中最重要也是最费时的内容。节事管理者需要根据它们的流动路径进行物流规划，如对嘉宾的车辆运送安排应该从酒店至活动现场，并在活动结束后根据个人要求将其送到相应地点。颁奖典礼证书或奖品的设备运送包括了制作地→活动现场→颁奖人→领奖人的过程。

2. 通信

现场工作人员的通信通常由对讲机、手机等设备来实现，对观众则通过现场标志、广播、耳机（同声传译耳机）、现场地图、活动手册等方式进行信息传递。

3. 便利设施

便利设施的布局需要列入物流管理的范畴。在搭建各种便利设施店（篷）的时候，需要考虑其对活动场地环境、人流以及活动节目效果的影响。尽量将其布置在活动空间较大、易于搬卸与运输的场地。

4. 消费品

对于一些消费品的物流管理，包括现场提供酒水、食物、鲜花等，应考虑提供除这些物品本身以外的设备准备情况，包括相应的餐具、水电、煤气、制作工具等。要提前确认与节事活动的人数与时间（食物供应的人数与时间确定尤为重要），从而临时调整准备相应的消费品。

5. VIP 与媒体需要

VIP 与媒体的现场物流管理通常涉及人员接待与媒体传播相关事项所需的物流管理事宜。其中媒体需要按其要求提供如网络、电源、灯光、摇臂设备等物资。

6. 紧急措施

其主要包含消防器材、紧急通道、护栏、救护车、急救箱等各种自然或人为紧急情况所需的物资。各种节事活动可能的紧急事件不同，如体育赛事常有运动员受伤的情况，活动现场应准备好足够的医疗急救物资以供使用；摇滚音乐节常会有人群拥挤和酗酒闹事的风险，因此需要增加护栏、保安人员来保证现场安全。

（三）活动结束

1. 撤台

活动结束后，快速撤离节事活动的各项物资是物流管理不能忽视的问题。物流人员需要确保每一项物资收集齐全。通常，对于重复性较高的节事活动，节事机构拥有专门的物资储藏库来放置这些物资，如婚礼布置的各种设备需在撤台后运回婚庆公司。

2. 清理

现场清理工作的负责对象取决于活动场地的类型，对于标准场地，场地租赁者通常拥有清理场地的专业人员；对于非标准场地和特殊场地，节事管理者需要做好活动的善后清理工作，且在租赁合同里面说明场地清理的职责问题。

3. 合同解除

活动的结束意味着所有分销商与节事机构合同关系的结束，因此合作双方所涉及的物资归还问题，应在合同解除前进行仔细核对，并按规定对丢失、损坏物资的情况进行补偿。

第四节 绿色节事

一、绿色节事的概念

节事活动现场聚集大量的人群,因举办各种活动所造成的各种垃圾、废弃物、碳排放等污染常常会对活动现场造成极大的不利影响。如在公园草地举办活动后,经常可以看到随处可见的垃圾、被肆意踩踏的草坪,这不仅给节事活动本身造成了负面形象,也破坏了原来优美的环境。如今,越来越多的产业开始关注绿色环保的概念,节事旅游行业也不例外。《活动解决方案杂志》(Event Solution Magazine)在2007年针对节事行业1350名从业人员的调查中显示,"绿色会议"是使用频率排名第三的关键词[1],许多节事机构也纷纷加入相关的绿色节事协会中,如绿色会议产业委员会(Green Meetings Industry Council,GMIC)[2]、绿色联盟(Convene Green Alliance,CGA)[3]、绿色节事协会(Association of Green Meetings & Events)[4] 等。

所谓绿色节事,指的是通过环保的方式,长期致力于创造超凡体验的节庆与特殊事件。其主要关注革新、保护和教育三个核心价值[5]。

(1)革新:创造性地运用新兴的战略与绿色技术以提高能源的利用率,促进环境保护。

(2)节约:负责任地使用自然资源并使浪费最小化。

(3)教育:通过策划难忘的事件体验推广对待能源与环境的道德行为。

二、如何通过现场管理打造绿色节事

(一)减少环境污染

节事活动的现场往往会对环境造成各类污染因运送参与者往返活动现场而制造

---

[1] Baragona J. Event Solutions 2007 Annual Forecast: Forecasting the Events Industry. Tempe: Event Publishing LLC, 2007.

[2] Green Meeting Industry Council Official Website, http://www.greenmeetings.info.

[3] Convene Green Alliance Official Website, http://www.convenegreen.com.

[4] Council of Logistics Management Official Website, http://www.cscmp.org.

[5] Goldblatt J. Special Events: The Roots and Wings of Celebration. 5th edition. Hoboken, NJ: John Wiley & Sons, Inc., 2008.

的汽车尾气、制作舞台特效时使用的烟花、现场售卖食物饮料留下的生活垃圾、开放活动场地搭建帐篷等都可能对节事活动现场的周边环境造成污染。为了节事活动的可持续发展，节事管理者的首要目标是通过各种方法减少节事活动造成的各种环境破坏。

1. 垃圾回收

现场减少垃圾排放的最好办法是让观众自觉回收，并根据指示将其放置到相应地点。可以通过现场引导、回收奖励、宣传手册等方式鼓励观众对垃圾进行分类回收。另外，可安排相应的工作人员与垃圾处理机构共同对节事活动的垃圾进行及时的处理。（见表11-1）

表11-1　"在垃圾桶外动脑筋"：一些垃圾回收的创造性尝试

- 安排专门负责引导观众进行废物最小化的工作人员
- 向观众派发便携式香烟盒用于装盛烟头和口香糖
- 设计创意十足的废物收集点
- 废物升华：让观众利用废物制作艺术品，如使用铝罐制作艺术群雕
- 饮料杯押金计划：观众付一定的押金租用一只饮料杯，把杯子交还回收点才可取回押金
- 在一次性物品上贴写标签引导观众处置

2. 鼓励环保交通

如果上万人参加节事活动均采用自驾车的形式，则其汽车尾气所导致的大气污染对环境的破坏可想而知，同时，大量的汽车也会导致停车场紧缺等相关问题。为减少因自驾车前往节事目的地所造成的碳排放超标，节事管理者可在活动前期通过宣传和筹备公共交通的方式，鼓励更多的参与者使用环保型的交通，如采用新型燃料驱动的公共汽车、自行车、步行等。

3. 控制噪音

对于举办时间较晚或声音分贝较大的节事活动，节事管理者应该尤其注意对噪音的控制。例如，规定节事活动的最晚举办时间（一般不超过21:30），尽量选择远离居民区的场地，控制扩音器的音量大小，等等。

4. 减少对活动场地的破坏

无论是室内还是室外的活动场地，都应制定严格的场地管理条例来减少因搭建

舞台、观众踩踏等对其造成的破坏。例如，通过围栏防止观众或车辆破坏草地，使用可降解的环保材料搭建现场，等等。

（二）采用绿色技术

1. 可再生能源

对于节事活动现场所需的各种能源，尤其是活动现场所需的各种电能，可以通过各种绿色技术，采用可再生能源来提供，包括太阳能、水能、风能、生物能源等，节事管理者可以根据活动现场的实际情况进行选择。例如，在空旷的农场，可以考虑安装风车利用风力现场发电；利用太阳能提供现场的照明与取暖；等等。

2. 采用能源效率高的设备

提高现有能源的使用率，如使用可以达到相同照明效果的 LED 灯、节能灯来替代传统灯泡，通过节能减排的交通工具替代传统的交通工具，等等。

3. 选择采用"绿色"技术的合作伙伴

选择绿色酒店、绿色食品供应商、绿色交通公司等，通过共同的努力，致力于让节事活动的各项必需的资源与能源消耗项目都遵循绿色环保的原则。

（三）宣传绿色理念

节事活动是对观众进行绿色理念传递的绝佳场所。节事管理者在现场通过各项措施对观众进行"绿色教育"，有助于观众更好地与活动举办地实现良性互动，进而在保护当地环境的情况下促进活动的成功举办，实现节事活动和当地社区的可持续发展。宣传绿色理念可以通过：

(1) 现场发放环保理念的宣传手册。
(2) 采用环保材质的纪念品、商品、设备等。
(3) 结合节事活动内容，开设相关环保主题的展览或现场摊位。
(4) 将部分活动收入捐助给环保机构或协会。
(5) 以名人或嘉宾宣传的方式，呼吁观众重视绿色环保。

案例 11-2　　绿色节事——英国格拉斯顿伯里表演艺术节

英国格拉斯顿伯里表演艺术节（Glastonbury Festival）始创于 1970 年，是目前世界最大的露天音乐节和表演艺术节，至今已有 40 多年历史。该活动发源地位于英国南部格拉斯顿伯里小镇，由当地农民迈克尔·伊维斯（Michael Eavis）创办。

该活动包括了邀请当今全球著名歌星参加的音乐节以及舞蹈、喜剧、戏剧、马戏、歌舞表演等超过 380 场现场表演，每年吸引超过 19 万人来到现场参与盛会。

格拉斯顿伯里表演艺术节的活动场地是超过 900 英亩（2.6 平方千米）的开放式农场，活动期间搭建超过 80 个舞台。为了更好地可持续发展这个世界闻名的节事活动，节事公司通过各种措施保护环境，维持场地原貌，成为了绿色节事活动的典型代表，具体采用了如下措施：

- 鼓励使用公共交通，其中参与活动 1/3 的观众乘坐公共交通前往目的地。
- 搭建不插电帐篷等节能舞台。
- 活动现场观众搭建的帐篷均使用可降解的帐篷钉，最大程度减少对农场的破坏。
- 重复使用资源。例如，活动主舞台——金字塔舞台是利用电线杆和国防部废弃不用的金属片建造的，成为活动的固定设施。
- 使用可替代能源。1994 年首次出现了 150 千瓦功率的风力发电机，用于给主舞台区供电。
- 建立现场垃圾回收网络。例如，2004 年曾回收了约 300 吨的垃圾并将其中 110 吨堆肥。
- 开设具有宣传教育性质的摊位，如宣扬素食主义和环保主义的摊位。
- 展出绿色环保概念的产品。例如，在南端的绿色田地（Green Fields）展出一些传统的和环保概念的手工艺品。

（资料来源：http://www.glastonburyfestivals.co.uk/）

本章小结

节事活动的主题策划是其区别于其他活动的关键，其内容可以通过场地类型、餐饮设计、活动内容的设计（包括艺术表演、娱乐活动、演讲等）、装点现场的装饰、道具和场景、音效与灯光以及特殊效果等元素进行呈现。

节事活动大多数所选用的场地都具备易安装与拆卸设备、舞台、装饰的特点。根据场地相对节事活动的不同情况，具体可以分为标准、非标准和特殊场地三种类型。

根据节事活动举办的前期、现场、结束三个不同阶段，物流管理主要分为观众、节目以及设备三个方面的供应工作，活动现场的物流管理，活动结束撤台、清理与解除合同等方面的工作。

绿色节事指的是通过环保的方式，长期致力于创造超凡体验的节庆与特殊事件，主要关注革新、保护和教育三个核心价值。活动现场可以通过减少环境污染、采用绿色技术、宣扬绿色理念等方式来实现。

思考题

1. 请选定一个节事活动主题，设计一套现场设计方案（文案与效果图），内容应包括场地类型、餐饮设计、活动内容的设计（包括艺术表演、娱乐活动、演讲等）、装点现场的装饰、道具和场景等内容。

2. 请分别说明博物馆、学校礼堂、社区公园可以举办的活动类型。

3. 设计一套小型音乐会的物流管理方案，包括器材、人员在会前、现场、结束时的管理流程与内容。

4. 请结合现有中国的某项比较有影响的节事活动，分析其绿色节事的措施落实现状以及可以改进的方法。

第十二章　风险识别与控制

学习目标

1. 学会识别节事活动的潜在风险。
2. 能运用相关理论对节事风险进行预估与管理。
3. 掌握节事活动常见风险控制的方法。
4. 了解降低节事风险的方法与技巧。

引导案例

西班牙奔牛节又名"圣费尔明节"（Los Sanfermines），是始于1591年的传统节日，每年都吸引数万人前往活动举办地——西班牙的东北部城市潘普洛纳参加。1923年，美国著名作家海明威首次来到潘普洛纳观看奔牛并写成了著名小说《太阳照常升起》，他在作品中详细描述了奔牛节，将刺激的奔牛活动描绘得极为传神，奔牛节因而声名远播，开始由一个地区性节日变为一个世界性节日。每年的7月6日至7月14日，来自世界各地的人们穿上白衣裤，缠上红腰带，在6条经过两年专门驯养的公牛前狂奔乱闯，以24千米的时速沿着旧城区的"奔牛之路"直奔斗牛场（见图12-1）。这些公牛通常非常凶悍，有的牛角被磨尖，甚至露出神经，一触既痛；有的牛眼睛被抹上辣椒，以激怒它来引发它的野性。因此，这项活动也被称为"勇敢者的游戏"，不少勇敢者，尤其是那些冒险者会选择尽量接近公牛来挑逗它，结果有的被刺伤，有的甚至被踩死。

在这条全长848.6米的狭窄的石板古街上，每年有上万人拥上这条街道，时常会出现人仰牛翻的情景。据统计，从1924年到2002年，共有14人被牛顶死，200多人被牛顶伤。为保障参与者的人身安全，活动主办方制定了各种政策降低活动带来的风险，具体包括：

- 规定参与者穿着舒适安全的服装与鞋。
- 不允许携带相机与背包。
- 不允许跑在公牛后面或其奔跑的相反方向。
- 奔跑路线只有两个出口。

- 必须沿直线奔跑，不允许中途突然停止。
- 不要激怒公牛或吸引它的注意。
- 不允许赛前喝酒。
- 不允许在第一道围栏、奔牛场门口或其他阻止奔跑者行进道路的地方观看。
- 为跑在后面的参与者预留空间。

图12-1 西班牙奔牛节

（图片来源：西班牙奔牛节官网，http：//www.sanfermin.com/）

（资料来源：新浪网，http：//travel.sina.com.cn/world/2010-06-18/0942138323.shtml）

所有的节事活动都需要聚集人群，因此必然会存在各种自然或人为的风险，如果管理不当，将可能造成不可预期的后果。节事管理者应该对举办活动所有可能的风险进行预测，并通过各种方法进行规避，将风险降到最低。本章将着重讨论风险的识别、降低风险的方法等方面内容，并对节事活动常见的风险，如饮酒、拥挤人群、突发事件等进行分析，探讨控制与解决的方案，从而帮助节事管理者更安全有效地对活动进行管理。

第一节　活动风险的识别与评估

一、识别节事风险的类型

节事活动可能因为人、时间、气候、地点、活动内容等因素的改变而发生变化，每一个构成要素都可能导致潜在的风险。这些风险可能只是因为志愿者未出席而导致的岗位空缺，也可能是因为看台倒塌而导致的严重的踩踏事件。无论风险的高低，节事管理者均应该具有前瞻性，通过相关措施与备选方案尽可能减少其所带来的损失。考虑节事的风险性，应该根据不同的节事类型，对其作全面的评估，总体来说有员工、营销与公共关系、健康与安全、人群控制、交通等方面的风险。（见表12-1）

表12-1　节事风险的类型

风险类型	潜在风险
员工的风险	组织结构不清晰导致的岗位缺失 健康安全保障缺失 员工在化学品或其他有毒环境下工作
营销与公共关系的风险	活动宣传效果达不到预期 媒体针对活动内容、突发事件、相关人员方面的负面报道
健康与安全风险	节事活动期间食品供应的安全卫生问题 具有危险性的节事活动对表演者、观众的潜在危害 户外活动（天气、场地等）导致的各种安全问题 特别嘉宾的人身安全 大型公众活动的公共安全问题
人群控制风险	人群过于拥挤导致的安全问题 紧急出口人流控制的问题 活动场地倒塌的安全事故 暴力行为 酗酒问题
交通风险	公共交通运送观众、嘉宾、表演者的安全问题 设备运送的安全问题 大型器材的运输安全问题

（部分资料来源：Berlonghi，1990）

考虑节事风险的时候，还应从风险发生的可能性与影响程度进行区分。从风险发生的可能性与事件影响程度来看，可以分为可能性大影响小、可能性小影响小、可能性小影响大、可能性大影响大四种类型。对于可能性大且影响大的节事风险，节事管理者应通过各种措施来降低风险，并做好风险发生的应急方案。例如，西班牙奔牛节很可能发生参与者受伤或死亡事件，节事管理者应通过现场安置救护车、签署自愿协议、寻求保险公司等各种方法转移或分担风险，并将影响降到最低。

从风险起源看，主要可以分为人为风险与自然风险两种。其中自然风险主要指活动期间因恶劣气候条件所导致的风险，如因暴雨对户外活动场地的电路造成的危害，炎热气候引发的火灾风险等。人为风险因素可分为个人因素与群体因素，其中，因个人犯罪如恐怖行为、盗窃、抢劫等行为导致的风险需要活动现场严格的安保措施进行监管；而对于一些偶然行为，如体育比赛运动员受伤的情况，观众在活动过程中因绊倒而导致的拥挤等，虽然具有偶然性，但是也需要经过风险预估及现场管理来降低这些事件发生后的危害性。（见表12－2、图12－2）

表12－2 节事活动的风险起源分类

自然风险	• 暴雨、飓风、地震、台风等恶劣天气 • 火灾等因活动举办所导致的自然威胁
人为风险	1. 个人因素 • 个人犯罪行为：如恐怖行为、盗窃、抢劫、暴力、性骚扰等威胁 • 个人故意行为：如旷工、危险行为等 • 个人偶然行为：如运动员比赛受伤、工作人员操作失误、观众绊倒引发的威胁 2. 群体因素 • 财务风险：因经营达不到预期等因素所导致的经营风险 • 政治风险：社会环境（如政府干预、战争、内乱）等因素干扰导致的风险 • 法律风险：因合作方沟通不善、违反法律条款等导致的法律风险 • 管理风险：因节事机构管理不善导致员工离职的风险，因搭建场地不符合规定而导致塌台的危险等

第十二章　风险识别与控制

图 12-2　节事活动发生的风险事件

(资料来源：根据新闻资料综合整理)

二、识别节事风险的方法

节事活动的风险管理包含识别、评估、控制三个过程（见图 12-3）。节事管理者应根据经验与技巧，对举办活动可能的风险因素进行全面综合的考量，然后根据可能出现的危险进行可能性与后果分析，最后结合控制管理的方法与技巧降低风险。

图 12-3　节事活动风险管理的步骤

组织一个节事活动，常常会涉及上百个具体的工作，为能够纵观各个职能部门潜在的风险，节事机构的管理人员需要集思广益，通过调研、会议、经验等方式来讨论识别相应的风险；针对大型的节事活动，常常需要咨询专业的风险管理机构或人员，运用风险管理的专业知识对其进行识别。例如，造成 19 人死亡的 2010 年德国"爱的大游行"踩踏事件，起因是因为举办方在观众多达 100 万人的活动现场只设立了一个出口与入口。如果将风险识别工作详细具体到各个部门，并通过故障预测等方式对风险进行预估，可能就可以意识到出入口数量不够的问题，从而降低惨剧发生的可能性。识别节事风险的常用方法包括任务分解、活动测试、风险分类、风险预测、事故报告以及紧急预案等。①

1. 任务分解

很多节事活动的风险发生在未经注意的细节上，节事管理者应该将工作分解成各部门实际操作的具体工作，由各职能部门根据自己的技术与经验，对活动的风险进行专业评估。例如，节事总策划人可能不能像专业技术人员一样预测针对设备故障、天气与电力影响、员工操作所造成的可能危害。

2. 活动测试

为确保活动顺利举办，对于一些具备表演性且需要现场运行设备的节事活动，可以通过提前测试活动或彩排来对各项可能发生失误或风险的情况提早发现与解除。如音乐会表演、大型体育赛事的开/闭幕式表演等常需要所有表演者、技术人员根据安排进行几次彩排来降低失败的风险；对于其他活动，则通常需要技术人员提早调试所有设备，包括灯光、音响等以发现可能出现的问题。

3. 风险分类

通过不同视角分析潜在的风险也是识别节事风险的有效方式。节事风险可以分为内部风险与外部风险。内部风险指的是节事机构内部计划与实施造成的各种风险，如员工旷工、员工操作不当、宣传未达到预期等，通常可以根据更有效的人力资源管理来分析与解决这些问题；而外部风险通常为无法预知的不可抗因素，如天气、观众导致的突发事件等，通常可以通过转移风险等相关策略来减少相应的风险与责任。

4. 风险预测

通过预见风险的影响与结果进一步确定节事风险的可能性。例如有重要嘉宾出席的大型节事活动，其风险是重要嘉宾人身安全，因此可以根据这一风险来分析有什么方面会导致这一危害，如携带危险物品、现场观众中出现恐怖分子、现场拥挤

---

① Allen J, et al. Festival and Special Event Management. Milton, Australia: John Wiley & Sons Australia, Ltd., 2005.

等。节事管理者则可以通过现场安检，与国防部门合作，通过栅栏、指示牌、嘉宾特殊通道，增加随身保安等方式来杜绝这一风险。

5. 事故报告

为弄清以往或类似节事活动发生的风险与事故情况，事故报告可以帮助节事机构从管理、技术、偶发性因素方面查明事故原因，从而提出更有效的风险控制方案，防止类似风险或事故重复发生。对于重复性的节事活动，如奥运会、音乐节等，节事管理者应将以往总结的事故分析报告分发给各部门主管与员工阅读，从而让相关人员了解事故预防与发生的相应措施。

6. 紧急预案

紧急预案包括详细的风险影响评估、决策步骤、应急相应措施等具体的工作指导。节事机构可以整合各部门的风险预估与管理建议，通过全面的紧急预案对节事活动的所有风险进行预测，并通过具体的措施制定对所有员工进行教育与指导。例如，活动现场工作人员通过学习紧急预案，能够对现场运动员受伤的情况作出快速反应并采用相应的应急措施，包括担架使用、现场急救方式、救护车停放地点、入院手续操作方式等。

三、活动风险的评估

在识别节事风险后，需要节事管理者对其发生的概率、可能造成的危害对象进行测评，从而根据这些信息制订具体的控制措施。评估过程需要回答以下几个问题（见表12-3）：

（1）需要评估的具体节事工作或活动是什么？
（2）该项工作或活动可能会造成什么样的风险？
（3）面临这些风险的对象是什么？
（4）需要采取什么措施来消除或减少这些风险？

这些风险评估可以帮助管理者更好地了解节事活动各项活动的潜在威胁，从而通过相应手段保护受这些威胁的对象（包括相关工作人员、表演者、嘉宾、设备等）。

根据其可能对人员健康和安全造成的影响程度，节事活动的风险危害可以分为以下三个级别[①]：

[①] （澳）琳·范·德·瓦根著：《活动项目策划与管理——旅游、文化、商务及体育活动》，宿荣江译，旅游教育出版社2004年版。

表 12-3　节事活动风险评估示例

第一步：评估的节事工作/活动	第二步：（可能）造成的风险	第三步：面临风险的对象	第四步：采取的措施
搭建舞台	滑倒、摔落	• 节事机构工作人员 • 承办商的工作人员 • 表演者	• 规定现场不许穿拖鞋 • 规定佩戴安全帽 • 舞台使用防雨罩（减少因下雨导致的路面湿滑） • 活动开始前擦干地面所有液体 • 确保固定好所有的电线 • 在舞台边缘设立标识或栅栏 • 不允许无关外来人员进入
动物表演	动物攻击	• 驯兽师 • 观众 • 节事机构工作人员	• 动物与观众之间设置栅栏 • 设置标志牌指示观众不要进入危险区域 • 只允许熟练的驯兽师参与表演 • 给场地内工作者配备对讲机 • 准备扩音机现场指导与提醒观众保持距离 • 在重点监管区域设立保安
户外演出/比赛	恶劣天气（如大风）	• 现场搭建的帐篷等 • 现场器材 • 表演人员/运动员 • 观众 • 节事机构工作人员	• 检查现场的所有设施，确定其搭建稳固 • 采用风力计了解户外风力情况 • 将观众安置到牢固搭建的帐篷或建筑物里 • 如果风力超过一定级别，则应该： 　☆ 告知舞台搭建承包商以确定安全 　☆ 拆除易吹倒的设施，如广告牌、大屏幕等 　☆ 取消活动

（部分资料来源：南澳大利亚州政府部门官网，http://www.safework.sa.gov.au）

A 级风险：这种潜在的危险可能导致死亡、重伤或永久性残疾或疾病。

B 级风险：这种潜在危险可能导致疾病或工作中止。

C 级风险：这种潜在危险可能造成需要紧急救治的伤病或疾病，包括火灾、洪水、炸弹和计算机故障等。

第二节 活动的风险控制

一、风险应对的类型

在识别节事活动风险，并对其危害内容、对象、级别进行分析的基础上，节事管理者的下一个目标是寻找切实有效的方法来管理控制这些危险。根据节事风险发生的概率以及其影响程度不同，节事活动的风险应对可以分为风险转移、规避、接受、控制四个类型（见图 12-4）。

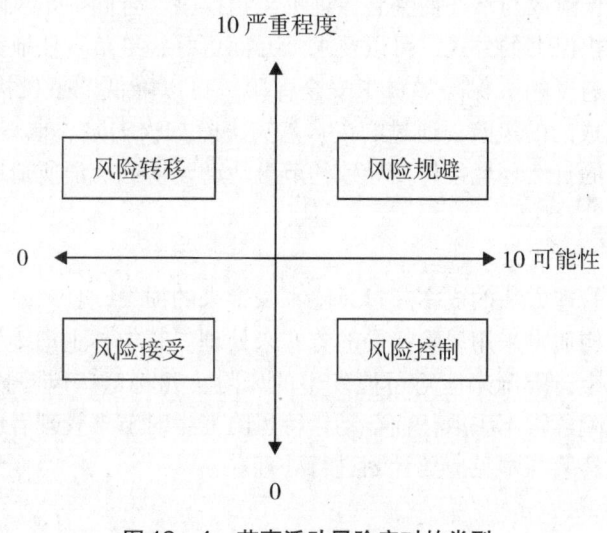

图 12-4 节事活动风险应对的类型

（改编自：Shone & Parry, 2010）

1. 风险规避

这一类型的节事风险后果非常严重，且发生的可能性很大，因此在没有更有效的策略来减轻这一风险的情况下，通常通过主动放弃活动或调整相应的活动内容与方式来回避这一风险。如当天气条件非常恶劣且对活动现场危害很大的情况下，节事管理者通常采用推迟时间或取消活动来规避其可能带来的风险。在选用的风险管理手段上，可以考虑通过缩小活动范围来避免节事风险，同时选择熟悉或有经验的合作团队以确保活动实施的安全性。

2．风险控制

针对风险影响较小且发生概率较大的节事活动，节事机构通常选择风险控制如紧急预案的方法进行处理。紧急预案中很大一部分内容是针对可预见风险的应急措施，如体育赛事运动员的急救措施、突发事件的应急预案等。这些节事风险通常无预警信息，因此需要通过全面综合的风险识别与评估，通过快捷高效的突发事件汇报与反馈系统来进行控制。

3．风险转移

对于风险发生概率很小，但是对节事活动本身或节事机构造成很大损失可能性的节事活动，通常可以通过风险转移的方式来降低节事结构所需承担的风险与责任。其中，购买保险或与承办商签署保证书、担保书、合同等是风险转移的常见方式。通过合同或担保书的方式，可以要求承办商更好、更负责任地完成工作，并对各项安全负责；通过购买保险如员工安全保险，可以降低节事机构对员工（尤其是临时用工）造成的的风险；通过购买自然灾害险如火灾险、地震险、洪水险等，可以减轻因恶劣的自然环境条件而导致的节事活动延期或取消所造成的损失。

4．风险接受

当采取风险管理方法的成本超过风险本身带来的损失，且风险危害与概率较小的时候，节事机构通常采用风险接受的方式来处理。其中，主动接受风险常会预留一定的时间、资金与资源来应对可能发生的风险，并将这些风险损失纳入活动成本；被动接受风险通常不采取任何行动，待风险发生时节事管理者或工作人员随机应变，根据个人经验与常见应急计划进行处理。

二、控制的事项与常用措施

除了"风险规避"这种类型，其他三种类型（风险控制、风险转移、风险接受）都或多或少应用了对风险的控制措施，这里暂统称为"风险控制"。风险控制所涉及的事项包括天气、舞台和讲台的安全、人群控制、交通管制、通信、用电等（见表12-4），而人们也已经总结了一些比较常用的控制措施（见表12-5）。

表12-4 节事活动风险控制涉及的事项

节事	涉及事项	节事	涉及事项
游行	天气 舞台和讲台的安全 人群控制 交通管制 通信 用电	户外毕业典礼和其他教育节事	天气 人群控制 舞台（包括扶手和台阶）的安全 通向舞台的通道 用电 酒精/药物
节庆和展销会	天气 酒精 烟火装置 舞台和讲台的安全 人群控制 交通管制 通信 用电 食品和饮料	政治集会	天气 舞台和讲台的安全 人群控制 交通管制 与执法的关系 通信 用电

（资料来源：彼得·塔洛，2004）

表12-5 节事活动中常用的风险控制措施

监管人员	有任命的节事活动主席
	有任命的节事职能部门主管
	有任命的节事风险管理主管确保活动达到各项安全标准
承包商	承包合同/协议在签署前经法律部门审核
	每一个供应商都与员工签署了无害/赔偿协议（如游戏、食品供应、安保人员）
	承包商为其员工购买了人身安全等相关保险
交通	仅限任命的司机驾驶节事活动所需的汽车
	所任命的司机具备多年驾驶经验，技术娴熟
志愿者	年满18周岁或者征得父母的同意
	根据培训结果和相关技能分配工作
	对节事活动具体工作的各项职责和风险具有清楚的认识
	如有需要，为其提供个人的保护措施

续表 12-5

场地安全	电线和插头被重新布置或遮盖
	提供足够的照明
	固定好了帐篷的桩与绳索
	准备好可替代的活动场地
	制定紧急计划（执行）方案
	雇佣足够数量的安保人员
停车	不允许停车员代替停车
	停车场提供足够的照明
	为急救车停放提供足够的空间
	为行人通过提供足够的空间
医疗服务	有急救站和相关急救设施
	当地警察局与医院提前知道节事活动的举办
	现场提供洗手场地
食物	保持食品温度
	员工与志愿者了解食品传染的预防知识
酒水	具备国家与地区的酒水营业执照
	活动现场对观众进行身份（年龄）核查
	为符合年龄酒水购买者作特别标记（如提供统一颜色的手环）
	雇佣有经验的调酒师
	为饮酒后的活动参加者提供可替代的交通工具
财务/现金管理	对财务负责人员进行背景和信誉核查
	使用防干扰包
	使用封闭安全的岗亭收取现金，并在不同的时间、路线运送现金
	雇佣 3 名以上的人员同时管理现金
	现金保管在有锁与保安的安全地点
活动项目	通常不能出现以下设备及活动：热气球、乘坐直升飞机、赌博、集体饮酒、蹦极等
索赔程序	提供事故报告
	员工了解索赔报告的相关程序

（资料来源：http://www.archlou.org）

三、特殊风险的控制

(一) 饮酒与风险管理

在很多文化背景下,家庭聚会、庆典、节庆等具有欢庆性质的节事活动都离不开饮酒行为。饮酒会导致人的自控力下降,因此也会衍生许多诸如暴力、性骚扰、酒驾等风险。为了确保节事活动的安全,节事管理者应制定相应政策与方法来对饮酒行为进行严格管理。

1. 饮酒的危害

如果节事活动缺乏专业人士的监督与指引,又加上许多节事活动中欢乐嘉年华的气氛,常会导致饮酒人员的反应与控制力下降,进而发生各种犯罪行为,对节事活动的其他参与者造成危害。具体有以下几种危害:

(1) 未达到法定饮酒年龄的青少年借机饮酒(在欧美部分国家对饮酒年龄许可有严格的法律规定)。
(2) 酒后驾车行为。
(3) 暴力行为。
(4) 性骚扰。
(5) 药物滥用甚至是吸食毒品。

2. 饮酒的控制

针对节事活动的饮酒管理,主要可以分为饮酒预防、现场控制、人员监管等几种方式。

(1) 饮酒预防。①制定饮酒相关的规章制度,如限定饮酒区域、时间与年龄。②通过活动宣传手册、广告牌等宣传酗酒的危害。③规定酒商的供酒时间与品种,尽量提供酒精含量低的酒水。④提前结束节事活动,减少因饮酒晚归的现象。⑤拓展其他非饮酒类的健康活动。

(2) 现场控制。①搭建栅栏区分饮酒与非饮酒区。②现场入口进行身份检查。③避免活动现场携带瓶子和其他玻璃物品。

(3) 人员监管。①安排交警抽查节事活动周边驾车司机,测试酒驾。②增加保安人员与警察,对现场酗酒导致的暴力、偷窃、性骚扰行为进行及时阻止。③对醉酒的观众提供相应帮助,如提供醒酒的食物与饮料、休息场所、紧急救援等帮助。

> **案例12-1** 　　　　　　　　澳大利亚毕业周派对（Schoolies Week）

毕业周派对（Schoolies Week，见图12-5）是澳大利亚著名的节事活动之一，被当地视为澳大利亚人的"成人礼"。该活动始于1979年，为庆祝高中生涯的结束，位于旅游胜地的黄金海岸市创办了这一活动，来自全国各地的高中毕业生相聚一堂，以派对、舞会、音乐会的方式尽情狂欢。每年11月末至12月初，毕业周成为了澳大利亚毕业生的传统活动，成千上万的高中毕业生会相约前往各个旅游胜地尤其是海边欢庆这一活动。

图12-5　Schoolies Week 学生狂欢

（图片来源：Schoolies Week 官网，http://www.schoolies.com）

由于澳大利亚法律规定18周岁以上可以合法购买酒水，因此在 Schoolies Week 上大多数毕业学生都达到了合法饮酒的年纪，且在活动期间大肆喝酒狂欢庆祝。在对100名观众的调查统计中（见图12-6），有24名学生表示参加该活动的目的是为了喝酒，人数甚至超过了其目的为参加派对或与朋友聚会的人数；而4名学生表明在活动中有过故意破坏与暴力行为。喝酒、聚会、享受欢乐时光、结交异性成为该活动的最大吸引力。

第十二章 风险识别与控制

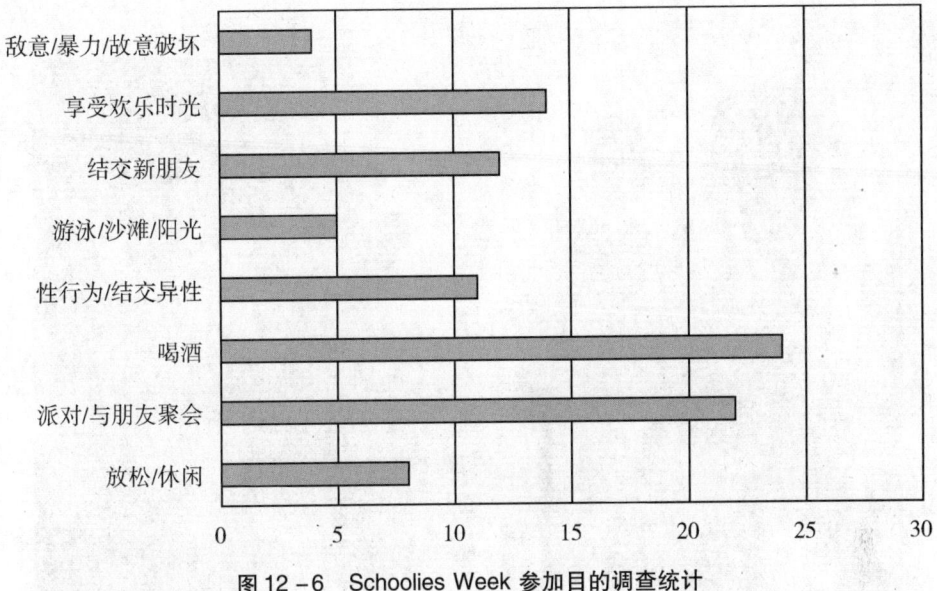

图 12-6　Schoolies Week 参加目的调查统计

（资料来源：Midford, 2004）

然而，由于大量因酗酒、药物（包括香烟、大麻、迷幻药）导致的犯罪问题，该活动饱受众多家长与媒体的质疑。据统计，75.2%年轻男性与59.9%年轻女性在活动期间每天或常常宿醉。[①] 2009 年与 2010 年因酗酒闹事、暴力、滥用药物、性骚扰等犯罪被逮捕的高中毕业生或未经许可前来的非高中生毕业生分别多达 220 人与 145 人（见图12-7）。为减少这一负面影响，节事主办方包括当地政府采用了各种措施降低参与者犯罪的风险，以此保障所有人的安全，具体有以下措施：

- 调动了当地所有的警察在活动期间对活动场地进行24小时监管。
- 开发其他新的派对活动替代饮酒行为。
- 开发多种游戏。
- 轻音乐的各种表演活动。
- 徒步旅行活动。
- 制定相关政策限制酒水供应。
- 缩短活动附近酒商的营业时间。
- 减少活动附近酒商卖酒的种类与数量。
- 及时检查酒驾行为，在各路口随机对驾驶员进行酒驾测试。
- 各学校对毕业周派对的行为进行提前教育，说明酗酒行为导致的危害。

[①] Lindsay J, Smith A, Rosenthal D. Secondary Students, HIV/AIDS and Sexual Health (Monograph Series No. 3). Melbourne: Centre for the Study of Sexually Transmissible Diseases, La Trobe University, 1997.

图 12-7　警察逮捕因酗酒导致暴力行为的参加者

（资料来源：http://www.couriermail.com.au/）

（二）人群控制

1. 节事人群的潜在风险

节事活动的本质是将人群召集在一起进行各种文化交流，因此通过适当的人群管理方法，控制活动参加者的情绪与行为是节事管理者需要面对与思考的问题。活动期间，由于人群中个人行为导致的事故常常造成严重的后果。其中，因观众跌倒造成的踩踏事件已经造成了无数人丧生，如 2004 年北京密云灯展就是因观众在观看灯展的时候不小心跌倒，导致后面大批观众接连绊倒，进而酿成 37 人死亡的悲剧。因人流控制不当而导致的拥挤现象也是节事活动最大风险之一，当节事活动现场入口不能承载大批人流量时，常常酿成悲剧。如 2002 年委内瑞拉斗牛场举办的颁奖晚会与 2005 年韩国开展的体育赛事，均因为入口处拥挤导致了严重的后果（见表 12-6）。总体来说，节事活动因人群聚集导致的风险包括：

表 12-6 部分国内外因人群拥挤导致的事故统计

年份	地点	活动类型	事故原因	死亡人数
1990	麦加/沙特阿拉伯	朝圣活动	人群拥挤	1426
2001	陕西/中国	庙会	人群相互拥挤	16
2001	阿克拉/加纳	体育赛事	球迷闹事,局面失控	130
2002	加拉加斯/委内瑞拉	颁奖晚会	入口拥挤	11
2004	北京/中国	灯展会	人绊倒导致的踩踏事件	37
2005	尚州/韩国	体育赛事	入口处前排观众跌到	11
2006	首尔/韩国	游园会活动	人群拥挤导致人摔倒	35

(部分资料来源:展懿,2008)

(1) 摔倒、入口拥挤导致的踩踏事件。
(2) 个人煽动导致的人群恐慌。
(3) 游行、示威活动。
(4) 群体暴力、暴乱事件。
(5) 个人犯罪行为导致的群体危害,包括偷窃、纵火、酗酒、性骚扰、服用违禁药物等。
(6) 对表演者、嘉宾、活动设备造成的危害。

2. 节事人群的控制方式

(1) 识别人群类型与标准行为。了解节事活动的参与者前首先要了解不同人群的性格,进而更好地对其进行管理。国外有学者根据人群的社会特征将人群分为隐匿人群、愤怒人群、溃散人群、叛逆人群、颠覆人群、宴会人群几种[1](见表12-7),针对不同的人群性格,节事机构可以通过雇佣、引导、监管等方式对人群进行控制。如摇滚音乐节吸引的人群相对于古典音乐会的人群来说会更容易发生酗酒、暴力行为,因此现场的饮酒与安全管理应更加严格。

表 12-7 社会人群类别与特点

人群类别	特点
隐匿人群	行动隐蔽,很可能会发展成暴动
愤怒人群	为了一个具体的目的聚集到一起,目的明确

---

[1] Canetti E, Stewart C. Crowds and Power. New York: Farrar Straus Giroux, 1984.

续表 12-7

人群类别	特点
溃散人群	一旦感知到威胁就会逃跑，通常是惊慌而逃
叛逆人群	拒绝按要求去做，会选择遵从自己的意愿
颠覆人群	要推翻政治现状，常常是无防备的，但是由于人群众多，通常会获得支援，从而取得控制权
宴会人群	目的是为了庆祝，想要度过一段美好时光

（资料来源：彼得·塔洛，2004）

（2）做好活动现场的指引与教育工作。为确保各个入口的人流畅通，活动现场应在具体服务设施、出入口等地方做好全面的标志工作，如搭建大幅标识牌、现场地图、指引牌等。在人流较多的地方安排现场指引员对人群进行指挥工作，给各指引员配备指挥用的哨子、喇叭、手举指引牌、对讲机等设备，以便更好地进行指挥与沟通。

（3）可以通过广播与活动手册，对现场观众进行安全教育，内容包括：①告知活动结束时间、出入口地点与方式；②提醒观众保管好随身物品；③告知吸烟、饮酒等相关规定，如吸烟与饮酒的区域与时间；④告知酗酒、暴力事件的危害性等。

（4）建立现场安保团队。节事机构通常可与活动场地安保部门、当地警察部门合作，在活动现场安排相应比例的安保与警察人员对现场观众的行为进行监管与控制。当人群中出现犯罪分子、暴力挑衅等人时，应对其进行及时控制，防止危害扩散。根据节事活动的安全级别与参与人数，可提供安全检查门、金属探测器、防暴车、高压水枪、警棍、直升飞机、警枪等相关设施。

（5）严格控制活动参加人数。节事活动预估的人数应与实际到达的人数尽可能地接近，并结合场地大小搭建安全的可承载相应人数的看台，同时要确保出入口的数量与大小可以容纳实际到场观众。通常通过售卖门票的方式对参加人数进行预测与监控，当门票供不应求或免门票入场时，应严格控制实际进场的人数，保证人群的安全。

（6）做好现场急救工作。为确保人群的安全，应根据活动类型，在现场准备救护设备、救护车，安排受训的救护人员等为受伤的活动参加者第一时间提供急救，从而最大可能地降低人身安全的风险。

案例 12-2　　　　　西班牙番茄节（La Tomatina）

番茄节（La Tomatina，又名番茄大战）是西班牙布尼奥尔镇每年 8 月最后一个星期三举行的节日。每年都有超过 35000 名参与者从世界各地赶来参加这一场不会造成伤害的混战，在大街上投掷超过 100 吨熟透多汁的番茄。该活动起源于 1944 年，经过 70 年的发展，它已经成为当地的传统和城市特色。

"番茄大战"从当地的中心人民广场开始。活动开始前，市政府将成熟的番茄用卡车运送到街道两侧作为"大战"用的"弹药"。随着一声令下，成千上万的"战士"向身旁素不相识的"敌人"的头上或者身上其他部位投掷、搓揉，不一会儿就个个浑身上下都是西红柿汁，整个街道也成了一条"番茄河"（见图 12-8）。随着从一个阳台上发出的火箭信号，"番茄大战"宣告结束。此时，布尼奥尔小城市民和成千上万的志愿者纷纷投入另一场战斗——打扫街道。约 1 个小时后，整个广场和街道被打扫得干净如初，布尼奥尔城又恢复了往常的宁静。

图 12-8　西班牙番茄大战活动现场

（图片来源：http://www.tomatina.es/index.php/en/）

由于该活动需要在常驻人口只有 9000 人的小镇街道上容纳各国参与者，"大战"期间，因人群拥挤、性骚扰、暴力事件导致的安全问题成为节事主办方首先监管的问题。该活动被视为一个发泄工作与生活情绪的场所，因此，随着人群的情绪高涨，各种群体导致的恶性行为层出不穷。其中，活动期间因人群引发的问题包括：
- 在餐厅或其他室内公共场所随意投掷食物。
- 参与者大声尖叫引发的噪音。
- 辱骂他人。
- 偷窃行为。
- 肆意破坏行为。
- 性骚扰女性参加者。
- 群体暴力、骚乱事件。

活动期间，节事活动机构采用的人群控制的主要方法有：
- "大战"时间严格限制为1小时。
- 紧急情况时采用高压水枪维持秩序，疏散人群。
- 建立超过上百人的特别安保分队控制与监管活动现场。
- 派出2架直升飞机现场应急。
- 雇佣50名国家安保人员保障现场安全。
- 保证除活动主街道外的其余街道畅通无阻，以便给紧急疏散提供通道。

（部分资料来源：http://www.tomatina.es/index.php/en/）

（三）突发事件处理

任何一个节事活动都有可能面临无法预见的突发事件，这些风险主要包括因天气、恐怖袭击、火灾、中毒事件等引发的危险。例如，2005年印度宗教活动因电线杆倒塌导致现场火灾，300多人不幸遇难；2011年美国举办的室外音乐节舞台因飓风坍塌，导致5人丧生（见图12-9）；2012年泰国春节庆祝活动因燃放烟花爆竹不当引发火灾，导致3人死亡；等等。针对这些大多数不可预测的突发性事件，节事管理者可采用以下方式预防与处理：

（1）节事活动前进行全面的风险排查。内容包括食品安全、舞台与看台安全、路面障碍、天气预警信息、通信信息、环境有毒物质等。

（2）做好现场的防火工作。包括杜绝使用或携带易燃易爆物品、确保易燃区域（如办公室、厨房）的防火安全、准备相应的防火设备（包括烟雾探测器、自动喷水消防系统、灭火器）等。

（3）对老弱孕妇、残障人士等提供特别帮助。现场设施搭建应考虑这一类人群的便利性，为其提供特别通道；当突发事件发生时，应考虑安排现场工作人员对这一类人及时提供紧急救援与帮助。

（4）实行安全演练。对活动工作人员与志愿者进行实战安全演练，对活动安全排查、突发状况应对等情况进行专业性的培训与教育。

图 12-9　美国印第安纳州室外音乐节舞台因飓风坍塌

（图片来源：http：//travel.sina.com.cn/world/2010-06-18/0942138323.shtml）

本章小结

节事活动可能因为人、时间、天气、地点、活动内容等因素的改变而发生变化，每一个构成要素都可能导致潜在的风险，具体包括员工、营销与公共关系、健康与安全、人群控制、交通等方面的风险。

节事活动的风险管理包含识别、评估、控制三个过程。

根据节事风险发生的概率以及其影响程度不同，节事活动的风险管理可以分为风险转移、规避、接受、控制四个类型。

思考题

1. 分别识别奥运会对于举办地、活动参加者、运动员、嘉宾的潜在风险有哪些。
2. 2012年美国波士顿马拉松赛发生了恐怖爆炸事件，请分析该举办方（地）对于危机发生后的风险处理方式。
3. 针对风险转移、规避、接受、控制的四种方式，各列举3个相应的风险以及对应的节事活动。

第十三章 绩效评估与文案管理

学习目标

1. 了解节事活动绩效评估的对象与内容。
2. 掌握节事活动绩效评估的方法。
3. 学会对节事活动产生的影响进行评估。
4. 学会撰写节事活动的评估文案。

> **引导案例**
>
> 　　爱丁堡是英国苏格兰的首府,以举办各种节庆活动闻名,每年吸引成千上万的游客前来参观。爱丁堡国际艺术节(Edinburgh International Festival)始创于1947年,旨在为世界各地艺术家提供交流沟通的平台,是世界上历史最悠久、规模最大的艺术节,其内容包含艺穗节(Edinburgh Festival Fringe,也译为爱丁堡边缘艺术节)、军乐节(Edinburgh Military Tattoo)、国际电影节、图书节、爵士与蓝调艺术节等诸多活动。同时,为给该城市旅游淡季带来新的生机,该地还创办了爱丁堡冬季嘉年华、科技节、儿童节等丰富的活动,并取得了良好的收益。
>
> 　　根据苏格兰旅游委员会的调查,如果没有这些节庆活动,爱丁堡与洛锡安区(英国苏格兰行政区名)每年将失去大约4400万英镑的直接消费支出、900万英镑的当地收入以及大约1300个全职工作岗位。文化艺术节期间,当地宾馆入住率高涨了80%～90%,城市收入增加高达12000万英镑。
>
> 　　除了关注爱丁堡节庆活动的数量之外,当地各相关机构也十分关注每一个活动的内容、质量与发展情况。包括爱丁堡旅游行动小组、私营业主、市议会、爱丁堡与洛锡安的英格兰企业组织、爱丁堡与洛锡安的旅游局等在内的诸多部门,对节事活动的政策与组织管理进行了全面的回顾,并研究设立专业节事管理部门。通过基准化分析来梳理与比较15个欧洲其他城市的节事活动管理方法,设立爱丁堡当地节事活动绩效评估的标准和准则,从而不断完善该地的节事活动管理。
>
> 　　(资料来源:伊恩·约曼等,2004;茱莉亚·图姆,2008)

对于一些重复性的节事活动,提高其管理与服务质量的最好办法是通过检验上一次举办的节事活动进行学习与改正。节事活动评估(绩效评估/评价)是节事活动管理不可忽略的一个环节,它可以使所有的活动管理者与参与者从工作经历中总结经验;从节事参与者的体验调查中了解活动有待改进的内容;从节事活动的经济影响评估中了解经费的收入与支出情况。通过有效的绩效评估,可以帮助节事管理者更全面地了解节事运营情况,进而在未来的管理实施中进行改进。

第一节 节事活动的绩效评估

一、绩效评估概论

节事活动的绩效评估指的是节事机构对照活动目标或绩效标准,采用一定的考评方法,对节事活动工作任务的完成、影响、评价情况进行综合评价的过程。它是节事活动的收尾工作中最核心的内容,也是节事管理中的重要环节。

每个节事活动结束之后(通常一个月以内),需要从时间、人员与经费管理、观众满意度、节事活动影响等方面综合考量节事活动的情况。茱莉亚·图姆认为节事活动的绩效评估的显著数据指标包括:顾客满意度、利润额、节事活动主旨的传播效果或目标人群对节事产品的接受度等。[1] 除此之外,还可以针对员工及志愿者的培训与绩效、设施、通道、饮食、气氛、时间安排、音响系统等进行评估。总体来说,节事绩效评估需要回答两个基本的问题[2]:

(1)节事活动是否达到了预期目的?
(2)如果下一次举办该活动,有什么地方需要改进?

(一)绩效评估的类型

从节事活动的开始、进程到结束过程中,需要通过观察、衡量和监测节事活动的执行情况确保各项工作有效实施。在节事活动管理的过程中,根据不同的评估时间,可以将绩效评估分为事前评估、监控评估与事后评估三种类型。

---

[1] (英)茱莉亚·图姆、菲莉帕·诺顿、尼瓦·怀特著:《节事运营管理》,陶婷芳、廖启安译,格致出版社、上海人民出版社2008年版。
[2] Shone A, Parry B. Successful Event Management: A Practical Handbook. 3rd edition. London: Cengage Learning, 2010.

1. 事前评估

事前评估指的是节事活动开始前，对节事活动举办的可行性与可用资源做的计划与研究工作。由于这一阶段的评估通常基于已举办的相似或重复的节事活动提供的信息，通过信息搜集、专家评估、市场调研等方法，从相关政策、市场需求、营利情况、实施难度等方面对节事活动进行综合评估。其主要目的包括：

（1）对节事活动进行 SWOT 分析。
（2）评估活动举办可能产生的价值/影响。
（3）了解节事活动可能的参加人数。
（4）了解活动潜在的收入来源。
（5）评估节事活动举办所需的成本。
（6）了解活动举办所需的人力、物力资源。
（7）了解活动成功举办所需具备的因素。

2. 监控评估

为确保管理实施过程中能够实现活动规划的预期要求，节事管理者需要在活动过程中进行实时监控与评估，并通过及时对节事活动管理的各个方面进行调整来确保质量。例如，在销售门票过程中，营销部门的工作人员可以通过评估门票出售情况对营销计划进行相应调整。若门票售卖没有达到预期，则可以增加营销方面的预算，通过更广范围与更多样的宣传方式来吸引更多的观众。在节事活动提供餐饮的工作环节中，可以通过了解观众对食物的评价来评估食物是否符合观众口味，从而要求厨房进行及时调整。通过调整实施节事活动的各项工作，监控评估可以帮助节事管理者实现以下目的：

（1）确保各项工作的顺利实施。
（2）确保节事活动工作与服务的质量。
（3）及时发现与解决活动过程中出现的问题。
（4）减少节事活动的成本，提高效益。
（5）有效评估与控制活动时间。

3. 事后评估

该种评估是节事活动评估最常采用的方式，旨在针对已经完成的节事活动效益、作用、影响等方面进行审核与分析，并通过实际结果与预期的对比分析了解节事活动存在哪些不足与可借鉴之处，进而得出相关建议与经验总结。从评估涉及的内容与目的看，事后评估主要试图：

（1）了解观众对于节事活动的评价（满意度）。

(2) 统计节事活动的收入支出情况。
(3) 调查活动对当地环境、社会与经济的影响。
(4) 了解节事管理与监督工作是否到位。
(5) 了解实际活动与预期计划的差距。
(6) 总结员工工作的经验与不足之处。
(7) 审核承办商的工作情况与服务质量情况。

(二) 绩效评估步骤

为确保节事活动的评估工作全面而有序的完成,节事管理者需要制定相应的评估计划,按照相应的标准来评估节事活动的相关事项。与节事管理的大多数工作执行方法相似,绩效评估需要明确工作的对象、内容、时间等相关信息,并通过相应的方法进行分析与操作,最后以文本的形式呈现。总体来说,节事活动的评估管理需要从来源、时间、参评对象、内容、方法等方面对举办的节事活动进行综合剖析,评估过程需要经过准备、分析、收尾三个主要阶段(见图13-1)。

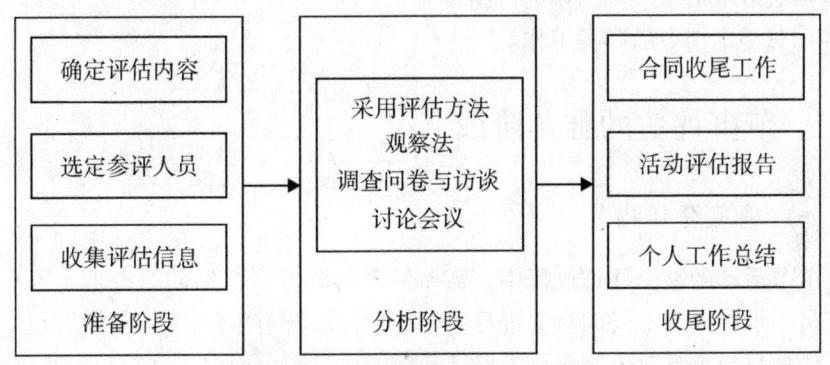

图13-1 节事活动评估的基本步骤

1. 准备阶段

结合节事活动整体的规划方案以及不同的评估类型(事前、监测、事后评估),节事活动评估工作的准备阶段需要弄清以下几个基本问题:
(1) 由谁进行评估?
(2) 需要评估什么内容?
(3) 如何获取评估所需的信息?

因此,准备阶段需要涉及的工作包括选定参评人员、确定评估内容、收集评估信息等基本事项。在建设好节事活动最客观与权威的评估团队以后,评估人员需要

节事活动策划与管理

收集尽可能准确且丰富的数据信息,针对不同的调研目的考察相应的评估内容。

2. 分析阶段

在搜集好相关的评估信息以后,评估人员需要运用相应的分析方法来对数据与资料进行定性与定量的分析,其主要方法包括观察法、调查问卷与访谈法、讨论会议等。通过对评估材料进行筛选、统计、比较、分析,可以帮助节事机构根据不同的评估目的,全面了解活动组织管理工作与活动效果,进而找出评估材料与内容的内在关系。

3. 收尾阶段

该阶段也是节事活动的收尾阶段,需要处理包括承包商合同、个人总结、评估报告等相关的事项,具体包含以下内容:

(1) 评估节事活动承包商、合作商的工作完成情况,对合同的相关收尾工作。
(2) 将节事活动的相关评估以文本报告形式完成。
(3) 对节事活动个人工作的总结报告。
(4) 对文本档案的归类工作。

二、节事评估的准备阶段

(一) 确定评估内容

在节事活动的整个评估过程中,需要针对活动本身、活动举办地、管理人员、工作人员、承办商等不同的对象进行考核,从而了解节事活动的具体情况。节事活动的工作项目与考察对象繁多,为保证评估的质量与全面性,在节事活动评估初期明确考察内容显得十分重要。根据不同的研究与分析视角,节事评估可以大致分为目标评价、效率与效益评价、观众满意度评价、服务质量评价与影响评价等几个方面。

1. 目标评价

每一个节事活动都有其存在的目标与意义,活动立项时通常会设立既定的目标(宏观与微观),节事评估的一个主要内容就是审查其是否实现这些目标。通过比较分析目标与实际情况的差距,可以帮助节事管理者发现活动本身存在的问题与缺陷,通过修正活动目标与具体管理方案更好地实现下一次节事活动的目标。这些目标评价主要包括:

(1) 人力资源管理策划方案的目标实现情况。
(2) 节事活动进度与日程安排的实际进程情况。

（3）营销方案的实现情况。
（4）财务预算的实际执行情况。
（5）现场管理方案的实现情况。
（6）物流计划方案的完成情况。
（7）风险识别与控制的实际发生情况。

2. 效率与效益评价

对于大多数以营利为主要目标的节事活动，通过节事评估来了解其是否实现营利目的以及具体的营利情况是评估环节非常重要的内容。通过效率评价，可以考察节事管理机构各管理人员与工作人员的沟通、配合、实际工作表现等；效益评价则可以采用财务与经济评价的方式，审核节事活动的收益率、净现值等成本效益与成本利润情况。总体来说，效率与效益评价包含以下几方面的内容：

（1）节事管理者的组织能力。
（2）员工的积极性和工作表现（出勤率、任务完成时间等）。
（3）成本—效益评估。指的是比较节事活动的全部成本和效益来评估其价值的一种方法，该效益包含有形的经济收益与无形的社会效益。
（4）成本—利润评估。指的是单纯从营利情况考察节事活动的剩余价值与全部预付资产的比率关系，进而了解节事活动经营的利润水平。
（5）赞助商与广告商收益评估。

3. 观众评价

节事活动的成功与否很大程度上也取决于观众的反馈情况。通过了解活动参与者对节事活动的综合性评价，包括观众满意度（活动内容、服务质量等）、个人花费情况等内容，可以帮助识别节事活动安排的亮点与不足，从而针对下一次节事活动的安排作出调整。为了及时了解观众对于节事活动的印象与态度，节事机构通常会在活动期间采用调查问卷或访谈的方式了解信息。良好的观众评价（口碑）是活动宣传的最有效方式，不仅可以扩大节事活动的正面影响，也可以吸引未来更多的观众参加该节事活动。此外，通过分析节事活动参与观众的情况，可以帮助节事活动更有效地分析活动的市场价值，从而作为下一次活动吸引赞助商、媒体的重要参考指标。观众评价涉及的内容包括：

（1）参与活动观众的信息，包括职业、年龄、性别、地区等个人基本信息。
（2）观众的满意度情况，包括活动整体安排、节目内容、服务质量等情况的评价。
（3）观众的花费情况，包括在活动举办地、活动本身的花销情况等。
（4）观众对节事活动的态度评价，如对该活动的意义、吸引力、对当地的社会或环境影响等定性的评价。

4. 服务质量评价

这一部分的评价主要包括节事活动管理者对雇佣的工作人员、节事机构对合作的承办单位、观众对活动等方面的服务质量评价。服务质量的评价可以帮助节事活动更好地实现节事活动的既定目标与绩效标准，进而提高整体的服务评价。服务质量评价不仅帮助节事管理者准确地分析、测量、控制与评价节事工作人员（节事机构内部人员、承包商雇佣的工作人员等）的服务质量状况，而且可以通过对其进行有效率的人力资源管理，有效推进和保证节事活动服务的质量管理。总体来说，服务质量评价内容包含：

（1）节事工作人员的服务态度。
（2）承包商工作的交付情况。
（3）节目制作的效果与口碑。
（4）利益相关者对节事机构的服务评价。

5. 影响评价

不同类型的节事活动如体育赛事、节庆活动、会议展览等具有不同的目的。为了扩大城市的旅游吸引力，许多地区常常选择通过举办节事活动来吸引游客，提升当地的文化影响。为促进经济与商贸合作，会议、展览等以加强各地业界沟通为目的的节事活动可以进一步实现促进经济增长的目的。

如何增加节事活动的正面影响，减少因过度开发、管理不善等产生的负面影响是衡量节事活动成功与否的重要因素。通过节事活动的影响评价，可以帮助利益相关者了解节事活动的价值所在，为活动举办的策划、管理与组织提供更好的参考。根据不同的评估视角，影响评价可以包含社会与文化、环境、政治、旅游与经济等几个方面（详见本章第二节）。

（二）选定参评人员

节事活动的绩效评估适用于不同的利益相关者，他们既是节事评估的服务对象，也是参与评估的考察对象。根据不同的评估内容，为保证评估的客观全面，常常需要雇佣或邀请相关人员参与评价考核。

1. 评估机构

这些专门的评估机构（如资产评估机构），可以从第三方的视角，对节事活动进行更加客观、公正、专业、快速的评估。评估机构掌握更多的相关数据，可以帮助节事活动进行纵向与横向的深入评估分析。

2. 管理人员

对于节事活动的运行情况,各职能部门的管理人员往往拥有更好的发言权。在活动策划、运行到后续管理的工作中,节事管理人员可以对承办单位、雇佣员工、临时工作人员、志愿者等的工作表现进行客观评价,并根据预期与实际情况的对比寻找管理过程中出现的不足。

3. 观众

观众口碑是了解节事活动最终呈现状态的最好评价指标。通过对观众的问卷调查与访谈,可以帮助节事管理者直观了解节事活动设计的吸引力、合理性与满意度等情况。

4. 工作人员

一线工作人员往往能对节事活动的实际操作情况有更好的把握,并能通过分析工作中遇到的问题来评估节事活动的策划与管理方案是否合理。因此,通过获取工作人员的反馈了解节事活动的相关信息,对于节事评价来说十分有效。

5. 赞助商

作为节事活动的主要经费来源,赞助商需要通过评估节事活动,对其是否能够达到预期目标进行调研与总结。赞助商对于节事赞助行为的评价将影响到下一次举办的节事活动,包括活动赞助资金筹集的吸引力、与赞助机构未来合作的可能性等。

(三) 收集评估信息

在确定好评估内容与参评对象以后,节事评估准备工作的一个主要环节是通过各种渠道搜集评估所需的有效信息。这些信息来源可分为定量信息与定性信息,其中定量信息通常可以用数据的形式进行表述,评估衡量的指标明确清晰;而定性信息则多为一些态度性的主观意见,通常以文字、语言的形式对节事活动进行评价,能够对定量信息表达的内容进行很好的补充(见表13-1)。

表13-1 节事评估信息分类

定量信息	定性信息
门票销售量	观众满意度评价
观众人口特征数据(年龄、性别、月收入等)	访谈信息

续表 13-1

定量信息	定性信息
财务报告	员工个人总结
财务收支说明	管理者工作笔记
经济影响分析	社会影响分析
基本统计数据	会议报告

(改编自：Shone & Parry, 2010)

根据索恩（A. Shone）和帕里（B. Parry）对评估信息的分类，节事活动评估（包含预算评估）的信息来源可以从观众、赞助商、员工与志愿者、嘉宾、协调员、政府部门、专家与部门主管、安全部门或警察等群体中获取（图13-2）。[①]此外，为保证获取更详细、真实、可靠的信息，需要针对不同的评估对象采用相应的评估方法。节事活动的评估可以从定量与定性、宏观与微观的视角分析，最常采用观察法、调查问卷与访谈法、讨论/总结会议等。

1. 观众调查

通过调查问卷、访谈等渠道了解观众对节事活动的满意度、喜好程度等详细信息（见案例13-1）。

2. 赞助商

通过推广时获取的反馈信息、事后电话调查、调查问卷、赞助商会议等形式了解赞助商对于活动公关推广的评价与意见。

3. 员工与志愿者

通过员工（志愿者）自我工作意见簿、工作日志、个人工作总结、总结会议等渠道了解一线工作人员对于节事活动工作安排的建议与意见。

4. 嘉宾

通过参与观察、邮件回复、调查问卷的方式了解嘉宾对活动接待、日程安排、工作服务等方面的意见。

[①] Shone A, Parry B. Successful Event Management: A Practical Handbook. 3rd edition. London: Cengage Learning, 2010.

5. 协调人员

通过节事活动相关的协调人员（如承办单位、合作机构、供应商的协调人员）的工作回复、意见反馈等了解节事活动需要注意的事项与问题，并对其进行评估。

6. 政府部门

通过政府统计报表、相关负责人意见、国家法律政策、社区态度等渠道了解政府与当地居民的态度，进而了解相关的经济、社会与环境影响。

7. 专家与部门主管

通过专家团评估、部门主管工作总结等方式，从专业角度了解节事活动的整体情况与工作进展。许多诸如财务情况、员工工作整体表现、部门沟通等方面的信息均需要通过这个渠道了解。

8. 保安与警察

通过保安或警察的反馈信息、排班时刻表、人员安排地点、工作总结等信息了解活动人群管理、交通状况、意外事故等信息。

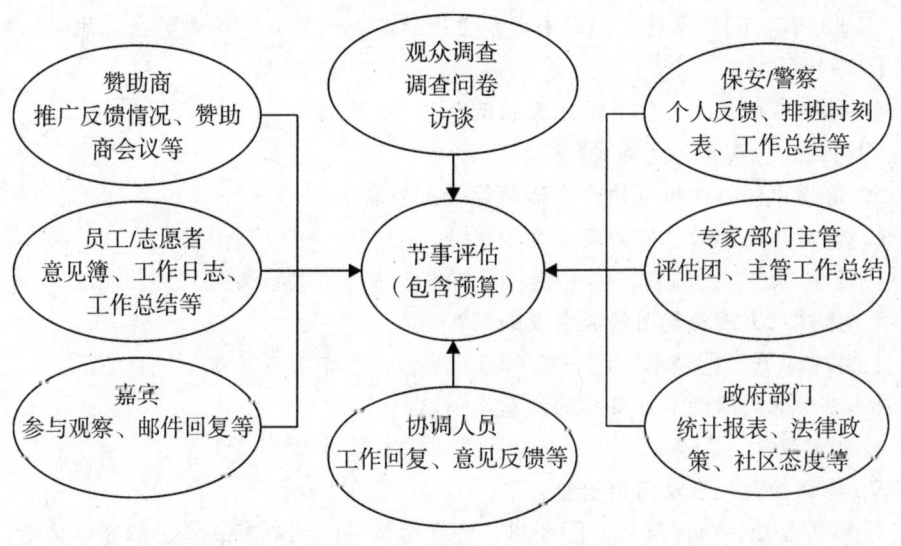

图 13-2 节事评估信息来源

（改编自：Shone & Parry, 2010）

案例 13-1　　　澳大利亚国家多元文化节[①]的观众调查

每年一度的澳大利亚国家多元文化节是由澳大利亚首都地区多元文化委员会主办的广场型群众性节庆活动，在每年 2 月中旬 3 天的活动期间里，有来自世界各国和澳大利亚各地的 100 多个表演团体演出 200 余场，参与观众共计 20 余万人次。为更好地了解该活动对于堪培拉当地的经济、社会、文化等影响，当地政府每年都会对参加观众进行满意度等方面的调查。

2010 年，当地节事机构针对 1070 名现场观众采用了问卷调查，对 1000 名当地居民采用了电话调查，并收集了来自其他州和海外的 840 名参加者的邮政编码信息以作评估。其中，问卷设计包含宣传渠道、满意度调查、游客花费、城市影响等方面的调查，具体内容如下：

1. 你第一次知道多元文化节是通过什么渠道？
   □朋友介绍　□报纸广告　□广播　□电视　□活动宣传（邮件）
   □活动官网　□城市游客中心　□其他
2. 你今天参加这个活动是：
   □独自一人　□与伴侣一起　□与家人一起　□与朋友一起　□团体旅游
   □其他
3. 你来自什么地方？
   □堪培拉　□昆比恩　□新南威尔士州的其他城市　□澳大利亚其他州
   □海外
4. 你会参加多元文化节哪几天的活动？（可多选）
   □周五　□周六　□周日
5. 请说出任何你知道的此次活动赞助商的名字：
6. 你对此次活动总体的满意度如何？
   □非常满意　□满意　□一般　□不满意　□非常不满意
7. 你对此次活动氛围的满意度如何？
   □非常满意　□满意　□一般　□不满意　□非常不满意
8. 你对此次活动节目安排的满意度如何？
   □非常满意　□满意　□一般　□不满意　□非常不满意
9. 你认为此次活动门票价格：
   □非常合理，物超所值　□合理，物有所值　□稍微有点贵，但可以接受
   □不合理，物非所值
10. 你最喜欢多元文化节的什么节目？

---

① Australia National Multicultural Festival.

11. 你最喜欢什么节事活动？
12. 你觉得多元文化节有什么需要提高的方面？
13. 你是否还会参加明年的多元文化节？
□绝对不可能 □不大可能 □不一定 □有可能 □非常可能
14. 你是否会向朋友推荐这个节事活动？
□会 □可能会 □不会
15. 你的性别是：
□男 □女
16. 你的年龄是：
□15～24岁 □25～34岁 □35～44岁 □45～54岁 □55～64岁
□65岁及以上
17. 你所在地区的邮政编码是多少？
18. 建设一个适合人居住的美好城市，你觉得需要具备如下哪些特质？

	非常重要	重要	一般	不重要	完全不重要
家庭和睦					
活跃的社区活动					
丰富的文化与娱乐活动					
容易交到新的朋友					
重视文化多样性					

19. 你觉得堪培拉这个城市符合美好城市的哪些特质？

	非常好	好	一般	差	非常差
家庭和睦					
活跃的社区活动					
丰富的文化与娱乐活动					
容易交到新的朋友					
重视文化多样性					

20. 你是否同意以下描述?

多元文化节使堪培拉	非常同意	同意	一般	不同意	非常不同意
家庭更加和睦					
增加了活跃的社区活动					
丰富了文化与娱乐活动					
帮助市民交到新的朋友					
更加重视文化多样性					

如果你来自其他州或海外,请回答以下问题:

21. 你打算在堪培拉逗留_____天。
22. 你在到达堪培拉之前是否知道多元文化节正在举办? □是 □否
23. 多元文化节对你出行到堪培拉具有多大的吸引作用?
□出行的主要原因 □出行的部分原因 □和出行没有关系
24. 如果没有多元文化节,你是否会来到堪培拉? □是 □否
25. 如果来到堪培拉,你是否因为多元文化节而延长停留时间? □是 □否
26. 多元文化节是否是你此次堪培拉之行的亮点? □是 □否
27. 你因为多元文化节在堪培拉停留多少天?
28. 请评估你打算在活动期间的花费(不包含花费在朋友身上的费用)

项目	堪培拉花费
住宿	$
食物、酒水	$
娱乐花费	$
其他花费(购买礼物、图书、纪念品、服装等)	$
个人服务(理发、洗衣、医疗等)	$
交通(出租车费、邮费、汽车维修、公共交通、租车等)	$

29. 你的所有花费支付几个人的费用? _____成人_____儿童
30. 活动期间,你的住宿选择的是:
□没有过夜 □汽车旅馆或旅馆 □青年旅馆 □房车公园
□亲戚或朋友家 □其他

(资料来源:http://www.dhcs.act.gov.au/)

第二节 节事活动的影响评价

一、社会与文化影响

对于大多数政府部门（如旅游局）、当地社区、节事机构主办的特色节事活动来说，社会与文化影响是衡量节事活动是否成功的长远目标。大大小小的节事活动，对参与活动的观众或当地居民均有直接或间接、正面或负面的社会与文化影响。这些影响可能是一种娱乐休闲的直观体验，是提升当地文化、增强文化自豪感的机会，也可能是因举办活动所带来的基础设施或生活方式的改变等。

由于社会与文化影响不同于经济影响，很难用量化的数据对其进行评估，因此需要节事评估机构根据不同的视角进行定性分析。从评估步骤看，该类型的影响评价可以分为描述、剖析、识别、立项、评估、回馈等几个步骤。[1] 从正面与负面效应看，节事活动可以帮助当地社区、居民、活动参与者等相关利益群体带来如下影响（见表13-2）。

表13-2 节事活动社会与文化的正面与负面效应

正面效应	负面效应
分享体验	
传统的延续	社区异化
社区、民族自豪感	操纵社区资源
形成社区团体	不良行为
增加社区参与度	物资滥用
引进新的和有挑战性的理念	突发事件的不良影响
拓展文化视野	

（部分参考资料来源：Hall，1989）

评价指标可分为社区影响、休闲/娱乐影响、基础设施影响、健康与安全影响以及文化影响等几个维度[2]（见表13-3）。

---

[1] Thomas I G. Environmental Impact Assessment in Australia: Theory and Practice. 3rd edition. Sydney: The Federation Press, 2001.

[2] Small K, Edwards D, Sheridan L. A Flexible Framework for Evaluating the Socio-cultural Impacts of a (Small) Festival. International Journal of Event Management Research, 2005, 1 (1): 66~77.

表 13-3　节事活动社会与文化影响评估指标①

1. 社区影响	2. 休闲/娱乐影响
• 活动参与者途经街道与地区 -	• 增加娱乐活动的机会 +
• 寻找停车场困难 -	• 增加未来可供使用的休闲与娱乐设施 +
• 交通拥挤 -	3. 基础设施影响
• 当地商场与设施拥挤 -	• 现有公共建筑的修复 +
• 公共交通设施拥挤 -	• 公共设施得到较好的维护 +
• 噪音污染 -	4. 健康与安全影响
• 增加物资与服务的供应 +	• 增加警察数量 +
• 提高物资与服务的价格 -	• 增加犯罪与破坏公物的行为 -
• 增加就业机会 +	5. 文化影响
• 增加商业机会 +	• 当地居民角色对社区的影响 +
• 抬高当地物价 -	• 增加地方的文化识别 +
	• 增加当地居民对区域文化与历史的兴趣 +
	• 增加当地居民对文化活动的意识 +
	• 增加与游客沟通中受教育的机会 +

（资料来源：Small, et al., 2005）

（1）社区影响。主要指因活动参与者的聚集所导致的对社区的影响，包括引起的各种生活不便，如停车场、交通、公共设施拥挤等问题；也包括诸如增加就业与商业机会等积极影响。

（2）休闲/娱乐影响。节事活动的各种节目，如音乐会、舞蹈演出等丰富了当地的娱乐活动。同时，因为举办这些活动所搭建的场地或设施，可供活动主办地的居民未来使用。

（3）基础设施影响。为更好接待与服务节事活动的参与者，一部分活动的收入或盈利可以直接或间接用于公共设施的修复与保护工作，进而为当地带来福利。

（4）健康与安全影响。在活动期间，通过对警察人数与安保工作的加强，可以进一步加强当地警力的工作能力；同时，由于各种未知风险的存在，也可能导致

---

① 注："+"为积极影响；"-"为消极影响。

增加当地各种犯罪与破坏公物的行为。

(5) 文化影响。其主要包括当地居民的地方文化意识加强,更加具有文化识别、保护与发展的能力等。

二、环境影响

节事活动场地的搭建、特殊效果制作、观众现场留下的生活垃圾等都可能对举办地的环境造成暂时或永久的破坏(见表13-4)。例如,举办以红酒与食物为主题的晚会会造成诸如垃圾制造(一次性塑料酒杯)、噪音、食物浪费、大量使用自驾车所导致的尾气污染等各种环境破坏。如何通过有效的措施减少因人群聚集、节事组织所导致的环境破坏,可以参见本书第十一章绿色节事部分的内容。

表13-4 节事活动对环境的积极与消极影响

积极影响	消极影响
环保意识增加 基础设施更新 城市化改造与更新 展示环境的机会	环境破坏 大气、水质等污染 对遗产的破坏 噪音问题 交通堵塞

(部分参考资料来源:Hall,1989)

三、政治影响

节事活动对于国家、政府领导人、国家元首、权威人士来说具有提高声望与权威、打造亲民形象的作用。一般认为,大型节事活动是许多国家每届政府任期内的一个政绩,它能够帮助宣扬民族主义与爱国热情,并最终帮他们赢得选票。[①] 这种赢得选票的方式比战争或竞选更加便宜。很多国家的领导人都希望通过举办大型节事活动(如奥运会、世界杯等)增加本国在国际上的政治声望与地位。总体来说,节事活动总是会对当地政府带来一些积极与消极的影响(见表13-5)。

---

① Arnold A, Fischer A, Hatch J, Paix B. The Grand Prix, Road Accidents and the Philosophy of Hallmark Events. Aldershot: Fenton & W. S. Mueller, 1989.

表 13-5　节事活动对政治的积极影响与消极影响

积极影响	消极影响
增加政府职位竞选的成功率（提升个人形象与影响力）	活动失败导致对国家/政府形象的影响
提高国家/政府的国际知名度	活动资金挪用的风险
提高国家/政府的正面形象	过分政治宣传导致活动初衷改变
增加政府招商引资的机会	社会文化的丧失
促进社会团结	观众对活动政治化的抵制情绪
培养政府内部的管理技能	降低节事管理的效率
	提高节事管理的成本（如增加安保管理的成本）

案例 13-2　英国威廉王子皇家婚礼的节事影响

英国女王长孙威廉王子的婚礼于 2011 年 4 月举行，作为英国王位的第二继承人，这场皇室婚礼为英国带来了巨大的经济与政治影响。

纷至沓来的旅游者。据统计，婚礼举办临近时间，英国伦敦每日游客访问量从 50 万人次剧增到 110 万人次，为该城市带来将近 2.16 亿英镑（约合 21.13 亿元人民币）的旅游收入。

增加的酒精消费。由于欢乐喜庆的氛围，本来爱喝酒的英国人大大增加了酒精消费量。许多商家利用这一商机大肆宣传，如推出"凯特吻我"牌啤酒等带皇室婚礼主题的酒精饮料。据有关部门统计，英国人在王子大婚期间消费了 7650 万英镑（约合 7.48 亿元人民币）的酒精饮料，其中包括 50 万瓶香槟，价值约为 900 万英镑（约合 8800 万元人民币）。

皇室婚礼纪念品的热销。为迎合婚礼主题与游客需求，英国商家设计了各种各样的婚礼纪念品，如印有威廉夫妇头像的盘子、杯子与毛巾，仿制的婚礼戒指、婚纱、旗帜丝带、皇室面具；等等。据估计，与纪念品相关的产品销售额高达 4600 多万英镑（约合 4.5 亿元人民币）。

丰富的文化活动。婚礼前后推出包括婚庆纪念音乐会等特色文化活动。

世界各地媒体的争相报道。包括英国、美国、中国等诸多国家在内的主流媒体在婚礼当天现场报道了此次皇室婚礼，据估计，当天约有 20 亿人次收看了皇室婚礼。

提升皇室家族的形象。根据英国相关统计机构报道，有 73% 的民众认为这场婚礼将提高人们对于英国人的看法。

政党选择的影响。一些研究表明，此次皇室婚礼还影响了选民的选择态度，有更多的人会因此更倾向于支持保守党派。

（部分资料来源：http://www.bbc.co.uk/news/uk-11767495）

图13-3　威廉王子婚车游行队伍

（图片来源：http：//www.bbc.co.uk/news/uk-11767495）

四、旅游与经济影响

衡量节事活动的成功，最常以节事利益相关者、当地社区、区域所带来的经济影响来衡量。[①] 节事活动是活动举办地的一种独特的吸引物，是刺激当地旅游的一种催化剂，能够帮助活动举办地带来增加游客人数与花费，扩大游客来源地的范围，延长游客停留时间等影响。评估节事活动的旅游与经济影响主要取决于以下几个指标：

（1）游客的数量。
（2）游客的类型（包括来自地区、年龄、职业、性别、兴趣爱好等）。
（3）在活动举办地的停留天数。
（4）在活动举办地的花费。
（5）活动主办方与赞助商。

节事活动可以为活动塑造丰富的旅游形象，并通过旅游商品开发与服务等为当地带来直接、间接和衍生的经济利益。

---

① Douglas N, Douglas N, Derrett R. Special Interest Tourism：Context and Cases. Milton, Australia：John Wiley and Sons, 2001.

1. 直接利益

直接利益主要指因组织或参加节事活动所带来的直接花销，包括旅游者在节事活动上的直接花费，如购买活动门票、观看活动演出、购买纪念品等；购买或租赁活动设施与设备的花销，如场地租金费、舞台搭建费等；节事主办方或赞助商在举办活动时在人力、宣传等方面的花销。

2. 间接利益

间接利益指的是节事活动为当地带来的既得利益，如因参加活动在当地的住宿、餐饮、旅游、交通、购物费，政府建设节事举办地基础设施的公共拨款（津贴），以及由节事活动吸引的外来投资，等等。

3. 衍生利益

当资金流动时会出现许多资金流出与回流的情况，如支付节事活动当地供应商的费用可以为当地创造衍生价值，包括增加当地利益、税收、薪酬等，为当地GDP、就业等带来进一步提升（见图13-4）。

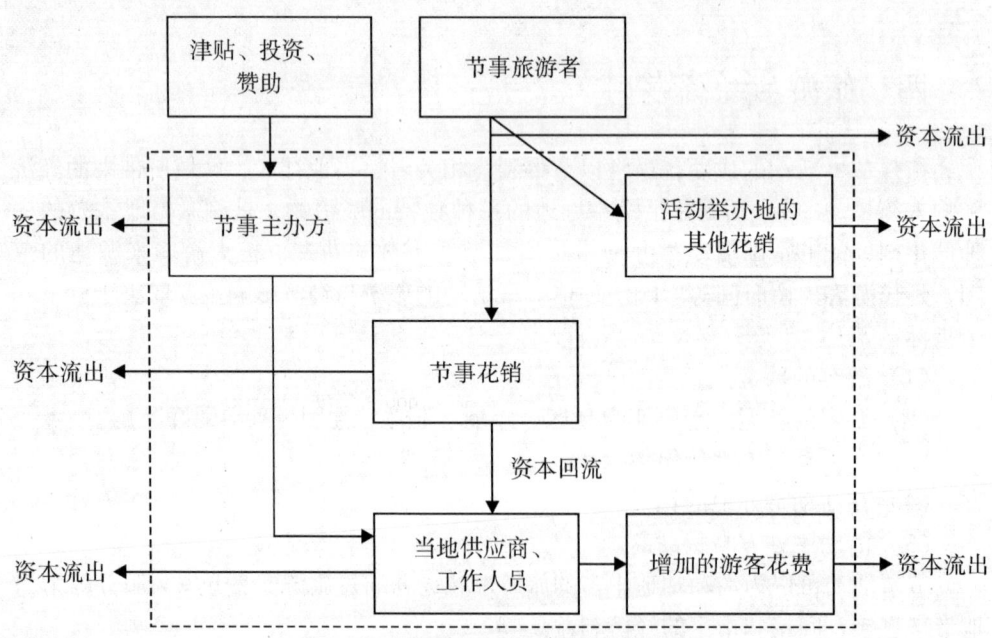

图13-4 节事经济影响的乘数效应

（资料来源：Getz, 2005）

案例 13-3　德国慕尼黑啤酒节的节事影响

德国慕尼黑啤酒节（Oktoberfest）始于 1810 年，于每年 9 月第三个星期六开始，为期共 16 天。这个最早是为庆祝巴伐利亚加冕王子与公主婚礼的活动，已经成为了目前世界上最大的民间节日，是德国巴伐利亚州首府——慕尼黑市最重要的旅游吸引物。

1. 积极影响

（1）啤酒销量与价格的大幅提升。由于慕尼黑啤酒节上只能出售当地生产的啤酒，活动期间，以啤酒节命名的 Oktoberfest 啤酒成为销量最大的啤酒，为当地啤酒产业创造了直接收入来源。据统计，游客每年在活动期间购买消耗 710 万公升啤酒。此外，由于啤酒节的主题，该地啤酒价格相比于当地物价来说，也发生了大幅的增长，如相比于 2006 年，2007 年 1 升啤酒的售价已经从原来的 7.3 欧元上涨到 7.9 欧元（见图 13-5）。

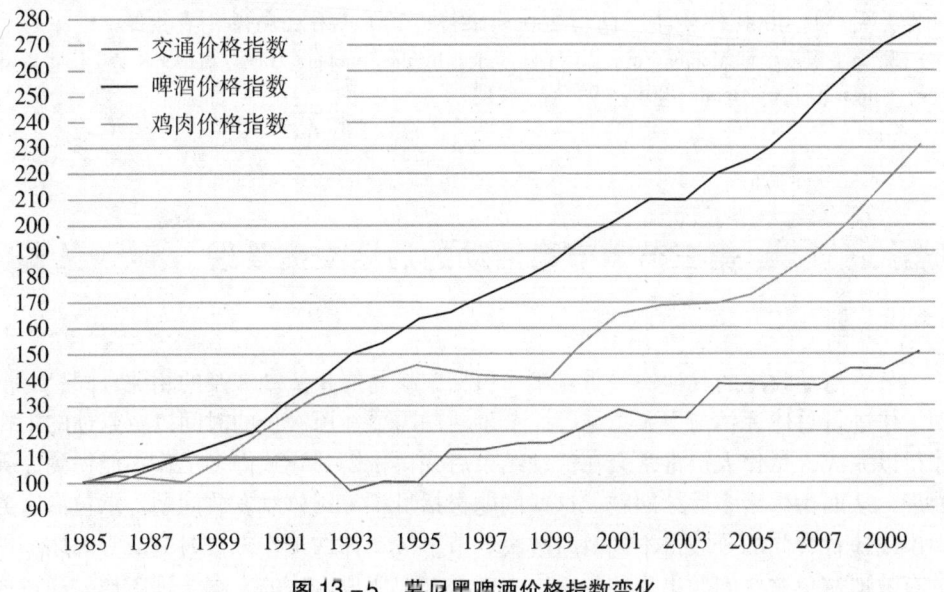

图 13-5　慕尼黑啤酒价格指数变化

（资料来源：http://matthiasgreiff.wordpress.com/category/uncategorized/page/2/）

（2）游客的大量增加。啤酒节每年吸引近 900 万参观者，是当地人口的 5 倍之多。

（3）附带产业的经济效益。除啤酒销量的增加外，慕尼黑啤酒节还为当地餐饮业、住宿与交通带来了巨大效益。据估计，当地政府因此获得了 9.5 亿欧元的收

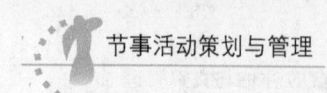

益,并为当地创造了 1.2 万个就业机会。

(4) 城市知名度的提升。通过这个享誉全球的节庆活动,慕尼黑的啤酒文化深入人心,迅速扩大了该城市的知名度。

(5) 文化推广。活动期间服务人员穿着的巴伐利亚服饰、各种文化表演(如中世纪服装游行与民俗活动)间接推广了德国的文化。

2. 负面影响

(1) 垃圾问题。活动期间造成无数的垃圾,据统计,每年在啤酒节期间,当地一共会产生将近1000吨的垃圾,每天早上需要处理大量因饮酒、食物、集会所产生出来的大量垃圾,给市政环卫服务带来相当大的压力。

(2) 能源使用。大量游客的到来意味着对当地能源的消耗也大幅提升。据统计,活动期间用于活动本身的每天用电消耗相当于慕尼黑全市每日电耗需求的14%;而其用水量更是达到了当地每日用水总量的27%。

(3) 安全问题。当地警局需要花费一年时间部署活动期间的安保工作,包括人群控制、犯罪行为监管、交通管制、突发事件处理等。据统计,2010 年活动期间共丢失超过 4000 件物品,包括 260 副眼镜、200 只手机和婚礼戒指等。

(资料来源:根据 Monica Zurowski. Oktoberfest by the Numbers: Beer, Sausages and Lost Wedding? Rings. Calgary Herald, 2011 (9): A3 整理)

第三节　节事活动的后期文案管理

节事活动收尾的其他一些重点工作包括审核与终止活动涉及的相关合同,对活动工作进行总体评估与个人总结等。节事活动需要经历漫长的时间以及繁琐的工作才得以完成,工作人员常常会在活动结束后变得松懈,导致许多工作不能得到完善处理,从而衍生诸多后续问题。这些问题包括员工工资核对发放问题、承包商服务中出现违背合同的分歧得不到及时解决、节事活动评估工作未按时完成等问题。能够有效地避免这些问题出现的手段之一就是督促完成事后的文案管理工作,通过成文文件的方式来提醒与评估所有人员。

根据不同节事活动的规模与性质,后期的文案管理工作主要包括以下几方面的内容:

一、合同管理

合同管理包括与节事活动承包商、赞助商、工作员工相关的所有合同的审核与收尾工作。节事管理者应该针对不同的对象，对事前签订的合同进行责任与权力实施方面的确认，并对合同过程中涉及的证明文件，如单据、收据、发票、收支记录、租赁记录等与合同相关的财务、行政材料进行系统管理，进而考核合同双方对合同规定事项的完成情况。

二、文档归类

节事活动职能部门诸多，涉及的行业也多种多样，因此会在策划与组织中涉及成百上千的电子或纸质文档。节事活动机构应该将活动过程中的各种文件进行有效归类，如根据不同部门（行政、宣传、物流等）或行业（媒体、广告、财务等）进行分类，进而为下一次节事活动的开展提供参考。这些归类的文件是节事活动机构无形的财富，能提高组织机构办事的效率与效力，同时也能为回顾与评估节事活动提供参考依据。

三、评估文案的撰写

本章第一、二节提到的节事活动绩效评估的诸多内容，最终需要以文本的形式呈现，因此文案撰写是节事活动收尾工作的重要组成部分。通常文案撰写工作不能距离活动结束时间太久，因为只有这样才能保证对于活动评估数据与主观感受的准确性。这一部分的文案涉及活动的执行者——活动管理与工作团队/人员的自我总结，和节事评估专家结合各种调研做出的整体评估报告。通过撰写评估文案，可以帮助评估团队/个人更好地了解自身工作表现，并对活动参与过程中的问题与优势进行深度发掘；同时，也可以帮助节事主办者更全面地了解活动是否实现最终目标、直接影响与广泛影响如何等基本情况。评估文案主要包括两种类型：

1. 评估报告

评估报告可由节事机构内部管理人员通过调查了解实际工作状态来撰写，也可交付给相关的评估机构以更中立的态度进行调研撰写。其主要包括的内容有：

(1) 活动背景介绍。
(2) 评估方法。
(3) 针对观众的诸如满意度、门票等方面的调查。
(4) 赞助商对于活动宣传推广、营销价值实现等方面的反馈统计。
(5) 活动组织机构对于活动管理中财务管理、人力资源管理、承包商服务、志愿者工作等方面的评价。
(6) 节事活动对举办地的社会、环境、政治、旅游等方面的影响评价。

2. 工作总结

这里的工作总结主要指活动组织管理的工作团队对于任务完成情况的梳理或工作人员对于自身工作状态的总结，其内容包括：

（1）项目完成的时间与效果。
（2）团队或个人在项目工作中的贡献。
（3）项目执行中的不足与经验教训。
（4）项目沟通或执行中遇到的困难。
（5）项目或个人工作绩效提升的建议。

本章小结

本章讨论了节事评估的基本概念与类型，根据不同的评估时间，可以将节事评估分为事前评估、监控评估与事后评估三种类型。

节事活动的评估管理需要从来源、时间、参评对象、内容、方法等方面对举办的节事活动进行综合剖析，评估过程需要经过准备、分析、收尾三个主要阶段。

节事活动影响评价可以从社会与文化影响、环境影响、政治影响、旅游与经济影响等方面来分析。

节事活动的收尾阶段需要针对合同、评估报告、工作总结等进行文案管理，以便为未来的节事活动策划、管理与组织提供参考。

思考题

1. 请分别简述节事评估对节事机构、节事赞助商的作用与意义。
2. 选择一个你所在城市举办的节庆活动，设计一份针对该活动参与者的调查评估问卷。
3. 请分析北京奥运会的节事影响，并说明奥运会对于各个举办地/国的意义。

参 考 文 献

[1] Allen D. Getting things done: The art of stress-free productivity [M]. London: Penguin, 2002.

[2] Allen J, et al. Festival and special event management [M]. Milton, Australia: John Wiley & Sons Australia, Ltd., 2005.

[3] Arnold A, Fischer A, Hatch J, Paix B. The grand prix, road accidents and the philosophy of hallmark events [M]. Aldershot: Fenton & W. S. Mueller, 1989.

[4] Ayan J. Aha! 10 ways to free your creative spirit and find your great ideas [M]. New York: Potter Style, 1996.

[5] Baragona J. Event solutions 2007 annual forecast: Forecasting the events industry [M]. [S. l.]: Event Publishing LLC, 2007.

[6] Berlonghi A. Special event risk management manual [M]. Ohio: Bookmasters, 1990.

[7] Bertron A, Schwarz U, Frey C. Designing exhibitions: A compendium for architects, designers and museum professionals [M]. Berlin: Birkhäuser Verlag, 2006.

[8] Black G. The engaging museum: Developing museums for visitor involvement [M]. London: Routledge, 2005.

[9] Bowdin G, O'Toole W, Allen J, et al. Events management [M]. London: Routledge, 2006.

[10] Bowen H E, Daniels M J. Does the music matter? Motivations for attending a music festival [J]. Event Management, 2005, 9 (3): 155—164.

[11] Brooker G, Stone S. What is interior design? [M]. Gloucester, MA: Rockport Publishers, 2010.

[12] Burns J P A, Mules T J. A framework for the analysis of major special events [C] //Mules J P A, et al. The adelaide grand prix: The impact of a special event. Adelaide, Australia: The Centre for South Australian Economic Studies, 1986: 5—38.

[13] Canetti E, Stewart C. Crowds and power [M]. New York: Farrar Straus Giroux,

1984.

[14] Carter L. Event planning [M]. 2nd edition. Bloomington, IN: Author House, 2013.

[15] Clawson M. Land and water for recreation [M]. Chicago: Rand McNally and Company, 1963.

[16] Coughlan D, Mules T. Sponsorship awareness and recognition at Canberra's Floriade Festival [J]. Event Management, 2001, 7 (1): 1—9.

[17] Diller S, Shedroff N, Rhea D. Making meaning: How successful businesses deliver meaningful customer experiences [M]. Thousand Oaks, CA: New Riders Publishing, 2005.

[18] Douglas N, Douglas N, Derrett R. Special interest tourism: Context and cases [M]. Milton, Australia: John Wiley and Sons, 2001.

[19] Drucker P F. The practice of management [M]. New York: Harper & Row, Publishers, Inc., 2006.

[20] Fox M, Kemp M. Interactive architecture [M]. Princeton: Princeton Architectural, 2009.

[21] Getz D. Event Management & event tourism [M]. 2nd edition. New York: Cognizant Communication Corporation, 2005.

[22] Getz D. Event management & event tourism [M]. New York: Cognizant Communication Corporation, 1997.

[23] Getz D. Event studies: Theory, research and policy for planned events [M]. Amsterdam: Butterworth-Heinemann, 2007.

[24] Getz D. Festivals, special events and tourism [M]. New York: Van Nostrand Reinhold, 1991.

[25] Goldblatt J. Special events: The art and science of celebration [M]. New York: Van Nostrand Reinhold, 1990.

[26] Goldblatt J. Special events: The roots and wings of celebration [M]. 5th edition. Hoboken, NJ: John Wiley & Sons, Inc., 2008.

[27] Goldblatt J. Special events: Twenty-first century global event management [M]. 3rd edition. New York: John Wiley & Sons, Inc., 2002.

[28] Goldstein N. Design and composition [M]. 2nd edition. Upper Sadle River, NJ: Prentice-Hall, 1997.

[29] Gottdiener M. The theming of America: Dreams, media fantasies, and themed environments [M]. Boulder, USA: Westview Press, 1997.

[30] Hall C M. Hallmark tourist events: Impacts management and planning [M]. Lon-

don: Belhaven, 1989.

[31] Hall C M. Hallmark tourist events: Impacts management and planning [M]. London: Belhaven Press, 1992.

[32] Harris P, Ambrose G. The fundamentals of graphic design [M]. Lausanne: AVA Publishing SA, 2009.

[33] Hughes P. Exhibition design [M]. London: Laurence King, 2010.

[34] Klingmann A. Brandscapes: Architecture in the experience economy [M]. Cambridge, MA: MIT Press, 2010.

[35] Kossmann H. Engaging spaces: Exhibition design explored [M]. Amsterdam: Frame Publishers, 2010.

[36] Kotler P, Jain D C, Maesincee S. Formulating a market renewal strategy [M]. Boston: Harvard Business School Press, 2002.

[37] Lashley C, Lee-Ross D. Organization behavior for leisure service [M]. London: Butterworth-Heinemann, 2003.

[38] Li X, Petrick J F. A review of festival and event motivation studies [J]. Event Management, 2006, 9 (4): 239—245.

[39] Lidwell W, Holden K, Butler J. Universal principles of design [M]. Gloucester, MA: Rockport Publishers, 2003.

[40] Lindsay J, Smith A, Rosenthal D. Secondary students, HIV/AIDS and sexual health (Monograph Series No. 3) [C]. Melbourne: Centre for the Study of Sexually Transmissible Diseases, La Trobe University, 1997.

[41] Locker P. Basics interior design: Exhibition design [M]. Lausanne: AVA Publishing, 2011.

[42] Lorenc J, Skolnick L, Berger C. What is exhibition design? [M]. East Sussex, UK: RotoVision SA, 2007.

[43] McLuhan M. Interactive entertainment: Who writes it? Who reads it? Who needs it? [J]. WIRED Magazine, 1995, 1 (9).

[44] Mesher L. Retail design [M]. Lausanne: AVA Publishing, 2010.

[45] Mitford R. Australia and alcohol: Living down the Legend [J]. Society for the Study of Addition, 2004, 100: 891—896.

[46] Moggridge B. Designing interactions [M]. Cambridge, MA: MIT Press, 2006.

[47] Moreno A B, et al. The evolution of volunteers at the Olympic Games [C]. Paper presented at the Volunteers, Global Society and the Olympic Movement Conference, Lausanne, 1999 (November): 24—26.

[48] O'Sullivan E L, Spangler K J. Experience marketing strategies for the new millen-

nium [M]. London: Spon Press, 1999: 133.

[49] O'Toole W, Mikolaitis P. Corporate event project management [M]. Hoboken, NJ: Wiley, 2002.

[50] Pagonis W G. Moving mountains: Lesson in leadership and logistics from the Gulf War [M]. Cambridge, MA: Harvard Business School Press, 1992.

[51] Paivio A, Rogers T B, Padric C. Smythe, why are pictures easier to recall than words [J]. Pictorial Superiority Effect, 1968, 11 (4): 137—138.

[52] Porter M E. Competitive strategy: Techniques for analyzing industries and competitors [M]. New York: Free Press, 1980.

[53] Ralston R, Downward P, Lumsdon L. The expectations of volunteers prior to the XVII Commonwealth Games, 2002: A qualitative study [J]. Event Management, 2004, 9 (1-2): 3—26.

[54] Ries A, Trout J. Positioning: The battle for your mind [M]. New York: Warner, 1982: 138.

[55] Riewoldt O. Brandscaping: Worlds of experience in retail design [M]. Berlin: Birkhäuser Verlag, 2002.

[56] Ritchie B. Assessing the impacts of hallmark events: Conceptual and research issues [J]. Journal of Travel Research, 1984, 23 (1): 2—11.

[57] Robinson P, Wale D, Dickson G. Events Management [M]. Oxford, UK: CABI Publishing, 2010.

[58] Roche M. Mega-events and modernity: Olympics and expos in the growth of global culture [M]. London: Routledge, 2000.

[59] Roy C. Traditional festivals: A multicultural encyclopedia [M]. Santa Barbara, USA: ABC-CLIO, Inc., 2005.

[60] Saffer D. Designing for interaction: Creating innovative applications and devices [M]. 2nd edition. Berkeley, CA: New Riders, 2009.

[61] Sauter J, Jaschko S, Ängeslevä J. Art + com: Media spaces and installations [M]. Berlin: Gelstalten Verlag, 2011.

[62] Schmitt B, Simonson A. Marketing aesthetics: The strategic management for brand, identity, and image [M]. New York: Free Press, 1997.

[63] Schmitt B. Experiential marketing [M]. New York: Free Press, 2000.

[64] Shone A, Parry B. Successful event management: A practical handbook [M]. 3rd edition. London: Cengage Learning, 2010.

[65] Silvers J R, et al. Towards an international event management body of knowledge (EMBOK) [J]. Event Management, 2006, 9 (3): 185—198.

[66] Slack N, Lewis M. Operations strategy [M]. Harlow, UK: Financial Times Prentice Hall, 2002.

[67] Small K, Edwards D, Sheridan L. A flexible framework for evaluating the sociocultural impacts of a (small) festival [J]. International Journal of Event Management Research, 2005, 1 (1): 66—77.

[68] Smilansky S. Experiential marketing: A practical guide to interactive brand experiences [M]. London: Kogan Page, 2009.

[69] Taylor C. Using volunteers in economic development [J]. Economic Development Review, 1995 (Summer): 28—30.

[70] Taylor I A. An emerging view of creative actions [M] //Taylor I A, Getzels J W. Perspectives in creativity. Chicago: Aldine Publishing Co., 1975: 297—325.

[71] Thomas B. Walter Disney: An American original [M]. New York: Hyperion Press, 1994.

[72] Thomas I G. Environmental impact assessment in Australia: Theory and practice [M]. 3rd edition. Sydney: The Federation Press, 2001.

[73] Thompson J, Martin F. Strategic management [M]. 6th edition. UK: Thomas Rennie, 2010.

[74] Torkildsen G. Leisure and recreation management [M]. London: Routledge, 2005.

[75] Walker M. The power of color [M]. Lausanne: Avery Publishing, 1991.

[76] Walliser B. An international review of sponsorship research: Extension and update [J]. International Journal of Advertising, 2003, 22 (1): 5—40.

[77] Wright J N. The management of service operation [M]. 2nd edition. London: Continuum, 2001.

[78] Wurman R S. Information anxiety [M]. New York: Bantam Books, 1990.

[79] (澳) 琳·范·德·瓦根. 活动项目策划与管理: 旅游、文化、商务机体育活动 [M]. 宿荣江, 译. 北京: 旅游教育出版社, 2004.

[80] (美) B. 约瑟夫·派恩, 詹姆斯·H. 吉尔摩. 体验经济 [M]. 更新版. 毕崇毅, 译. 北京: 机械工业出版社, 2012.

[81] (美) 劳埃德·拜厄斯, 莱斯利·鲁. 人力资源管理 [M]. 李业昆, 译. 北京: 人民邮电出版社, 2004.

[82] (美) 彼得·塔洛. 会展与节事的风险和安全管理 [M]. 李巧兰, 译. 北京: 电子工业出版社, 2004.

[83] (美) 菲利普·科特勒, 凯文·莱恩·凯勒. 营销管理 [M]. 13版. 王永贵, 等译. 上海: 格致出版社, 上海人民出版社, 2009.

[84] （美）菲利普·科特勒，凯文·莱恩·凯勒. 营销管理［M］. 14 版. 王永贵，等译. 上海：格致出版社，上海人民出版社，2013.

[85] （美）伦纳德·纳德勒，泽西·纳德勒. 成功的会议管理：从策划到评估［M］. 刘祥亚，周晶，译. 北京：机械工业出版社，2003.

[86] （美）乔·戈德布拉特. 国际性大型活动管理［M］. 第 3 版. 陈加丰，王新，译. 北京：机械工业出版社，2003.

[87] （美）苏珊. 现代策划学［M］. 北京：中共中央党校出版社，2002.

[88] （南非）迪米特雷·塔什普洛斯. 大型活动的组织管理与营销［M］. 2 版. 吴恒，等译. 沈阳：辽宁科学技术出版社，2010.

[89] （英）彼得·伯克. 欧洲近代早期的大众文化［M］. 杨豫，等译. 上海：上海人民出版社，2005.

[90] （英）克里斯·比尔顿. 创意与管理：从创意产业到创意管理［M］. 向勇，译. 北京：新世界出版社，2010.

[91] （英）伊恩·约曼，等. 节庆活动的组织管理与营销［M］. 吴恒，等译. 沈阳：辽宁科学技术出版社，2005.

[92] （英）茱莉亚·图姆，菲莉帕·诺顿，尼瓦·怀特. 节事运营管理［M］. 陶婷芳，廖启安，译. 上海：格致出版社，上海人民出版社，2008.

[93] 崔玉鹏，王守恒，孙继俊. 大型体育赛事组织管理的基本模式——2002 年悉尼同性恋运动会组织管理分析［J］. 首都体育学院学报，2005，17（3）：8—11.

[94] 戴光全，马聪玲. 节事活动策划与组织管理［M］. 北京：中国劳动社会保障出版社，2007.

[95] 杜志伟. 基于工作结构分解理论的沈阳奥体中心项目管理研究［D］. 长春：吉林大学，2009.

[96] 郭爱英. 人力资源管理［M］. 北京：科学出版社，2004.

[97] 李萌. 都市节事型旅游者的行为特征［J］. 企业改革与管理，2007，(1)：50—51.

[98] 李颖川. 北京 2008 年奥运会志愿者的组织模式与评价体系的研究［D］. 苏州：苏州大学，2006.

[99] 刘秀英. 对二八管理法则的诠释［J］. 经济理论与经济管理，2004，(8)：57—59.

[100] 卢晓. 节事活动策划与管理［M］. 2 版. 上海：上海人民出版社，2009.

[101] 卢晓. 节事活动策划与管理［M］. 上海：上海人民出版社，2006.

[102] 吕艺生. 大型晚会编导艺术［M］. 上海：上海音乐出版社，2004.

[103] 罗玲玲. 创意思维训练［M］. 北京：首都经贸大学出版社，2008.

[104] 马聪玲. 中国节事旅游研究：理论分析与案例解读［M］. 北京：中国旅游出版社，2009.

[105] 史晨雨，陈锡尧. F1赞助商的行业类别及其与该赛事的关联度［J］. 体育科研，2008，29（5）：33—35.

[106] 宋美义. 客户为何而忠诚？［J］. 企业管理，2012（3）：14—15.

[107] 宋玉芳. 奥运会志愿者管理研究［D］. 北京：北京体育大学，2004.

[108] 汪村彦. 展会项目的时间管理［D］. 上海：上海交通大学，2009.

[109] 王春雷，赵中华. 2009年中国节庆产业发展年度报告［M］. 天津：天津大学出版社，2010.

[110] 王晶，邸春光. 中国·哈尔滨国际冰雪节和日本札幌雪节比较研究［J］. 学理论，2012（2）：116—122.

[111] 王利平. 管理学原理［M］. 北京：中国人民大学出版社，2000.

[112] 王炜. 基于经济成本的保本点分析法初探［J］. 商业研究，2004（5）：56—58.

[113] 吴必虎. 节事活动的运作原则及模式［J］. 中国会展，2005（3）：48—51.

[114] 肖星. 旅游策划教程［M］. 广州：华南理工大学出版社，2005.

[115] 徐春燕，李茜. 国外矿业旅游开发模式初探［J］. 工业技术经济，2009，28（3）：60—64.

[116] 展懿. 大型社会活动风险管理及人群聚集事故防范体系研究［D］. 北京：北京化工大学，2008.

[117] 张瑾. 北京奥运会竞赛项目志愿服务人力资源开发和管理的对策研究［D］. 北京：首都体育学院，2008.

[118] 赵西萍，宋合义，梁磊. 组织与人力资源管理［M］. 西安：西安交通大学出版社，1999.